時代與往事

我的學習與奉獻之路

黃榮村

著

推薦序

權力不曾在他臉上留下痕跡

資深新聞人、《上報》董事長　王健壯

人一旦沾染上政治，或者說掌握了權力，通常結局不是被毀容、毀心，就是被毀腦。

多少人本來慈眉善目，掌權後卻變成一副官僚嘴臉，面目可憎到不忍卒睹。

多少人本來溫良恭儉讓，但跳進政治大染缸後，心卻變黑了，同情心、同理心與愛心，什麼心都沉在染缸裡。

多少人本來滿腦子經世濟民的抱負，但受到權勢名利的誘惑後，腦袋裡的那些知識常識，全都忘得一乾二淨。

有沒有人是例外？有，但少之又少，黃榮村就是其中之一。他是我四十多年的老友，但說他是例外，絕不是朋友間的互相吹捧，「不是逢人苦譽君」，而是一個當了四十多年老記者的觀察所得。不信，你可以再去問問那些跟他在九二一重建會、教育部或考試院共事過的人，他們的答案想必也是如此；權力不曾在他臉上、心中、腦裡留下任何痕跡。

有幾個小故事，可以當作他對權力免疫的註腳。

第一個故事。他曾經為了教改、反軍人組閣與黨政軍退出三台而走上街頭，但他當教育部長後，卻有十萬教師走上街頭示威，示威對象就是他的教育部，他原本大可坐在辦公室裡等待風暴過去，但他竟然「遊行隊伍經過教育部，我找了范巽綠政次到部長室，在窗前與遊行隊伍揮手，揮了兩個多小時，隔天右手都快舉不起來」，這麼憨憨呆呆的部長，少見吧？

第二個故事。「黨外」曾是他青春時期的政治啟蒙，他當過的官也都是在民進黨執政時期。但當民進黨立委陳亭妃指控他是大學門神時，他幾個小時後就發聲明一怒辭職抗議。管中閔被遴選為台大校長後，民進黨政府極盡刁難之能事，發生了所謂「卡管案」，而他不但認為卡管案是泡製出來的，更形容「台大就像魔戒，召喚黑暗勢力讓台灣內爆」；這種「是則是，非則非」言所當言的知識分子，已經少見了吧？

第三個故事。他從年輕時就寫詩，到現在仍不改詩人本色，陳亭妃指控他時，他明明是氣到衝冠一怒辭校長，但他卻說「辭職是對民進黨遙遠的示警」。「遙遠的示警」是不折不扣詩的語言，文青到不帶一絲火氣怒氣，這種不疾言厲色、不怒嗆、不打臉的風度，現在也少見了吧？

我從認識黃榮村後，就知道這個人的學問博雜，知道他讀過台大歷史系，再轉心理系，後來才知道他在台大時其實修過文理法醫工農六個學院的課。我知道他很喜歡艾爾頓·強（Elton John）的歌，尤其是黛安娜王妃過世後他改寫的那首〈風中之燭〉（Candle in the Wind），後來才知道他修過英詩的課，也在艾爾頓·強的歌詞裡找到英詩的格律。心理學是他的專業，但我祇在年輕時讀過佛洛伊德、弗洛姆的幾本翻譯書，黃榮村專長的什麼認知心理學，新格式塔心理學等，我一竅不通，也就不敢妄評了。

但由此可知，黃榮村是個跨界的人，一生斜槓無數。他當過政務性質完全不同的震災重建會執行長、教育部長與考試院長；當過心理學教授，卻在同時期替許多歷史上的政治冤案作過平反；他可以右手寫心理學論文，左手同時寫現代詩。

以賽亞·伯林（Isaiah Berlin）說「狐狸知道很多事，但刺蝟祇知道一件事」，黃榮村是刺蝟，還是狐狸？套句海明威小說裡常寫的一句英文It depends，看你看他在哪種專業領域的表現而定，看你看他在哪個時期的專業作為而定，他可能是其中之一，也可能兩者都是。

但可以斷言的是，像他那樣的人，那樣和光同塵的個性，那樣不追求一己權勢名利的從政態度，那樣既像狐狸又像刺蝟的知識表現，確實是舉目難見一人；就像龔自珍說的「進退雍容史上難」。

老友出書，奉命寫篇短文，沒想到思來想去後，信筆寫下的盡是正面文字；但再強調一次，這是一個老記者的評語，而非老朋友的阿諛；像他那樣的人，你確實很難找到陰暗面。

推薦序

人情義理存乎一心：黃榮村的時代與往事

國立臺北藝術大學名譽教授 邱坤良

幾個月前聽黃榮村說即將出版回憶錄，一直很期待，畢竟他幾十年來活躍於學術、政治與社運圈，出將入相，親歷當代政經與社會重大變遷，甚多還是主事者之一，回憶錄必然大有可觀。近日終於看到他的《時代與往事——我的學習與奉獻之路》，乍看書名也像上世紀五、六〇年代黨國要人與社會名流讓人仰之彌高的傳記或回憶錄。

榮村兄的回憶錄從求學過程談起，從小到大——由故里到外鄉，由學校到社會，由台灣到國際；再從任教台大到國科會人文處長、政務委員、教育部長的公部門服務經歷，部長下來後擔任中國醫藥大學校長，最後從考試院長的「國公」級高位退下，中間穿插參加教育改革、擔任「台大四六事件調查小組」召集人、負責九二一震災重建的重要職務……。雖然與一般傳記的書寫體例一樣，以個人為中心，循序漸進，脈絡清楚，細讀內容還是頗有不同，他沒有規規矩矩自報家門，從細數他的家世開頭，而是從容自在地優遊他的前半生，有時跳上雲端，夾敘夾議，月旦人物；有時又遁入俗世，以他者姿態像個說書人述說一個事件，還不忘附上他的現代詩作品：有詩為證。

榮村兄的回憶錄書寫縱橫捭闔，與他的學術訓練、職場歷練及其人格特質有關，才能洋洋灑灑、「自自冉冉」。

他進台大唸的是歷史系，大二再轉心理系，等於是從文學院轉到理學院，本來大學轉系稀鬆平常，他卻能把它轉得義理分明、精彩萬分，而後心理系成為他一生學術研究與經世致用的根柢，在台大二十年的心理學教學研究，以及之後行政首長及大學校長二十年「雙軌人生」各走各的共同核心，都可看到他的心理學應用的痕跡。他沒有特別說的是一年歷史系訓練的影響，歷史學科的特質本來就可作為人文社會與自然科學學術背景的基礎，以他的頂真，歷史系的一年不會只是記得一些古代人名與戰爭發生和條約締結的年代而已，在《時代與往事——我的學習與奉獻之路》裡，就可看到黃教授談天說地交代事件的歷史、政治與社會大環境因素，同時隨時為讀者作些知覺心理學、認知心理學的科普解說。

他接觸的人很多，堪稱「談笑有鴻儒，往來無白丁」，所經歷的國家、社會大事件也「罄竹難書」，讀者隨著他的書寫，溫習了半世紀以來台灣大環境的變遷，長了知識，也看到一些內幕。在這本回憶錄裡也點評國家元首，從近距離的視角，寫了「阿扁的工具性性格」與「不同類型的小英」，各寫了千字文，言之有物且不失客觀，不過就讀者立場，可能覺得不過癮，也會很想要他連另幾位總統一併做精彩的點評。

除了學術訓練背景，榮村兄的人格特質與職場實務工作的推動大有關係，平常戴副眼鏡，瘦高身材的榮村兄看起來很有書卷氣，理性而帶點嚴肅，卻有感性浪漫與極富人情味的一面，他寫詩、喜歡藝術，是個念舊、與人為善的人，在回憶錄裡談到以往的職場經歷，時常不忘提一下當年與他一起努力的夥伴，即使事過境遷，仍常與他們定期歡聚。

閱讀榮村兄的回憶錄，如果認識本尊或見識過他的風趣，更能在他的許多敘述中體會平面文字不易顯現的阿村式淡淡的幽默，書中有一段原任九二一重建會執行長的阿村轉任教育部長，繼任人選行政院游院長正在評估中，院長問阿村誰比較合適接任？阿村與由九二一重建會副執行長改任政務委員的林盛豐一起向院長游說：「何不給陳錦煌做做看？」錦煌任行政院政務委員時是負責督導災後重建會的社區總體營造工作，游院長說：「好，假如他不行你們負責。」阿村說：「那就我負責好了！」拍拍胸膛，要林盛豐也拍一下以示支持，看到榮村兄「要林盛豐也拍一下以示支持」，我不禁會心一笑，他與游院長兩人的對話正是游式與阿村式的風趣與幽默。

榮村兄卸下教育部長職務後，有一次跟計程車司機的對話也很有趣：他搭計程車到喜來登，抵達後司機一轉頭，用台語說「啊，部長，怎麼抓到祇剩你」，（我閱讀的感覺比較像是：「你怎麼還沒被抓走？」）他回說「你亂講！」再隔不知多久，他接到最高檢察署特偵組寄來不起訴處分書，上面列了一堆過去內閣同事，原來是國民黨二〇〇八年輪替拿回政權後，當家又鬧事，把他們一夥一狀告進去，之後到各部會翻箱倒櫃找資料。榮村一直到不起訴處分下來，才知道有這麼一回事，他說：「真是無法評論」。

回憶錄後段的〈笑看人生〉是精彩的一章，除了訴說幾次身歷險境（或所謂瀕死經驗），阿村這時才談到他的家庭生活——尤其是跟兒子一家的情感與互動，他喜歡跟朋友一起談孩子，大家的共同結論，不就是為孩子而活嗎？他在這一章，細數兒子的成長經歷，現在又把關愛延續到孫女身上。他陪資質優異的兒子一起成長，讓兒子根據興趣選擇自己的人生，原來對生化研究有興趣的兒子，因為對音樂更有興趣，寧願放棄在台大與中研院當病毒學家的機會，選擇音樂這條路，兒子果然在音樂領域做出優異的成績，在金曲獎、金音獎等重要獎項大放異彩，他曾自嘲哪一天外界談到黃榮村就是一句「黃少雍的爸爸」。

黃榮村在《時代與往事——我的學習與奉獻之路》自序裡提到看過富蘭克林、彌爾與羅素的自傳，很容易找到啟蒙契機，他希望這本回憶錄「能獻給小時候沒來得及立志，但長大後仍有勵志心情的人」。他說：「支持兒子是因為兒子對音樂真的很有興趣，人要有興趣，才會有熱情，有熱情就會專注持久，久了就會累積成果、規模及品質。」這段話是學心理學、當過教育部長的阿村給全國家長最權威、最親切、最實用的一席話，看他的回憶錄也不會僅僅是欽佩的多，啟發的少，而是啟發多多。

推薦序

君子之風

國立清華大學前校長　賀陳弘

黃院長比我年長許多，與我的兩位兄長是老朋友，因而有幸從很年輕就認識到現在五十年，也可以算是另一種三代交情。高一剛認識他的印象特別深刻，當時他是戴著黑框眼鏡頭髮頗長的研究生，給大家展示他的博士論文，從封面上的題目開始，艱澀聱牙，沒人唸得出來，覺得此人學問真是深奧不可測。

這本書呈現黃院長人生的豐富經歷，目不暇接。書中敘述許多事情的前因後果，飽含智慧啟發，大珠小珠落玉盤，值得仔細閱讀。受囑作序，實在是出於恭敬不如從命的心情，然而的確惶恐，因為全書內容廣博，瞻之在前，忽焉在後，我少年疏淺，不論何處著墨似乎都是贅言。唯有幾件親身體驗，或許勉強作為註腳。

我上大學的時候，鄉土文學論戰的主力交火已經漸淡，隨之而來的是退出聯合國與中美斷交的屈辱和打擊。美國派副國務卿克里斯多福來台解釋，飽受松山機場外面夾道抗議的洗禮。多年後回想，我們一大群學生從學校宿舍騎腳踏車魚貫而出，到了機場分別進入區位，雞蛋番茄在旁供應，似乎是有關方面組織過的行為，只是學生們當時並不知道，只有一腔激憤。幾十年過去，各種激情的群眾行動，包括學生運動，其中的真情與操作，原來很容易被有意的在不同事件複製貼上。不過確定的是當時對鄉土認同的價值相對於黨國開始上升，加上國際政治挫折的沉澱，使大量學生走向社會服務的社團，山地、漁村、基層、國中、痲瘋病患……，服務本土社會最需要幫助的人，認為這才是最有價值從事的事情。學生的主觀與當局的意向取得一致，不過當我們這些學生試著串聯跨社團的經驗交流和理念成長的時候，仍然受到監控警告。當時大學生走向民間，紮根基層，的確是與六〇和七〇年代留學潮以及海外保釣運動的明顯反差，大學生的高度理想性與社會實踐得到部分縫合，校園民歌唱自己的歌成為那個世代共同的情感連結，一直到今天。台灣公民社會逐漸形成，民主化基本上以和平方式實現，部分脈絡可以從那時的大學生轉向社會服務看到。黃院長和我的共同朋友林聖芬最近辭世，他是民主化重要的媒體見證與報導者，在大學時期就是參加社會服務的社團慈幼社。

黃院長擔任教育部長的時候，新竹正在進行教育體制改革，除了教師會建制化，同時推動新制家長會，希望以班級家長會和志工為基礎，改善學校教育。創立了市級的家長聯合會，同時推動成立新的理念國高中，以及促成市府部分教育預算新的運用方式。當時有幸帶領家長聯合會與新竹市教育審議委員會，全市學校跑透透，鼓吹研討實踐教育新制不遺餘力，發現許多事情關乎中央教育政策與制度的問題。於是寫了一封信求見黃部長，很快得到回覆，他親自接見新竹的教育伙伴們，後續的改善行動得以實施。新竹市有大量年輕高教育程度的移民，由於許多新的彈性和創新，教育滿意度很長一段時間領先大部分縣市，蔡仁堅市長和黃部長是兩位重要的支持者，他們很理解社會形態在轉變之中，地方教育的體制不可能不做調整。

接任清華大學校長之後，日益了解台灣高等教育環境的惡化，意識形態嚴重干擾辦學是主要原因之一。教育資源不足似乎不是政府沒有錢，依照黃院長的說法是當局只有左派的想法卻沒有左派的做法，的確是一語中的。每個大學生平均教育經費越來越落後國際競爭者，國內大學成為資源不足的血汗狀態，國際評比在穩定的頹勢之中。台灣有護國神山，多賴上一代培育的人才把山越堆越高，但現在不用心，可以預見今後山上的神仙將越來越少越來越弱。另一方面，政治的手直接伸進大學，書中提到的台大管案與沒有提到的中共滲透清華大學案只是政治干預大學見諸媒體的兩個例子，還有許多公私立大學的事況。一些部會基於政治需要對大學長臂管理，大學自治倒退，學術自由限縮，新的政治正確正在大學裡塑造。書中說到維也納大學兩次斷裂使大學倒退的殷鑑，在台灣乏人警覺。歷史上被壓迫者翻身之後成為壓迫者，太容易發生。歷史也一再證明，政治干預學術都是錯誤的。黃院長秉承台大自由派的傳統，一向明確支持大學自主。大學必須不受政治干預，是最基本的原則，否則大學不是大學，只是教育部的派出所，台灣高等教育最深的危機在此。

黃院長在書中說，深信以史為鑒可以知興替，以人為鏡可以明得失。本書內容有史有人，希望對擁有權柄者有所啟蒙。啟蒙兩字在書中出現多處，或許正是黃院長對此書的期盼。

這本書更掩蓋不住黃院長的文學才華，多處詩作泉湧，讓讀者一時迷於這是一本理性回顧還是文學感懷的書，抑或兩者難分。中國文學傳統溫柔敦厚，這本書文如其人，黃院長為人做事，一以貫之，常留餘地。十幾年前我借調國科會服務的時候，分工督導的單位包括人文處，當時有一件規模比較大的計畫，不容易協調。得到的建議是請黃榮村出面，果然順利解決。在一些主觀上容易產生分歧的學術領域，加以學者的獨立和自信，調和鼎鼐向來不容易。除了學問夠好，依照現在的話說，仇恨值必須夠低，黃院長就是這樣的一位理想人選。他在書中謙稱自己是神經比較大條，其實是他寬厚能夠推己及人，有足夠的同理心。梁啟超筆鋒常帶感情，而筆端直指良心，同樣的筆觸，在書中處處可以讀到。梁啟超百年前在清華大學演講說到君子以厚德載物，後來成為清華校訓的一部分，黃院長的為人與落筆，厚德而載物，確實有君子之風。

時代與往事

——我的學習與奉獻之路

目次

11

序

早期台灣，富貴人家喜歡看風水擺方位，普通人家閒扯淡算算命，不只一個算命的說，你掌紋上有兩條事業線在中年以後分行，注定是雙軌人生，我一直覺得這是算命的望紋生義，瞎掰居多。

沒想到這種瞎掰，竟怪異預測了我日後的雙軌曲線。一生最多時間用在大學，走在學習、治學與辦學的本軌上，至於岔出的政務這一軌，擴及國科會、行政院、九二一重建、教育部、考試院，常須想想這兩軌要如何關聯起來，再回頭看看，都是我的初衷嗎？

就透過這本回憶錄，講些個人啟蒙與奉獻的往事，說些背後的時代脈絡，將大學與政務人生要點，以及對學術的重要關切，放入正文，若需要談到較多心理學，就儘量挪到書末的簡要附錄中。讀者若還是覺得卡卡的，就請跳到下一段吧，算我沒寫好。

這本書中寫了不少同代人的共通事跡與願景，也講些容易犯與不該再犯的錯誤。以前看過富蘭克林（Benjamin Franklin）、彌爾（John Stuart Mill）與羅素（Bertrand Russell）的自傳，三人都呈現出一種專注、博學、多軌人生之混合風格，坦白素樸的敘說方式，很容易切入找到啟蒙契機。後來看了幾本代寫的名人傳記，若沒說成聖人就改當超人，令人敬佩的多啟蒙的少，我看還是多學學他們三人比較好。

這本回憶錄也做點歷史評價，包括點評當代人物與國家領導人、台灣經驗與民主政治轉型、校園事件平反、台大管案、大學尊嚴與自主的紅線、意識形態介入教育、教育改革、核電政策演進、天災與疫病防治平議等項。

本書同時想獻給小時候沒來得及立志，但長大後仍有勵志心情的人。我一向認同「以銅為鑑，可正衣冠，以古為鑑，可知興替，以人為鑑，可明得失」這句話，書中秉持該一精神，寫了不少時代變動中的人物與往事，以及在學習與艱困中找到初心一路成長，毋忘初衷的例子，希望讀者能從本書找到值得參考之處，是所至盼。

在出版過程中，首先要感謝印刻出版社總編初安民，在他大力協助下，得以為自己過去所經歷的，留下較完整紀錄（包括大學、九二一與詩集）。另要感謝天下文化高希均教授，我離開教育部後所寫第一本教育書，就是在他鼓勵下出版。本書有些課題的源頭，也來自上述各書。

感謝遠流出版公司榮文與曼君夫婦，提出切題的改進意見。我與榮文是只求進球不講姿勢的雙打桌球搭檔，竟然從沒在遠流出過一本書，心中有點慚愧，現在補上了，真是高興。遠流曾淑正主編，花了不少心力調整本書的結構與敘述方式，謝謝她。

最後要提起過去與我一起在各領域工作、貢獻良多的同仁，出書之前還幫忙指出不足與應修正之處，就不一一列名，真是感謝他們。

1 從記得的時候開始

心理學家說人一生最早記憶，約能回推到三歲半前後，因為開始會使用簡單主動肯定敘述句（SAAD），來描述外在世界所發生的事。我開始記得還更晚，能弄清楚的最早回憶，已經是母親陪伴走過田埂，一路上聊天，到隔壁靜修小學上課的影像。校長張傳亨，是一位瘦瘦高高的紳士，我常在一大早校園掃地時碰到他。

人生最早的記憶——我的母親

父親受日式教育，曾在公法人機構農田水利會當職員，到省訓團受過訓，後來也做過幾個不容易聯想在一起的工作，如農作、養豬、工廠財會、舊貨買賣、代書等類。他對小孩常持關注之心，但互動並不密切。

聽明的母親小時沒機會好好讀書，但全天候陪伴我們學習之路，每天早上一起吃早餐，中午還準備便當，送到小學、中學，歷十二年如一日，三子一女都在住家旁邊靜修小學與省立員林中學畢業，吃同樣便當，日後分別就讀不同大學校院。

母親與鄰居親友時相往來，喜歡認識我們同學同事，在求學、任教及出任公職期間，若出面參與公共事務，必定接到母親諄諄教誨電話，甚或面囑要持平，不得逾越做人本分。我四年掌理九二一震災災後重建及全國教育工作期間，期許盡力實踐社會公平與正義，對人類苦痛持悲憫之心，對未來從不失去希望，應係當年出身鄉村，又有母親持續叮嚀所致。

兒子少雍一樣從小即被叮嚀長大，他因為須聽懂阿嬤講的話，所以認真學過台語，一半學自小學放學後聽看電視歌仔戲，另一半則是與阿嬤對話學來的。

回憶及送行

二〇〇二年初，我從九二一重建會執行長轉任教育部長，短短三個月時間，安排母親到我們讀過的小學中學走一圈，看了不少老照片，見到不少老老師，談起不少舊日生活，她興致盎然走完這些回憶之旅，想起年輕時照顧我們的往事，但沒多久就辭世了。我寫了〈假如清唱可以走完一生〉（節錄），來為母親送行：

假如清唱可以走完一生
那山間的小路一定綿綿長長。
飛鷹在前引路，
群山的落石伴著月光
尋找流向大海的溪流。
……
假如清唱可以走完一生
歌聲與月光在飛鷹的穿梭中，
一定唱得綿綿長長。

天下的母親哪

由於COVID-19與俄烏戰爭，二〇二二年母親節市面蕭條，行人稀落，就將二〇一五年所寫〈母親的信仰〉，寄給朋友們，其中一小段如下：

……母親的心情只關心子女福報，簡單的祈求，講給任何願意聽的神佛……

只要點起香火
就是要路過的神明
保佑子女幸福與願望
在喃喃自語中
從來就沒報過自己名字。

母親這個關鍵詞，是勾出大家內心的密碼。老友鄭瑞城校長說：「從來就沒報過自己姓名。啊，天下的母親哪。」我太太留下了一個燒香禮佛的鏡頭（圖1），她也是天下的母親啊。

燒香拜拜的意象，從小就這樣裊繞在生活中，不曾離開過。童年與母親一起上香的經驗，幾次出現在我後來所寫的詩作中：

想我這一生

時代變局讓我
顛沛流離　轉戰四方
都還來不及想過人生意義
就去上根香說說話吧
在那香火裊繞處
飛舞著我一生的歡樂與哀愁。

圖1　燒香禮佛的心情（照片：黃長生）

來不及立志就長大了

在員林鄉下念了十二年書，十八歲以前沒去過大城市，更別說大學了。同學們寫作文時，都寫些解救大陸苦難同胞、做別人好榜樣、未來要當牛頓或愛因斯坦之類的無根之志。到大學後才知道原來還有那種專門講立志拚氣魄的詩，如「男兒立志出鄉關，學不成名誓不還。埋骨何須桑梓地，人間無處不青山」之類，才豁然大悟。

寫我一生，一破題就寫成這樣，但確實是我們那個時代大多數鄉下小孩的日常，一個被讚許但沒被清楚期望的童年與少年，一到台大發現都市地區出身同學，好像早就知道自己要做什麼，真是兩個世界。這也是城鄉差距的一種吧，應該很快可以克服，我覺得上大學第一年落差最大，南一中來的老友胡海國醫師說，好像第二年大家就差不多了。

真是來不及立志，就長大了！來不及立志並非表示沒有獲得啟蒙，或者沒找到初衷，應該只是未建立起或沒被教導出清楚的表達方式，讓形成的志向來有效引導一個人的行動而已，調整一下很快就會跟上。但是，真的要記得調整啊！

2

中小學時期

國小生活很隨意，記得在一長串數字累加的珠算及默記課上，老師懶得自己撥算盤，念完了就用我撥完後的數字當答案，其實念完一連串數字後，常要隔個十幾秒才算得完，誰知道對不對？

讀員林中學時，除了靠熱心老師協助「敲頭啟蒙」之外，鄉下小孩少人管，偶而會在沒有束縛下，茫無頭緒「自行啟蒙」！不經意撥弄了幾根弦，人生長廊因此經常出現回音，要我們繼續向前行。

到靜修上小學

念小學時常想辦法弄到一塊錢，跑到鎮上電影院看西部戰爭片，一碰上男女主角偷情，就閉上眼睛等下一段。看完回到教室，自動走到後面舉起自己課堂椅子，站著直到下課。

當時的社會經濟條件，很少有在上空盤旋盯住子女的直升機父母，我就順理成章在沒有被逼迫要立志下，自行啟蒙。

童年間接的金門經驗

小學五年級時，祖父幾個傍晚默默在曬穀場上拜拜，過不久就有穿軍裝的人來說，叔叔已在八二三砲戰（一九五八）陣亡。金門很長一段都在戰地政務期間，很難前往。後來曾在九二一重建期間緊密共事過的十軍團司令賈輔義中將，轉任金防部司令，之後到教育廣播電台金門轉播站主持開播典禮、金門技術學院揭牌及首任校長布達、做教育政策說明會，去金門的機會竟一下子變多，四十幾年前八二三的童年經驗，終於在金門取得聯繫。

回任大學期間，到金門出席全國大學校長會議，承金防部陸小榮司令接待，深入了解到民國三十八年十月，金門的一舉一動，如何與台灣命運緊密相連。

二戰結束，國共內戰大幅開打，一九四九年十月一日中共建國，國民政府同年十二月七日全面撤退遷台。一九四九年十月二十四日深夜到十月二十七日凌晨，中共三野部隊九千多人，在東北季風及風浪洶湧下，從金北古寧頭海灘侵入，與從東南戰區撤守的國軍激戰後，擬從北山紅色斷崖退出未果，大部分陣亡一部分被俘，回不了家。同年稍早的十月九～十一日，有一個重要的緒戰，亦即大小嶝島之役，接著就是關鍵性的金門古寧頭台海第一戰，造就了不少國軍名將的聲名及傳奇。

隔年韓戰爆發（一九五〇年六月二十五日開戰，歷時三年多），美軍第七艦隊開進台灣海峽，協防台灣。相對而言，之前的古寧頭是一場小戰役，但就國共內戰而言卻是一場大戰爭。這兩場戰爭實質影響了台海局勢，一前一後穩定了台灣的安全布局。

台灣一直在想如何解開兩岸僵局，但何嘗有過穩定共識？只要對岸多講幾句話，或者台灣進入選舉狂熱，社會上一點點小共識就須重來。幾十年過去，這個複雜問題從未簡單過。

童年間接的金門經驗，竟在日後聯上如此巨大歷史，心有所感，寫了一首古寧頭的詩＊：

古寧頭海岸的月光
每顆砂粒都是不祥的預兆
在海浪轟擊聲中　雙方苦難兄弟
陷入時代的劫波中慘烈攻防。
就這樣從黑暗中開始
一直到傷口尚未結疤
就已槍聲止息
在晨光中在斷崖下
寫下台灣未來紀事。
回家的路是越來越遠了
月光灑在搖晃的海面上
就像我額頭上緊密的皺紋。
唉，對岸的老人家

渾欲不勝簪
半夜對著鏡子，喃喃自語
村子內隔壁家兄弟們
怎麼都是一邊一國呀。

等到有人在道上流傳
渡盡劫波兄弟在
江湖一笑泯恩仇
在戰史館中聽這話的人
望向台灣海峽看不到劫波
走向陸地找不到兄弟
江湖啊江湖
已經糊成陌生人熙來攘往的道路

*二〇一九年八月號《文訊》，頁一七八～一七九。

路上般切相問 哪裡還有
流著相同血液的家人。

今夜如此寧靜
趁著月光走到古寧頭海岸
究竟是仰望尋找古代星空
發發思古幽情
還是讓眼光穿越海面
看往過去苦難之地
苦苦尋找曾經的江湖？
這個或者那個
才知問題從沒簡單過。

畢業、打工與八七水災

在靜修畢業前，周建麟老師對我們全班真心訓勉，說以後沒機會再講一遍了，祝你們高飛，一定要做個對社會有用的人。很多同學與我聽得都流淚了，感動得第一次立志要做個有用的人。

催淚的畢業套路

要畢業了。我們好好唱了〈茉莉花〉，一首清朝就有的童謠，普契尼曾將它寫入《杜蘭朵公主》歌劇中，好一朵美麗的茉莉花，芬芳美麗滿枝椏，以表達對校園與過往學習的懷念。接著唱李叔同填詞，長亭外古道邊的〈送別〉，最後唱了青青校樹萋萋庭草的畢業歌，就在鳳凰花盛開蟬聲齊鳴，低年級同學高聲齊唱驪歌聲中離校。

聽說現在都不太唱這些歌了，不過這可是我們那個時代催淚的畢業套路，跨越好幾個世代的集體記憶！

到鳳梨工廠當童工

考完初中考試後放暑假，因為同學相招，就到我家對面、員林人共同記憶的鳳梨工廠（台鳳，現在是員林基督教醫院所在地）打工，從小學畢業做到初三，認得不少同齡及年長朋友，大家都很高興聚在一起，互相照顧。這其實並非家裡意思，我也沒覺得這些全時工作曾妨礙過學業。四年寒暑假期間，專職童工與少年工的經驗，讓我習慣什麼樣的日子都可以過、個人低調抗壓、平等待人，學會有事互相幫忙、有難一起反抗，回想起來，真是一段很有意義的成長經歷。

八七水災

接著發生八七水災（一九五九），彰化縣受創最大，八卦山附近一團爛泥。八七水災總雨量以賀伯、八八水準而言不算特別大，八七約一千毫米（mm）、一九九六年賀伯颱風約二千毫米、二〇〇九年八八水災超過三千毫米。不過那個年代基礎設施不好，全台因此死亡失蹤逾千，房屋全倒近三萬間，美軍還派直升機參與救災。台灣為此發布緊急處分令，開徵水災復興建設捐以募集重建經費，美援會成立「八七水災中美聯合善後小組」，協助救援。

就矯正後損害規模而言，八七總損失三十七億元，佔當年GDP（約五二四億）七%；九二一震災總災損約三千六百多億，佔GDP三．六%；八八水災總災損約二千億，佔GDP一．六%。早年GDP量體小，一有大災就產生巨大相對災損。以死亡失蹤及全半倒房屋總數而言，九二一最高，八七與八八次之。

沒想到，以後竟然負責過九二一重建與桃芝風災救災，腦中還經常出現八七的對比影像。

參加五十周年校慶

一步一步遠離了曾經最親密的小學，一直到陪母親來走過一趟，隔年再來參加靜修五十周年校慶（校長許東發），又有六十周年校慶（校長黃榮森），就好像穿過時光隧道一再回來，以前每個年級兩三班的小學，現在已成為近悅遠來的員林名校大校。到了二〇二三年底，靜修國小舉辦七十周年校慶，吳耀騰校長好意邀請，我當然是高高興興前往祝賀。

有時會想到，過往玩在一起的同學們，都到哪裡去了？說不定有些還曾在台北街頭擦肩而過哪。說什麼都來不及了，我們已經一步步長大變老，那時候還太年輕，不知道什麼叫做回憶。

六年員林中學

我進大學三年後實施九年國教，另設員林國中，員林中學則改名為員林高中。

傳奇校長性格老師

考入省立員林中學初中部時，廖五湖（曾任台中縣長）剛接任校長，傳奇校長洪樵榕已經到省議會出任祕書長，一直到五十幾歲參加旅北員中校友會後，才第一次見到他，一見如故，更引介我與幾位政學醫界前輩餐敘，對後輩照顧之情令人感動。還看到幾位大學長詹春柏、黃柏夫、施哲三、楊進添等人，對洪校長畢恭畢敬，一位校長能做到這樣，一定是有道理的。

員中的傑出校友不少，我就認得好幾位在工商企業界卓有所成的，如我同班同學吳明富。再來就是政界人士，如詹春柏與楊進添兩位都當過總統府祕書長，當立委與縣長的如我隔壁班同學林重謨、低幾屆的魏明谷。也有活躍學界、當院士的，如清華化學系的鄭建鴻等人。值得提的名單很長，就不再繼續講下去了。

念初中時，教理化的吳國壬老師最受學生愛戴，以前從校門進來左邊一棟紅色科學館，很多學生就愛去那邊東摸摸西摸摸，享受吳老師用熱情打造出來的知性氛圍。

初三念忠班，導師是教數學的葉連貴老師，很性格，有一次朝會時，忽然走入班列，把一位同學頭上戴的「船形帽」給撥下來，痛罵他為什麼昨天傍晚在外面打架，竟還打輸！葉老師受過日本教育，不喜歡學生到外面惹事生非，但更氣的恐怕是愛打架居然還打輸，他一定吞不下這口氣。

扣畢業證書直升高中

初中畢業後大概有二十幾位同學「直升」高中，應該是畢業證書被扣不能報考外校。高中畢業後不少人考上台大、成大、師大、政大、交大、中興法商、國防醫學院等國立大學，以及幾所知名的老私校，很多人因此覺得，學校固然重要，但在裡面讀書的人更重要。

上高中後，導師林大野教工藝課，氣氛自由，被同學蕭水順（筆名蕭蕭，名詩人）與江文利（高等法院法官，惜英年早逝）拉去合編《晨曦》雜誌，引入《文星》雜誌、文星叢刊、文星集刊。那時有不少文學啟蒙讀物，如《唐詩三百首》、《古文觀止》、《六十年代詩選》（民五十，瘂弦、張默主編），以及《英詩譯註》（余光中，一九六〇）、《美國詩選》（一九六一）。《英詩研讀》（錢歌川，一九六七）與《英美現代詩選》（余光中，一九六八），則在我高中畢業後才出版。

高二時全校選模範生，我被推出去競選，靠同學趙純慎規劃，全班四處拉布條打廣告，安排上司令台講話、到初中高中班級去拉票，最後竟然在二十多位競爭者中拿到第一名。這都是同班同學的功勞，否則憑我？算了！

師資多元，弭平城鄉落差

讀中學時尚無九年國教，師資來源多元化，教科書一綱多本，數學有來自成大的丁一朗老師，也有台師大數學所的，常去問問題，開了不少竅門。英語是台大外文系出身的陳忠信與楊芳枝老師，並自行閱讀當時流行的《英語正則》、柯旗化編著的《新英文法》與句型書。

國文課是張侯光老師，我們常在課堂上站起來，辯論四書問題，後來才知道張老師出身世家，從大陳隨反共救國軍撤退來台，也是員林興賢吟社的詩人成員。

歷史課傅叔華老師在串連各朝代時，就像滾滾江水話三國，講到轉折細微處，全班都跟著拍案驚奇！

地理也一樣，有兩位頂呱呱的王魯與葉茂杞老師，葉老師在大黑板上用各色粉筆，畫出國內外大地圖，這種絕技就像古代版谷歌地球（Google Earth）。學長出國深造寫信回來，說起出國第一個新奇經歷，是發現有一條國際換日線，但為什麼換日線會放在太平洋正中央經線上，而非放到商業活動頻繁的大西洋，又何以換日線本來直直的，一碰到島嶼就轉彎？信上最後說，要知道這些奧祕，請直接去問王魯老師！

員中優秀老師不只學科類，另有台師大美術系畢業知名水彩畫家張煥彩老師，教體育的三鐵高手邱鳳來老師，與拳擊教練及國際裁判洪振生老師。邱鳳來老師上我們體育課時，同學不小心將鉛球擊中邱老師頭部，經送急救，安全恢復，數十年後我們幾位當年學生，在二〇二三年十月與高齡九十一歲的邱老師台北相見歡，他身強體健精神抖擻，大家都很高興。

教國文的何乃斌老師及毛森林教官，則深受學生歡迎，一位常做體操示範，另一位常非正式協助學生學英語，而且都對學生噓寒問暖，誠意十足。

再提一位傳奇人物。老友黃金寶教授在美國德拉瓦大學（University of Delaware）任教數十年，讀過員中初中部，是一位傑出水化學專家，他向我提起陳玉璽學長。陳讀完員中六年上台大經濟系，畢業後曾回員中教書，非常聰明靈光又會演講，之後到夏威夷大學念書，在日本時遭遣送回台，被視為左派政治犯判刑入獄，引起國際關注，據說大哲學家羅素都曾投書美國報紙聲援。

陳玉璽一九九九年返台到南華與佛光大學做宗教研究，我曾與江春男去造訪他在車站前的工作室，話很少。據老報人俞國基回憶，陳接著他擔任《紐約中報》總編輯，是一生經歷不凡卻沉默寡言的人。一個人可以從很會講話，變成沉默寡言，一定有不容易弄清楚的人生轉折，就存而不論吧。

員林以前算是鄉下地方，任何一個理由，都可能不去上或者上不了大學，好在有不少優秀又愛護學生的老師撐著。因為這段經歷，覺得只要多一些好老師，對下一代多加關注，鼓勵年輕人多發問，則城鄉差距便容易弭平，後天培育效果一定得以彰顯。

員林實驗中學的血淚源頭

到台北多年後，碰到振興醫院魏崢院長，已是國內外知名心臟外科醫師，他先讀員中初中部，晚我三屆，之後到彰中讀高中，問他說畢業證書沒被扣嗎，大概扣一兩年後就不敢再扣了。我們都提起令人印象深刻的員林實驗中學（實中），我一位小學老師王克增就是實中畢業的山東人，小學同學盧文桂姊夫。

實中與員農學生傍晚常在員林街頭打架，剛好實中外省籍多員農本省籍多，有時就被解釋成省籍之爭，其實大部分外省同學，講得一口道地台語，本省家庭口中的「外省仔」，經常是很親切的稱呼。台灣社會曾多次凸顯省籍矛盾，常係來自選舉及政治因素，制度性問題改善後，政治恢復人性，這類問題應該就會消失，不過省籍矛盾有時轉型為政黨、一邊一國或統獨矛盾，大家還是小心經營為要。

員林實中是間了不得的學校。民國三十八年，山東、河南八所中學流亡學生八千來人，輾轉到澎湖成立「澎湖防衛司令部子弟學校」就讀，因澎防部缺兵，軍隊強行進入學校挑兵，開槍鎮壓，史稱澎湖七一三事件，包括之後的匪諜冤獄案，合稱外省人的二二八事件，是台灣重大白色恐怖事件之一。在一九四九～一九五五年間涉案者達百餘人，其中四十五位於一九四九年十月底送台審判，判死包括張敏之（煙台聯中總校長）、鄒鑑（煙台聯中分校校長）在內七人，另有二人死於獄中，其中七人是不到二十歲學生。台大哲學系教授苑舉正父親苑覺非，於事件後出任校長善後。

為安排澎湖事件之後流亡學生來台念書，仍在澎湖子弟學校當校長的苑覺非，於一九五三年來員林籌設國立的「教育部特設員林實驗中學」，魏峥父親當時任職警備總部，負責中部海岸巡防，關心學生教育，曾協助將部隊駐守之地轉型為校地（另據張玉法院士回憶，當時中部防衛司令劉安祺將軍，亦曾將借住之員林家職教室，轉借給實中學生）。一九五四年為更方便籌措經費，將實中改隸省政府教育廳，改名「省立員林實驗中學」（一九七〇年更名省立崇實高中，現改為國立員林崇實高工），初中畢業後上高級部，還分為師範、高工與一般高中三種。我在員中時的實中校長是繼苑覺非之後出任的楊展雲（曾任山東省教育廳長、第一屆制憲國大代表），一位山東名人。

魏崢院長回憶說，楊展雲校長常到他家餐敘，他父親幾次提起當年協助提供校地時，因未及先向軍方報准，還因此被記過，但他父親並不以為意，認為教育比什麼都重要。

實中還安排來自大陳、泰滇緬寮越轉進的游擊隊員與學生、八二三砲戰後金門學生入校就讀或寄讀，也收港澳與本地生。瘂弦在二〇二二年由洪範出版的回憶錄中提及，一九五三年六月一路流亡到越南富國島的河南南陽地區豫衡聯中學生，撤退到台灣，有兩百來名學生也安排進入實中就讀。據龍應台回憶，王尚義就是其中之一。

培育出各方優秀人才

在員林實中（與其前身澎防部子弟學校）讀過書的名人很多，像寫《野鴿子黃昏》、讀完台大牙醫後早逝的王尚義（據王正方導演回憶，他當過台大楓葉話劇社社長），還有很多認得或聽過的：張永祥（名編劇家）、趙琦彬（劇人）、朱炎（台大文學院院長、國科會副主委）、劉岱（英國史家）、于宗先（中華經濟研究院院長、中研院院士）、歐陽勛（政大校長）、楊其銑（東吳大學校長）、李瞻（政大新聞系教授）、王曾才（台大歷史系主任與文學院院長、考試院祕書長、考試委員）、張玉法（中研院近史所所長、中研院院士）、王文燮（八軍團司令、陸軍二級上將，聯勤總司令、國防部副部長）、王若愚（憲兵司令、陸軍二級上將、軍管區司令部兼海巡司令部首任司令）、李楨林（陸軍二級上將、陸軍總司令、退輔會主委）、陳肇敏（空軍二級上將、空軍總司令、國防部長）、顏世錫（中央警官學校校長、警政署署長）、盧毓鈞（警政署署長）、黃營杉（台北大學商學院院長、台灣菸酒公司與台電董事長、經濟部長）、任育才（歷史學家，中興大學文學院院長）、劉展華（調查局副局長、法務部中辦主任，與陳肇敏、黃營杉、韓繼綏同屆）等人，其中有幾位在澎湖就讀子弟學校時，被強徵入伍，或報考軍校與警校。

我在教育部服務時，曾請部裡員林實中老校友韓繼綏（特教小組執行祕書，後任大葉大學董事長），代請王曾才、陳肇敏、任育才等十多位實中人，好好餐敘一頓。由於時代變化，才讓我們能在員林鄉下聯接出這段因緣。實在很難想像，一所僻處鄉下的員林實中，在艱困環境下，竟能培育出這麼多元的優秀人才，可視為抗戰時期昆明西南聯大在員林的中學版！

靜修國小邱美都老師寫了一本村史，幾乎涵蓋我從小到十八歲的員林生活史*，裡面有南平庄、員林老街、靜修國小、台鳳工廠、員林中學與員林實驗中學的歷史，還記錄了九二一震後的當代員林。能在幾十年後，重回到過去場景，真是福氣啦！

讀完中小學浮現一幅世界簡圖

中小學記住不少地理及人文座標，如兩河流域及肥沃月彎、博斯普魯斯海峽與君士坦丁堡、神話故鄉萊茵河、文人藝術家輩出之泰晤士河及塞納河、庶民的密西西比河（馬克吐溫的母親河）。之後更將連接各大海域的直布羅陀海峽、蘇伊士運河、巴拿馬運河、好望角、合恩角等地，整合放到心中地圖上。

長大後開始有感覺，慢慢建立起一張充滿歷史文化感情的世界地圖。這張圖是中小學在我身上所烙下的深刻印痕，也是陪伴我走過長久歲月、出訪世界各地時的簡明地標（圖2）：

紅海：摩西出埃及記的紅海走廊

直布羅陀（Gibraltar）海峽：連接地中海與大西洋

博斯普魯斯（Bosporus）海峽：切割歐亞，連接地中海及黑海

好望角（Cape of Good Hope）：蘇伊士運河未開通以前，好望角是從大西洋進入印度洋，歐洲通往東方的海路必經之地

合恩角（Cape Horn）：智利火地島南端，大西洋進入太平洋之海域

蘇伊士運河（Suez Canal）：連接地中海與紅海

巴拿馬運河（Panama Canal）：連接大西洋及太平洋，部分取代合恩角、好望角功能

白令海峽（Bering Strait）：連接北極與西伯利亞

英吉利海峽：與敦克爾克大撤退、英法海底隧道、多佛海岸（Dover Beach）有關

麻六甲海峽：印度洋進出南海的咽喉

台灣海峽：連接東海及南海；黑水溝（台澎水道）與危險之域

＊邱美都（二〇〇六）。《穿越南平庄——濁水溪平原的員林故事》（大家來寫村史第十五輯）。彰化市：彰化縣文化局。

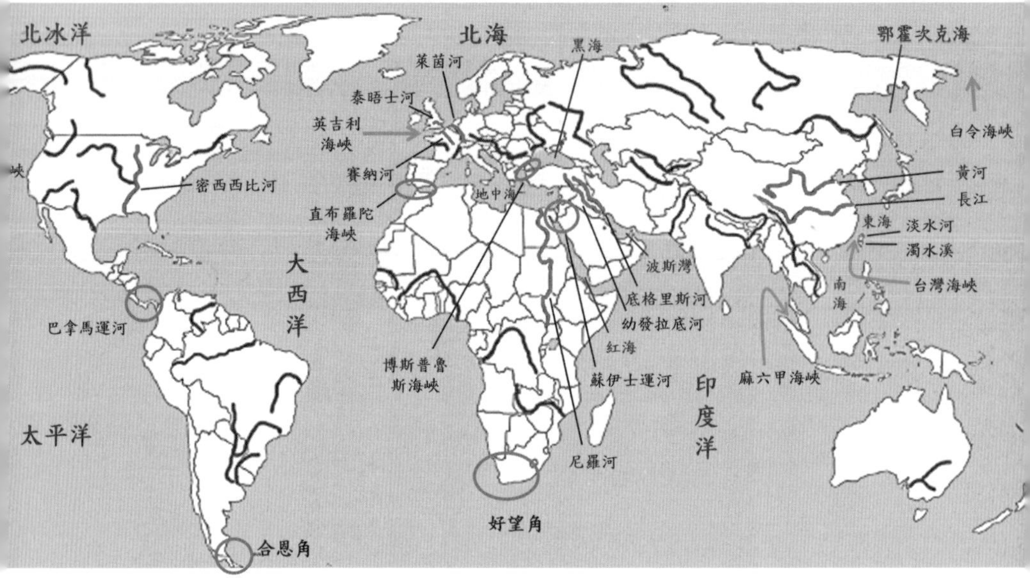

圖2　心中流動一生的河流、海域、與地球關鍵通道

3

開始當大學生

大學聯考時，只填了十二個文學院志願，送出去時學校說這麼少好嗎？就多填了一個台大歷史系，考後聽收音機放榜，竟然中了這一系。

平生第一次上台北，第一次踏進台大校園，第一次在室內坐下來近距離看到電視，還是黑白的。之後過了完全不同的生活，有幾首歌如〈童年〉、〈向前走〉與〈鹿港小鎮〉（羅大佑及林強的歌），很適合描述我們快樂長大、到台北闖蕩與懷鄉的心情。

大一國文課與通識校園

大一時只有夏德儀及王曾才的中國史與西洋史，是專屬歷史系課程，陳奇祿與王秋原教人類學概論及地學通論，陳老師有特殊本領，不停在黑板上畫出精采的人物器物。

初識人性幽微面

大一國文課上，張亨老師教我們讀《史記》與《左傳》。

（一）《左傳春秋》。讀到〈鄭伯克段於鄢〉，母子失和後撂下狠話「不及黃泉，無相見也」之人性困境，當情緒平靜下來又思念母親，但君無戲言，慢慢才想到可以「挖地道闕地及泉，母子隧而相見」的解套高招，故事性十足，《古文觀止》將其列為首篇。

（二）從《史記》看懂韓信。同班同學經常回憶起那段大一國文，古偉瀛說：「當年在六號館上課，上《史記．淮陰侯列傳》，聽到處刑，動不動就『亨之』（烹的古字），與老師名字相似，不覺好笑。」

《史記》寫說在呂后夷韓信三族後，漢高祖回來見信死，且喜且憐之，問：「信死亦何言？」呂后曰：「信言恨不用蒯通計。」高祖曰：「是齊辯士也。」乃詔齊捕蒯通。蒯通至，上曰：「若教淮陰侯反乎？」對曰：「然，臣固教之。豎子不用臣之策，故令自夷於此。如彼豎子用臣之計，陛下安得而夷之乎！」上怒曰：「亨之。」通曰：

「嗟乎，冤哉亨也！」

令人毛骨悚然的「且喜且憐之」！這是韓信命中註定，無所逃於天地之間的英雄淚：

韓信英雄淚

明知高鳥已盡良弓應藏
仍然迷信路旁小兒指指點點
虛幻的國士無雙歌聲
要與亭長試比高
功臣氣盛就以血償還
枉費流下多少英雄淚。

作文上的小圈圈

另外一件是交作文，班上好幾位女同學，每次發下作文，上面一串圓圈圈，沒十個也八個；男同學大部分是進步獎，從四個小圈圈開始，漸入佳境，激勵人心未曾有出其右者。有時會到六號館旁邊的小福（後來成為常開校務會議的地方），吃根冰棒，談文說藝，順便看看張老師發下的作文，比一比誰圈圈多，日子曾經那麼有趣過！

張亨老師二〇一六年五月下旬辭世，同學們都興起濃濃大一鄉愁。那段時間台灣普遍貧困，校園中很難講究出身，講的是誰有才華、誰聰明，若能一邊演算微積分解物理題，一邊弄懂老子莊子，最好再打得一手好籃球，那就是校園極品了。在這種氛圍下，有一位老師英挺、安靜、迷人、娓娓道來，對學生愛才惜才溢於言表，一直在作文上加圈圈，就像一種典型啟蒙。充滿故事性的《史記》及《左傳》，對高中整天要念四書的人而言，更是荒漠甘泉，打開了我們年輕自由的心靈。

轉系的初心與兩個心理學問題

大一快過完了，有兩件事掛念在心，一是有些難解的夢，其中一個在高三大學聯考之前重複做過，夢到夜晚一個人坐在藍皮柴客車頭，迎風向黑暗中開過去，滿耳風聲。

另外是在一個有霧凌晨，看到沒有色彩的大灰白虹（fog bow），問了幾位物理背景同學，他們認為我從中南部來台北念書，心情鬱悶，所以將彩虹看成灰白。這是歪樓的解釋，因為明明有看到灰白虹啊！不過，心情真的會對外界進行中的覺知過程介入影響嗎？

就來找個系弄清楚這兩個有趣現象吧，後來發現它們竟然還是非常重要的學術問題！

暑修微積分，轉進心理系

念高中時已有想「文理合一」的初心，找到了可能會講佛洛伊德（Sigmund Freud）與做夢，又研究記憶、錯覺、幻覺及病理性行為的心理學系。先去理學院拜訪系主任蘇薌雨，看看如何才能轉系過去，他說理學院有必修科，要先暑修通過微積分與物理，化學及生物等轉進來再修。我二話不說，花了整個暑假修這兩門課，傍晚在椰林大道校園暮色中看微積分與物理，如此這般轉進了心理系。

在微積分課堂上，發生一件趣事，提出來娛樂一下：

一位也想轉心理系的哲學系同學，一開始就被「0」（零）與「∞」（無窮）困住。「0」先不講，「∞」就是指不論你想多大，它一定比你能想到的更大。他說，那∞真有多大？

我說：「好，我問你∞＋1＝∞對不對？」

他說：「沒問題，∞大到無法想像，加個1還是∞，因為最大就是∞。」

接著問：「∞＋2＝∞對不對？」

他說：「這也對。」

繼續問：「∞＋∞＝∞對不對？」

他說：「對啊。」

最後我說：「那簡單，把等式左右兩邊∞對消，1不就等於0嗎？2也等於0，對消以後，∞也等於0，所以不管無窮大、比較大、比較小，全部都會收斂到0去，這樣可以嗎？」這意思是說0＝1＝2＝……＝，所以何必煩惱無窮大，它可以是零是不存在的！」

哲學系同學一聽：「這也蠻好，不過我知道這樣是錯的！」

他慢慢推想：「喔！知道了。放在兩邊的∞不應對消，對消就會出錯，左邊∞不見得等於右邊∞，所以∞並非一個確定數，當然不能對消。」

但他還是放不下喜愛的哲學，找個藉口回去了，後來成為一位傑出的哲學家及美學教授。

哲學家同學辛苦了解到∞的真義，我卻有時卡在0上面。現代科學說，宇宙從一個沒有時間沒有空間的原點，大爆炸後快速膨脹，很久以後則可能反向收縮回去原點。一直在膨脹的宇宙容易了解，但沒有時間與空間的奇異點？不想了！

二〇〇四年到英國參訪，方泰山教授安排我們順道參加科學教育學會（ASE）年會晚宴，我以上面例子說明數學的迷思及教育，帶來很大娛樂效果。

兩個心理學問題

終於轉進心理系，但還是沒辦法弄清這兩個轉系問題，尤其是第二題。第一題是時代潮流已過，科學界開始避談潛意識與精神分析，心理系也沒有釋夢與精神分析專課（但醫科五年級仍開設醫學心理學，主要講精神分析）。第二題應該是時機未到，以當時知識，尚不足以處理這種困難問題。

不過人生總有驚喜，當時心理系是小班，有幾位同學多才多藝，如吳英璋五歲半學棋，七歲與林海峰對弈，九歲鑑定一級，建中籃球隊出身，當過登山社及慈幼社社長；

王裕當橋牌社社長，後來到美國當神經藥理學教授；張景明是田徑隊短跑選手，一路跑去日本當內視鏡專科醫師。在這種氛圍下消磨日子，互逞機鋒，周圍都是聰明人的感覺很不錯。

再回到原來兩個轉系的問題。一為佛洛伊德自稱一生最重要發現的「夢是願望滿足的歷程」（wish-fulfillment），人被未知黑暗力量潛意識所驅動，將白天或過去尚未能實踐的願望，在夢中編織完成；另一個是精神力量能否介入驅動人正在進行中的腦神經活動（將彩虹看成黑白虹）：

1 夢的產生

佛洛伊德一九〇〇年出版《夢的解析》，主張作夢是因為有動機性力量（如嬰孩期被壓抑的性驅力、早期挫傷經驗、白天刺激事件）才會啟動，在夢中偽裝編織，達到願望的滿足。該理論建立在當時不完整之神經學知識上，認為神經細胞祇會興奮而無抑制，若未作功消耗掉該能量，則依流行的亥姆霍茲（Hermann von Helmholtz）能量守恆原理，會延續到夜間，在控制力薄弱時跑出來，來滿足尚未完成的願望。

這樣看來我高中常出現的夢，依此也可有個解釋：「在準備大學聯考，夜晚孤獨時，對未來常有不確定感。夢中的藍皮柴客火車是中學常見意象，夜晚獨坐車頭往黑暗中開過去，滿耳風聲，大概是希望在孤獨航行中，能走出尚未完成的願望。」

不過佛洛伊德提出該理論之後五十年，科學界發現作夢與睡眠時會自動發生的快速眼球運動（REM）有關，亦即作夢主要發生在晚上四、五個睡眠周期中，在每個周期出現快速眼球運動之時。REM會有規律的發生，由橋腦等幾個部位驅動，因此整個作夢過程可說自主性甚低，泰半係由腦部自行產生。

逮至晚近，科學家在實驗室監測睡眠者，一發現REM後就叫他起來，講出或寫下剛做的夢。結果發現絕大多數夢是將日間熟悉元素做出奇怪聯結，很少有可信的記憶內容。由此看來，佛洛伊德認為夢是可解釋、內容具有意義的想法，也不可靠。

學界因此傾向認為作夢是腦內自動歷程，而非出自潛意識或黑暗力量的驅動，亦即作夢沒道理是原則，有意義是例外。佛洛伊德的作夢理論，在這些新發現下大體被否證了。不過就經驗上來看，至少一～二%的夢應該還是有意義的，需另尋解釋，但仍無令人興奮的理論可資替代。

發現DNA雙螺旋結構的大科學家克里克（Francis Crick），曾提出一個有趣的夢理論與模擬，認為作夢（REM睡眠）可以將日常累積的雜訊在夜間釋放，夢中因此出現很多奇怪的組合，腦內清洗雜訊後，可讓身心恢復均衡。這種講法很快被醫療證據打臉，如有些抗憂鬱藥物會抑制REM睡眠的發生，但並不會造成記憶損害，另有一種極少數沒有REM睡眠的病人，一生也過得好好的。因此克里克的講法，就只好是未被證實的假說了。類似想法以不同的時代變形出現，在二〇一〇年代有一種流行理論，主張睡眠時會透過膠淋巴（glymphatic）系統的細小通路，清洗腦中的廢物與毒物，也可防止類澱粉蛋白的堆積，但近年已有研究發現，這並非睡眠所獨具之功能，而且白天時的清洗效率會比睡眠時更為有效。

2 精神力量介入讓彩虹變灰白？

心理狀態（快樂、悲傷）或精神力量，應該是在有了神經活動之後，才會伴隨發生。進行中的彩虹知覺則屬於低階神經活動，在特定感覺神經通道早期活動中發生，且以閉包（encapsulated）方式處理色彩訊息，在此期間，其他認知或心理狀態難以穿透進入。

另有一相關問題，大部分神經活動都是被外在刺激所誘發，則已經存在的心理狀態（如心情不好）或其他內在精神力量，是否能自主啟動一段神經活動，來影響或干涉外在景象之知覺（如你現在心情不好，這種心理狀態的內在精神力量，是否可以去啟動一段神經活動，讓你將外界出現的彩虹最終看成黑白虹）？若確實可以，那誰去告訴那個內在精神力量，現在就可以去發動一段具有目的性的神經活動？一直反覆這樣問下去，就出現科學史上知名之「無窮回歸」（infinite regress）問題，亦即出現「機器中有鬼」（ghost in the machine）或「腦中小人」（homunculus）之類的論證困境。

所以，目前的暫時結論最好是：「就算心情不好，也不會將彩虹看成灰白虹！」

但更根本的問題仍在於，是不是真有灰白虹？要不然一個虛假問題，談了半天，也不是辦法！在凌晨陰天時，當天空中小水滴特別小，光的干涉效應（或繞射）異常顯著，使水滴折射分光後的不同色光重疊，確實可能形成黑白相間的灰白虹。灰白虹也發生在凌晨起霧而有極細小水滴，而且霧又薄到可讓陽光穿透之時，在特殊光照及觀看條件下，水滴分光效應的色彩分布不易被察覺，濕冷空氣粒子有阻尼與遮蔽效果，以致看到巨大灰白虹（當太陽近地平線時形成的虹較大較高）。一些當代專書及網站中確實留有灰白虹紀錄，雖極為罕見，但仍有其理論及經驗基礎在。

我多年後看到這些圖片與論證時，真有「乃覺三十年」的感觸，也有一種還我清白的暢快：我豈是當年那位從鄉下進台北城，適應不良心情沮喪的年輕人！

乃覺三十年後好幾年時間，我譯注了兩本大書《啟示的年代》及《心智時間與人類意識》*，似乎冥冥之中在回應我轉系時的兩個科學問題，也交代了五十來年前的「毋忘初衷」！

延伸的科學問題

這兩個促使我轉系的具體例子，讓我體認到，對外界變化跡象一定要敏感，才是啟動科學研究的起點。再提三個與眼睛相關的有趣例子，做做比較：

（一）有一次到蒙古國戈壁，在無風傍晚燒馬糞驅蚊，濃白煙直直往上，但到了脖子高度時竟直角打橫。這是大漠孤烟橫，而非大漠孤烟直。事件重點在是否能及時發現這個現象，發現以後，大氣科學知識已足夠闡釋該一現象。林和認為大漠傍晚氣壓梯度變化大，下壓到脖子高度形成一個無形大鍋蓋，上升的烟只好沿著鍋蓋走。

（二）柏拉圖認為人會看到外界事物，是因為人眼發光照到物體表面之故，但他的理論只能撐完白天，因為晚上就都看不到了。不過重點不在對不對，而在提出一個沒人問過的基本問題，而且給出極富創意的討論。柏拉圖的思考方式，可說是當代計算與生理視覺之基本思考邏輯。該一困難問題，現在幾乎已經完全解密，過程剛好反過來，是光照在物體上反射後進入眼內，經過感光細胞接收並啟動一連串腦部神經運作後，才覺知到物體影像。

（三）一位英國國王初步了解到什麼是眼睛盲點（網膜上神經纖維成束進入腦內之處，此處沒有感光細胞，故稱盲點），之後國王發現可以用單眼掃描他不喜歡的大臣，讓這位大臣的頭掉到盲點區（此時身首分離，只看到身體沒看到頭），咔嚓一聲，就像砍掉大臣頭一樣。這大概是史上最仁慈的砍頭法，盲點居然可以做出這種創意應用！

回想過去，從中小學的自由學習、自主決定選填大學志願，一直到選系轉系，都是自己找到喜愛之處，做出決定來啟動下一步，毋忘初衷勇敢前行，以後數十年生涯的幾個重大轉折，也都有類似軌跡。若引申馬可夫鏈（Markov chain）的講法，我的上一步好像攜帶有一種轉移機率（transitional probability），決定了應該如何邁出下一步。

校園內的文化氛圍與跨院學習

台大校園內盛行演講，有不是畫家但品評天下畫壇、獨尊表現主義畫家莫迪尼亞尼

*參見本書「心理學的探索與踐行」一章。

（Amedeo Modigliani）的吳翰書，被監視中當聽眾的殷海光老師，言論尺度自己訂的政治系教授黃祝貴，新竹中學哲學家老師史作檉等人，還有學生自己籌組位處紅樓（以前籃球場對面）的「屋角閒話」讀書會，幾位醫科前後期同學，則開始翻譯佛洛伊德等人著作。

校園內還流行談論精神分析、維也納學派、行為主義與存在主義。維也納學派指涉科際整合、邏輯實證論與邏輯經驗論，並主張將形上學議題及心靈現象這些還談不清楚的項目，先用括號括起來，以後再說。這些思潮有的是跨代傳來，有些屬於當代，糾纏不少矛盾觀點，不過同學們求知若渴，來者不忌，互相「容忍」。

這種求知若渴的現象，在生化學家李卓皓來演講時達到極致，台大體育館擠滿了來自四面八方，並不真正聽懂在講什麼的學生們。

這就是一九六〇年代的台大校園！

杜斯妥也夫斯基與《卡拉馬助夫兄弟們》

校園內曾有一句名言：「若上帝不存在，什麼都可能。」台大人不喜歡老大哥，想走自己的路，所以這句話無非想表達該一氛圍，其實應該是：「若無上帝，諸事皆可被允許。」這句話來自杜斯妥也夫斯基（Fyodor Dostoevsky）的《卡拉馬助夫兄弟們》（*The Brothers Karamazov*, 1880），老卡拉馬助夫被自己私生子弒殺，在法庭審理時，老大與老二自認對這件弒父案負有道德責任。

就佛洛伊德看來，這本書深藏伊底帕斯情結（Oedipus complex），私生子做了老大與老二很想做的事，所以兩人自認應負責任，進去坐牢，且不急著為自己辯護。正如莎士比亞劇本哈姆雷王子（Hamlet），一直在可以出手時拖延，錯失了刺殺他叔叔時機，依據佛洛伊德分析，也是來自相同機制，因為他叔叔做了丹麥王子潛意識底下很想做的戀母弒父，亦即殺了他父親娶了他母親，所以王子有罪惡感，遲遲下不了手。

書中卡拉馬助夫家老二伊凡，一貫信念為「若無永恆靈魂，則無德行，而且諸事皆可被允許」。當諸事皆可被允許後，並不表示道德終結，沙特（Jean-Paul Sartre）及存在主義者認為新道德與新責任才要開始。

大學時代有幾位怪咖，用逐頁背英文字典單字背一年的精神，不計苦難讀完這本書，我沒問究竟看懂多少，他們也不熱衷說明看懂了什麼。

那個時代的台大校園，除了流行精神分析外，還有存在主義與左派讀物。它們互不對頭，精神分析主張人心中深藏潛意識，是驅動生命的黑色力量，係一種標準唯心論；

但在唯物論者眼中，外在社會經濟體制才是造成人類異化的力量，精神分析之類唯心論主張，祇不過淪為布爾喬亞式小資產階級的喃喃自語罷了，不以為然的人就反說對方這種狂言是無可救藥的左傾幼稚病。其實不管唯心或唯物，都認為人被不明力量所操控，幾無能夠掌握自己命運的空間。

沙林傑與《麥田捕手》

另有一本在校園內更流行的沙林傑（J. D. Salinger）小說，《麥田捕手》（*The Catcher in the Rye*, 1951），這是一部讓全世界二戰後年輕世代為之瘋狂的小說，二〇一〇年沙林傑過世時，又掀起一陣熱潮，因為當年的年輕人很多還活著，譬如我就是。J. D.是一位二戰後殘留有PTSD（創傷後壓力異常）症候群的退伍軍人，他說他的童年差不多跟書裡的男孩一樣。書中一開頭頗有虛無風：「如果你真的要聽，首先你想知道的，可能是我在什麼地方出生、我的狗屁童年如何度過、我爸媽生我之前都忙些什麼，以及諸如此類……的廢話，可是呢，老實告訴你，我無意詳述這一切。」—*

很少書是用負面表列開場的，這種開場的語氣很符合二戰後的虛無氣氛，描述了主角青少年霍爾頓・考爾菲德（Holden Caulfield）在社會中的疏離感，以及一連串的叛逆與退行為。但在書中，作者更給出了希望與人道關懷，主角立志想在一群小孩玩耍的麥田中，當一名懸崖邊的守望者，一一捕抓那些衝往懸崖可能掉下去的小孩！

後來我在台大醫院林憲教授處，開始了解到霍爾頓．考爾菲德與沙林傑的心理狀態。林教授當場誘導一位個案開始踮腳收手走路，用細嗓子尖聲說話，就像退回到小孩子狀態，也就是「退行」（regression，一種逃離壓力的防衛機轉），該一心理狀態最足以描述《麥田捕手》主角，甚至作者沙林傑的退行行為。

沙林傑長期自絕於社會，退行回到沒有心理壓力的世界，持續拒絕了幾位重要製片家邀約，包括比利．懷德（Billy Wilder）與史蒂芬．史匹柏（Steven Spielberg），喬伊絲．梅納德（Joyce Maynard）曾說唯一能扮演霍爾頓．考爾菲德者，非沙林傑莫屬。因此，這應該是一本用小說寫成的自傳。

那時校園裡有很多文學性人物在遊走，哈姆雷王子、卡拉馬助夫兄弟們與霍爾頓．考爾菲德，都是讓人心情沉重的角色。

*麥田出版，二〇〇七年譯本。

遊走校園修課，同學大都出國去

轉系後遊走六大學院自由修課，大四跑到徐州路法學院宿舍住了一年，同住過十六舍的是江文利（早逝的高中同學及高院法官）、吳中立、王海南等人；其他還有第四宿舍的蘇貞昌、黃鎮文，與後來進住的陳博志等人。

法學院三十幾年前慢慢兵分三路，拆成管理學院、社會科學院及法律學院，台灣後來民主政治的發展，都與原來這個法學院脫離不了關係。

畢業當兵後上研究所，與同班同學吳英璋本想出國念書，考完托福與GRE做好所有準備，卻都留下來念博士，大概是因為想進一步探討基本心智運作機制，與觀察個人及集體心理病理行為吧。後來想想，應該還有來自台大的吸引力，也不想錯失在時代急速變化下，參與台灣社會共同演進的機會。

更可能是一時衝動留下來，但同班同屆同學大部分出國去了，一位農化系老友運氣不好，被警備總部蓋了章發回，上面四個大字「共赴國難」，好慘。

那時出國留學，很多人買大同家電帶出國，大同用「世界的國貨」四處打廣告，過一陣子廣告全不見了，令人大惑不解。幾位不太念書的去打聽回來後神祕兮兮說，應該是警總幹的好事，因為警總心血來潮把這五個字反過來念，這下子念出毛病來了，禁！

記一段文青的日子

母親過世時，寫了一首詩辭行，忽然發現一九七七～二〇〇二期間竟整整二十五年無詩。讀詩與寫詩真有不同，讀詩是教養，寫詩是心情，當靈感還沒找上你，很難下手寫詩。

後來斜槓出了兩本詩集*，環繞幾個主題「時間、回憶與凋零」、「災難下的生命感覺」、「旅次抒懷」、「老來讀史與觀人」，也算是對過去文青日了做個小交代。

詩歌與搖滾樂

進大學後開始修讀英詩與寫詩，兼讀勞倫斯．佩林（Laurence Perrine）於一九五六／

*黃榮村（二〇〇五）。《當黃昏緩緩落下》。新北市：印刻。
黃榮村（二〇一八）。《生命之歌》。新北市：印刻。

一九六三年出版的《聲音與意義》（*Sound and Sense*）。這本英詩入門書，解析第一首就是丁尼生（Alfred Tennyson）的〈鷹〉（The Eagle），全詩不見「鷹」字，但每一詩行背後都有一隻傲視四方、隨時要俯衝下來的鷹。他經營意象直指本心，詩念完了，就幾乎飛過來一隻鷹。

安伯托·艾可（Umberto Eco, 2002）在演講文集《我如何寫作》中，提及他如何鋪陳出整本小說的意象來源：

(1)「腦中浮現一位僧侶在圖書館裡被謀殺的影像」，這是單一意象，催生了《玫瑰的名字》。

(2)「出現兩個影像：鐘擺與自己在一場葬禮中吹小喇叭」，花了八年時間研究如何從鐘擺意象過渡到小喇叭，因之催生了《傅科擺》。

這種意象經營方式比較曲折，不同於丁尼生作法，我在大學時寫詩，應該比較走這種路線。以前讀卡繆（Albert Camus）《異鄉人》，書中主角莫魯梭持槍在海邊隨機殺人，這個荒謬又鮮明的意象，一直揮之不去，就等等看如何轉化。在我大二大三時（一九六七），終於成詩一首：

當黃昏緩緩落下

突然之間
山不是山　雲不是雲
此地下著異域的雨
碎了滿窪的妳。

戴歪紅帽的那人拖著獵槍
對準了鷹鉤鼻
轟出了莫魯梭的一響。
赫然，他告訴我：
　嗨，兄弟
　　你可認識那位名叫卡繆的異鄉人。

第五個黃昏了，
仍然研究不出一株蘭底微笑。
且也找不出天堂

從圓圓長長的鵝卵石裡
（教授笑著說，你的礦物學搞得很好）。
於是他捲起了包袱
下山去了。
（一直想喝瓶高粱酒
當黃昏灑來一陣雨）

一九七〇年代前期，老同學蕭蕭與陳芳明找我入龍族詩社，入社後認得不是社員、但常來聚會的〈美麗島〉作詞人陳秀喜，與失聰版畫家陳庭詩。一九七四年寫了一首〈夏日之塵〉，引起陳庭詩興趣，幫忙設計並寫在他一幅版畫上，遺憾的是那幅詩畫早就不見，就留點文字紀念他吧。

夏日之塵——追憶去夏往事

當塵土泛起金黃
當憂鬱不再流行：
秋日的高雅　冬日的凝重

只喊出一聲淒厲的音符
便也在夏日之塵中
散開了森森的白骨。
向晚時分，街道上
除了霓虹七彩
便是塵埃伴著白骨
走著小黑貓的步伐。

早年台大校園，大家喜愛聆聽古典名家曲目，但我在感性上更喜好時代批判性強烈的搖滾樂，並連結上英詩格律，發現艾爾頓・強（Elton John）在一九七〇年前後，有幾首托平（Bernie Taupin）寫詞的抑揚五步格（iambic pentameter，或稱輕重五步格）好歌，如〈我等妳歸來〉（I need you to turn to）、〈送給妳的歌〉（Your song）。

二〇〇四年艾爾頓・強來台北中山足球場演唱，之後是巴布・狄倫（Bob Dylan）（二〇一一年小巨蛋）、保羅・賽門（Paul Simon）（二〇一三年世貿中心），我們全家都去，聽眾不少看起來年輕時代曾碰過面。這些都是我們那個時代、台大校園與台北城的集體記憶。

等到二〇二三年雙十國慶前夕，我們全家又去小巨蛋，聽拿過多種重要獎項的英國歌手山姆．史密斯（Sam Smith）演出，小巨蛋滿坑滿谷，但九五％以上聽眾都在三、四十歲以下，沒一位看起來是有印象的。時間與時代真不留情啊！

鄉土文學論戰

一九六〇年代中期以後，校園常見的文學雜誌是《現代文學》（倡議現代主義或現代派文學），與《文學季刊》（倡議現實主義文學，部分作品以具左派色彩著稱）。學生們各有偏好的小說家，如白先勇、陳映真、七等生、王禎和、黃春明等人。

台大校園內很多人愛看小說喜歡談論，但極少有好好下筆寫小說的。隔壁政大同年早慧的林懷民，是個例外，一九六九年在大學畢業後出版小說集《蟬》，一九七三年更不忍了，讓雲門舞集浮出水面。

一九七七～一九七八年發生的鄉土文學論戰，在文學主張上是寫實主義文學及鄉土文學對抗現代主義文學；理念上左派與本土派一起，就像黨外一樣，共同對抗國民黨的意識形態，反之亦然，可視為六〇年代後期政治及文化氛圍的延續。

鄉土文學論戰，源自一九七七年四月《仙人掌雜誌》推出「鄉土與現實」專輯（王健壯主編），刊載王拓、銀正雄及朱西甯等人文章所引爆。彭歌與余光中寫的文章（〈不談人性，何有文學〉、〈狼來了〉）將火燒得更旺，歷時九個多月，後來在任卓宣、鄭學稼與胡秋原幾位國民黨理論大老，以及徐復觀等人，對這類指控都表達不以為然看法，又爆發國際矚目的中壢事件之後，就偃旗息鼓了。這場戰爭先由不同文學觀點之間的緊張開始，演變成意識形態對抗，最後以政治介入叫停。

余光中是我大學上英詩課的好老師，但那篇〈狼來了〉太過驚悚，影射有人公然提倡工農兵文藝（被認為至少指涉陳映真、王拓、尉天驄等人），這在當年肅殺戒嚴的時代，很可能因此讓人陷入危險之地，與我一向的校園民主思想大不相容。

據《仙人掌雜誌》李立國在〈一段鄉土文學論戰脈絡〉文中所述，余光中二十幾年後，於二〇〇四年公開發表〈向歷史自首——溽暑答客四問題〉一文，承認：「〈狼來了〉寫得不對——當年被心魔所魅是顯而易見的。」

這大概是余光中榮耀一生中，唯一公開的認錯，時至今日，事件當事人皆已過世，事件本身已成歷史，但大家是否就此放下，乃係可受公評之事。

建立心智問題研究的互動觀點

大學時由於興趣，找地方修習機率論、數論、數理邏輯、微分方程、高微、高等統計、抽樣理論與計量經濟學。讀研究所時出於需要，修習數值分析、訊息理論與編碼等類課程，並自修心理實驗中與聲光刺激呈現及控制有關的簡單技術，系裡陳台焴技師幫了大家不少忙，老師們硬著頭皮先自修再教我們，從美國回來客座的黃一寧老師，就曾上過我們心理學實驗的電路設計課程。之後我也曾一樣硬著頭皮，協助開過這類課程。書讀得這麼辛苦，真是無可奈何，早期指導研究還要學生將操控實驗與資料分析的軟體附於論文後面，以供他人複驗或設計新實驗。

我還曾到施振榮在民生社區小規模開班授課之處，學習組合語言（Assembly）、用微處理器控制簡單電路之類的小技術。林百里從香港調景嶺辛苦出身，台大畢業後與溫世仁等人，這時仍在三愛及金寶勉力奮鬥中，梁次震則於廣達成立時加入。蔡明介先窩居在高雄加工出口區，再轉往工研院及曹興誠創立的聯華電子。這幾位年紀與我差距在前後各三年之間，除施振榮外皆為台大校友，後來都辛苦建立出無遠弗屆的ＩＴ與數位版圖。

心理學大風吹與我的碩博生涯

我在台大讀書時，條件化浪潮仍席捲國際心理學界（但快要掉下來），巴夫洛夫式正統條件化（Pavlovian/classical conditioning，或稱古典制約）與行為主義式工具性／操作式學習（Behavioristic instrumental/operant conditioning）的研究教學，還是火紅之時。

這是條件化（conditioning，亦即經過某種特殊條件的安排，會出現特定行為反應的過程；或譯為制約）研究底下的兩大陣營。惟不管哪一種，都不認為人會有什麼主動性可言。

我的指導教授劉英茂（尊稱劉先生），指出工具性學習中可以有止統（或古典）條件化（或制約）歷程存在，工具性或操作性的自主行動，能透過重複訓練，產生古典制約現象，亦即本來能夠自主操作的行動，被制約後，會出現不由自主的反應。

再強調一次，不管古典制約、操作性條件化或修正觀點，都不認為人會具有什麼主動性。此類觀點與後來認知心理學所強調人的主動性（active）及組織性（organizational），格格不入。

台灣社會及行為科學領域在一九六〇與一九七〇年代，仍處於學術邊陲，相對而言，一九六〇年代中期國際上認知心理學則已經成形，奈瑟（Ulric Neisser）一九六七年出版《認知心理學》（*Cognitive Psychology*）一書，界定什麼是認知心理學研究的範圍。

雖然此時正是劉先生在國際上對條件化歷程提出重要看法之時，但他開始轉軌，在一九七〇年開始講授奈瑟《認知心理學》全書，我是第一批上課少數學生之一，必須熟讀這本首發「原典」。條件化歷程研究與認知心理學顯有衝突，以致在時代潮流沖刷下逐漸淡退，我們剛好陷入這個尷尬處境，既是危機也是轉機＊。

劉先生後來在接受吳瑞屯教授訪談時說，若繼續走條件化歷程路線，恐怕已被時代淘汰。不過，我到現在仍無法確定這種講法是否合適。

劉先生是台大心理學系第一屆畢業生，出國後於民國四十九年返台。我三十來歲初任教職時，他獲提名選中研院院士，陳雪屏老師（時任中研院評議員）除夕下午到心理系，跟我說劉先生很傑出，但幾乎沒人認識他。他在一九八三年轉赴香港中文大學心理系擔任創系講座及主任，一九九二年香港中大退休轉任中正大學，之後獲頒行政院傑出科技貢獻獎。

矛盾理念並存

條件化歷程與認知心理學對人類行為所持看法，互不相容，但有時竟共存於同一時代或同一個人身上，常見於一九六〇年代後期以後的心理學教研之中（包括台灣與其他國家，既學習條件化歷程，又探究認知心理學）。這種在同一個人思考中並存，或先後存在的矛盾性現象，一直無法獲得紓解。

在這種時代與學術氛圍下，開始我的碩博士生涯。碩士論文探討條件化歷程（〈不同的刺激組成對知覺相似性及反應歷程的影響〉，一九七二），與認知心理學沒半點關係；博論時已轉往認知走向的條件式推理（〈條件式概念辨認中序列性與同時性辨認法的比較研究〉，一九七六）。前者呈現人的被動與不能自主特質，後者指出人能透過主動及組織能力，蒐集關鍵性資料，以有效辨認出邏輯概念來。雖然碩博論文皆以推導數學模式與找出預測值為主，並比較實驗數據，但兩篇論文所涉之基本信念截然不同。

該二論文的前後異同，反映了台大心理系實驗心理學，在教研方向上的改變。回想過去，自己這五年之間的理念性矛盾（一被動一主動），被容許的狀態好像是當時普遍現象。前面曾提到就讀大學部時，校園內充斥著互相矛盾的思潮，但卻相安無事，算是同一類型現象。

＊參看本書附錄之一「條件化歷程與認知心理學的轉折」。

時代逼迫轉身，改不了腦內定見

劉先生於一九七〇年代，開始轉型成為強調主動性與心理表徵（mental representation）的認知心理學家，但本質上仍是一位習慣操弄實驗變項、以統計分析做假設檢定的學者，因此他對號稱可以模擬人類心智運作，如AI、神經網路與PDP模式（主張平行分配處理的動態模式，心理學上稱聯接論〔connectionism〕，當年參與創建的名家，有克里克〔Francis Crick〕、魯莫哈特〔David Rumelhart〕、賽茲諾斯基〔Terrence Sejnowski〕、辛頓〔Geoffrey Hinton〕、麥克里蘭〔James McClelland〕等人），常不以為然，認為因果推論極不清楚。奈瑟最初撰述認知心理學時，應該也有類似疑慮，因此未將早期的AI內容寫入書中。

他有一次快步走進我研究室，手中拿著幾篇論文，抱怨這類模式的研究，面貌不只模糊，而且根本不能解決人類心智基本問題。我當時的強烈感覺是，時代雖然逼迫一個人轉身，但改變不了腦中已經穩穩建立的定見。

時代的弔詭

一九六〇年代還是行為主義及功能論影響力很大之時（功能論〔functionalism〕，或稱哲學家的行為主義，認為在行為系統中，輸入與輸出的關聯性最重要，而非輸出入內容，不必處理其間的神經機制，視為黑箱即可），舊金山加州大學神經生理學家李貝（Benjamin Libet），在此時提出想以內省方式研究意識經驗內容，就在申請研究計畫上吃過大虧，被認為「學術不正確」。

現在已有大成就且廣被接受的新ＡＩ與深度學習，黑箱程度更嚴重，系統的多層結構、特多參數，與需要調整的權重，比過去ＡＩ更複雜，難以弄懂裡面究竟發生了什麼事，也很難談論有沒有心理表徵。嚴肅的ＡＩ科學家對這種不透明的困境，當然深有體會，因此啟動「可解釋的ＡＩ」（explainable AI）研究，惟仍在起步階段。

新ＡＩ的應用實在太成功，很少有人會去計較這些基本問題，但一向講究因果，而且將釐清因果視為第一要務的基礎科學家，應該很難心悅誠服接受新ＡＩ，劉先生祇不過是其中一位。

德國孔胡伯（Hans Helmut Kornhuber）與研究生狄克（Lüder Deecke）在一九六五年異想天開，研究簡單自主行動所對應之細微腦波變化，其實是冒了很大的時代風險，但卻因此發現了一種由特定腦區神經元所激發出來的準備電位（readiness potential, RP）。到了一九八三年，李貝用ＲＰ的概念及技術，發現人在自由作出決定，要去做某一自主行動

「之前」，大腦竟已經出現與動作準備有關的ＲＰ，該結果被一些不懷好意的人，用來主張「自由意志是一種錯覺」，亦即認為根本沒有自由意志這回事！

這真是時代的弔詭，當被動概念還在流行時（一九六〇年代），研究主動性及組織性的人四處被打壓；到了自由自主已成為自然呼吸時（一九八〇年代），自由意志概念反而被說成是一種錯覺，以凸顯其被動性。

其實將人當為被動反應體的信念，何嘗大退燒過。我於一九八〇年代初期，還看到行為主義代表人物史金納（B. F. Skinner）在哈佛的活躍身影，行為論應用則早已遍及各領域。至於研究物理刺激與感官反應之間關係的心理物理學（psychophysics），將人當為被動反應體的基本態度，一以貫之，從沒改變過。

歷史的轉折難以判斷，情緒及ＡＩ這兩個與人類心智密切相關的議題，原先被奈瑟排除在外，但研究成果累積且觀點明確後，終於被認可放入認知心理學教科書中。

看起來心理學與一般硬科學確有不同，是一門「觀點敏感」的大學科，經常在新觀點下調整後重建地盤，或新瓶裝舊酒，但更多舊問題不再被研究，甚至整個舊領域被遺忘。佛洛伊德被打入冷宮，威廉・詹姆士（William James）失去魅力，但物理科學界誰敢對牛頓與愛因斯坦如此無禮！

詮釋心智現象的知覺互動觀點

我在撰寫碩博士學位論文五年期間，進出被動性與主動性之間，體會到人的被動性（低階）與主動性（高階），還有兩者之間的互動，都實質影響到人類行為表現，因此發展出一種總體觀點，大幅緩解了自己所面對的理念性矛盾及緊張。

簡言之，在日常生活的物體知覺中，認知與知覺處理由下往上（bottom-up）一陣子之後，由上往下（top-down）力量可能開始介入，亦即低階及高階變項曾在適當時機開始交互作用。

這些對立性概念，如被動性與主動性、低階及高階訊息處理、由下往上與由上往下，宜視為三組等同（equivalent）的概念，可藉此互相參照，以探討被動性與主動性之間的介入及互動*。

在此做個小結。我從歷史系轉到心理系後，碰到正進行革命性發展的認知心理學，因此陷入強勢條件化歷程研究（被動性），及新興認知研究（主動性與組織性）走向之間

*參閱本書「心理學的探索與踐行」章，「發展人類知覺研究的互動觀點」一節。

衝突的漩渦，開始學習了解其異同並尋找出路。之後發現至少在物體辨識與立體視覺中，認知的高階因素有時會以特殊方式介入低階運作，反之亦然，因此發展出一種知覺互動觀點，來驗證人類知覺的各種面向。針對決策與選擇行為的研究，一樣抱持同樣的認知互動觀點。日後參與各項公共事務及出任決策領導角色時，發現到廣義的互動觀點，確實發揮了不少功能，而且在學術與政務之間出入時，可以協助保持住前後一致性。

隔壁開始搞文革，台灣經驗拚轉型

大四那年有個家教，是家與店都在衡陽路中山堂旁的余家，一九六九年七月人類首例登陸月球電視轉播，全市瘋狂，學生父親拿阿波羅11號登陸月球寧靜海，與阿姆斯壯講的「個人一小步，人類一大步」，訓勉兒子說，人家都登上月球了，我們要立志要上進！

「台灣經驗」的源起

此時大陸已經瘋狂搞了三年多文革，台灣還在力爭上游。一九六五年以前，美援及伴隨的制度改革壓力，促使台灣在政策與制度上做出調整，外資廠商開始認為台灣是個適合投資的國家*。一九六五年美援停止時，電力裝置容量已從一九五〇年的二七・六萬千瓦，擴增至一一八・六萬千瓦，這時我剛進大學。接著台灣退出聯合國（一九七一年十月）、一九七三年全球石油危機，從一九七四年往後不到十年間，發展出國內外所豔稱的「台灣經驗」。這段時間我因故尚未出國，反而得以比較完整走過這一段，可謂「資歷完整」。

一九七四～一九七九年的十大國家建設（蔣經國於一九七二～一九七八年任行政院長；中橫已於一九六〇年通車），實質影響台灣的經濟起飛與產業升級，包括國際機場、台中港、蘇澳港、中山高速公路（一九七一年開工）、鐵路電氣化、北迴鐵路、中鋼、中船、高雄煉油廠開發仁大及林園石化園區（一九七五／一九七八年啟用二輕與三輕）、一九七〇

*吳聰敏（二〇二三）。《台灣經濟四百年》。台北市：春山出版。

年代規劃興建核一核二核三廠等項。

台灣半導體產業的興起始自一九七〇年代，孫運璿於一九七三年（時任經濟部長）成立工研院、一九七四年引進IC製造工業、一九七七年工研院建立四吋晶圓示範工廠。更全面性的是，一九七八年召開第一次全國科技會議，孫運璿（一九七八年任行政院長）與李國鼎（時任政務委員）共同推動籌設竹科（一九七九），以及訂頒科學技術發展方案（一九七九），陸續提出攻堅之重點科技課題，如能源、材料、資訊、生產自動化、生物科技、光電科技、肝炎防治與食品科技等項。台積電於一九八七年設立，一九九四年上市，已經是後面的事情。

早期發展出來的產業，不少人感激走過這一段，以設立基金、講座、紀念館及其他類捐贈，來對孫運璿與李國鼎表達謝意（圖3）。

圖3　2006年台達電鄭崇華董事長捐贈清華大學，設置紀念性的孫運璿科技講座

一九七八年底中美（台美）斷交，好在有台灣經驗撐著繼續向前行。這時我剛專任台大教職，隔年兒子出生。

文革前後的中國

當美國已經登陸月球，台灣在戒嚴中悶聲搞經濟，隔壁還在搞文革，文革十年後才恢復高校招生，十年空白擠成一年，這一年考上的稱七七級（綜稱一九七七年進高校的人）。七七、七八、七九上高校的人，日後出掌政學產業領導人比例高。

一位中國科學院研究員朋友，文革期間被下放到外地，將還在地上爬的小孩託鄰居照顧，以前北京冬天習慣燒煤球，不完全燃燒下常有一氧化碳，不幸中毒。夫妻倆中間回來，小孩腦子已經壞掉。比這些更嚴重情事，所在皆有，真是時代悲劇。

文革結束後，鄧小平一九七八年底提出「對內改革、對外開放」「解放思想、實事求是」主張，開始長達十七年（一九七八～一九九五）鬥爭，在爭議下推動政經轉型，逐步建立具有中國特色的社會主義市場經濟。一九九三年將「社會主義市場經濟」寫入憲法，一九九七年納入黨章，有人謔稱為「打左燈向右轉」。這段時間剛好也是台灣一九七七年中壢事件，接著一九七九年美麗島事件，黨外活動開始風起雲湧，以及之後一九八六年民進黨成立，一九八七年解嚴，與同年年底開放兩岸探親的關鍵時刻。

我曾請教中國幾位事業經營得不錯的人，問他們如何勇敢跳入當時還看不太清楚的大陸市場？他們的看法大約是：「一九八九年六四天安門事件後大陸人心苦悶，看不到出路；一九八九年十一月柏林圍牆倒塌，一九九一年葉爾欽反戈巴契夫，蘇聯解體（一九九一年底），中國再不轉變亦不可能；一九九二年鄧小平南巡講話『堅持改革開放，發展才是硬道理；要警惕右，主要是防止左』，改革大事底定。一些在九一及九三年間嗅出機會，敏銳、敢作決定、又敢策馬入林進入未知領域的人，可說是今日主導民間產業的重要人物。」

在這股龐大磁吸效應下，一九九六年台灣宣布「戒急用忍」政策，以資對抗及平衡。時至今日中國崛起，絕非當年可以想像。

台大的時代風貌

台大的前身為日治時期之「臺北帝國大學」，在歷史、文化、社會、政治的演變進程中，各個年代展現了不同的風貌。

一九二〇年代的臺北帝大

台灣日治時期的文化啟蒙，起自一九二一年在大稻埕成立的臺灣文化協會，蔣渭水發表「臨床筆記」，可視為啟蒙第一講（診斷台灣患了慢性智識營養不良症，須靠正規教育調養）。接著發生日治時期台灣大規模反抗與啟蒙運動，包括一系列壓制臺灣議會設置請願運動的治警事件（一九二三年底）、二林蔗農事件（一九二五），與全台串聯的臺灣農民組合（一九二六）等項。

臺北帝國大學於一九二八年建立，以供日人就讀為主，蔣渭水並不認同，認為應設置更多更好的中小學，他又因治警事件之後，個人坐牢自修早稻田教材的經驗，主張設置類似早稻田大學的民間學塾。

臺北帝大前有東京、京都、東北、九州、北海道、京城（首爾國立大學前身），後設大阪、名古屋，是全日本第七間帝大。一九二八～一九三七年幣原坦出任臺北帝大（台大校總區現址）總長，先設文政學部及理農學部，一九三六年設醫學部，一九四三年再設工學部。設醫學部時，另將總督府醫專（其前身為總督府醫學校，杜聰明、賴和及蔣渭水的母校，三位的校長都是知名的高木友枝）交由臺北帝大辦理，當為附屬醫學專門部，二戰後停止招生。臺北帝大學生人數不多，除醫學部外，文政或理農學部皆以日人為主，在台學生仍以到日本本土讀書為優先。

台大文法理農學院後來講院史，都從一九二八年開始。醫學院比較特殊，從醫生與醫事人才培育觀點，上溯到一八九七／一八九九年的醫學講習所與總督府醫學校，並視之為台大醫學院前身，正式寫入院史，可能來自底下幾個原因：

（一）山口秀高於一八九七年擔任臺北病院／醫院（臺北醫院於一九三八年移為臺北帝大醫學部附屬醫院，現在台大醫學院附設醫院之舊址）院長兼醫學講習所管理人，在一八九九～一九〇二年出任臺灣總督府醫學校（原學校建築現為台大醫學院醫學人文館）第一任校長。高木友枝於一九〇二～一九一五年接任。

（二）醫學校於一九一九年改制為醫專，一九二七年改名為臺北醫專。臺北帝大於一九三六年設醫學部後，臺北醫專改隸臺北帝大成為附屬醫學專門部，可謂一校兩制。後來幾位醫學部部長在一九三六～一九四一年間，都兼附屬醫學專門部主事，兩部之間並以不同級別合聘部分師資。

（三）總督府醫學校招收公學校畢業之台籍生，醫專招收中學校畢業生以台籍為主兼收日本學生，招生方式和修業年限與帝大醫學部有所不同，但皆以台籍生為主或佔多數。一九四〇年資料則可看出，日本人／台籍就讀臺北帝大比例，在文政學部為82／5，理農學部86／4，醫學部70／74。

二戰結束後，國民政府接收臺北帝大，兩部合併改制為台大醫學院，杜聰明於一九四五年底出任第一任院長。三者前後合併來看（醫學校、醫專、醫學部），是日治時期台灣唯一培育台籍醫生之管道，而且舊址舊館都仍在台大醫學院與醫院內，因此台大醫學院院史追溯到三者起源處，應屬合情合理，與其他學院大有不同。

台大理學院心理學系的前身，則可上溯到文政學部哲學科下的心理學講座（或心理學研究室），由當時日本心理學會理事長松本亦太郎，推薦他東京帝大幾位學生出任講座的教授與成員，從德國引進數十件經典實驗儀器，本擬發展基礎實驗心理學，特別是當年流行之格式塔心理學研究。但買回這些儀器後，臺北帝大就配合轉向新南進政策，因此買進來的儀器就一直擱在那邊，東京大學大山正（Tadasu Oyama）與新格式塔心理學代表人物洛塔・斯皮爾曼（Lothar Spillmann），都對這批儀器特有興趣，並與國內同仁合作出版系統性著述。

轉向主因之一係一九三〇年「霧社事件」，嚴重顛覆了日本國的「理蕃政策」，因此在總督府與帝大的政策考量下，被逼回歸創校之初「南方的人文科學」研究重點，改往「民族心理學」方向，利用智力、性格等類測驗及實驗工具，從族群觀點探討各原住民族與漢人，在基本心智能力（如知能、思考、色彩偏好、圖形記憶、形狀知覺與行動特性）上之異同，並認定有哪些可能是來自各族群之先天與後天影響。

該一以原住民族為對象的研究方式，持續到一九四九年台大心理系成立後的前幾年，主要研究者有鄭發育、張肖松，以及來自醫學院神經精神科的林憲與陳珠璋＊。

臺北帝大採講座制，在台灣地理及人文、稻米、熱帶農學、有機化學、原子核物理、風土疾病與藥理學等項上，較為知名，替今日台大奠立了一些領先的學術傳承，但不容易發揮重要的思想及文化啟蒙功能。

建築史家李乾朗教授指出台灣一九一〇年代建了不少巴洛克式建築，一九二〇年代後出現軍國主義式建築。臺北帝大設立後，校內建物有不少當時流行仿洋風、具折衷主義古典建築的學院風格，也有羅馬式風格，部分則配合日本南進政策，主校門像軍營一般（圖4），行政大樓則有明顯的科林斯立柱與裝飾，仿歐洲折衷主義之風格，論者亦有將其歸類為後期文藝復興式建築者。

台灣早期文化活動，也得助於一些知名藝文平台，如一九二七年在台中創立的中央書局（其前身為臺灣文化協會中台灣聚會所「中央俱樂部」），當年是全台規模最大的漢文

圖4　臺北帝國大學校門（1928）（來源：台大校史照片）

書局。近年來，老同學張杏如將買下來的中央書局，捐贈給上善人文基金會，再度大出場，已成各年齡組的聚會留連之所。

台北民生西路的波麗路西餐廳於一九三四年開設後，台灣文人藝術家與學者常在此聚會；一九三七年王井泉經營的大稻埕山水亭，號稱「台北文化沙龍」。一九四九年台北武昌街出現明星咖啡，已是後來的事。

*黃榮村、櫻井止二郎、汪曼穎（二〇一九）。〈台灣實驗認知心理學發展選論·以台大心理學系為框架〉。《中華心理學刊》·六一卷四期，二九五～三一八。

一九六〇年代的台大

念台大的六〇年代中期，正是反戰及世界學生運動興起，搖滾樂、地下文學、各類思潮與左派思想盛行之時。

一九六〇年代中後期出現以法國巴黎為主的一九六八年五月風暴，左派色彩濃厚，史稱「六八學運」。美國學運訴求，如廣受注目的一九六四年柏克萊加州大學及一九六八年哥倫比亞大學學運，也於一九六八年達到高峰，在前面引路的是一九六二年「休倫港宣言」（The Port Huron Statement），與金恩博士（Martin Luther King, Jr.）一九六三年的「我有一個夢」（I Have a Dream；金恩博士一九六八年四月遇刺身亡），以及反越戰氛圍。一九六八年夏「東京大學事件」，響應歐洲六八學運，半數以上在校生參與。

性質不同的保釣運動，始於一九七〇年，係由來自台灣、香港及海外華人，為抗議日本宣稱擁有釣魚島主權，而引發的一系列民間運動，該一運動逐漸擴展至全球華人。

這些都是當年的時代環境，台灣內部戒嚴，對大學校園監視控制密不透風，但外面世界早已被學生鬧翻天。台灣後來學到以搖滾民謠與海報塗鴉來當為學生運動前導，與非暴力抗爭、公民不服從、靜坐、佔領等方法，很多應是師承自六〇年代的世界學生運動。

這個時代才真叫八方風雨會中州！

除了六八學運外，之前還有「六日戰爭」。以色列一九四八年復國之後，在一九六七年六月五日，爆發了以色列與埃及、敘利亞及約旦之間的六日戰爭，戈蘭高地、西奈半島、約旦河西岸與加薩走廊，瞬間成為大學生口中的熱門名詞。一九七四年巴勒斯坦解放組織（PLO）成為聯合國常駐觀察員，被認為是巴勒斯坦人民的唯一合法代表，因此PLO與阿拉法特動見觀瞻，一直到二〇〇四年阿拉法特過世為止。

二〇二三年十月初，由於巴勒斯坦激進組織哈瑪斯（Hamas）突襲，與以色列的強烈反制，又讓加薩走廊成為世界關注核心，是俄烏戰爭之外，另一件令人心驚的致命性事件。

二〇二四年四月美國各主要大學校區，由於抗議加薩事件，學生佔據校園聲援巴勒斯坦，當年爆發六八學運的哥倫比亞大學，風雲再起，成為此次烽火運天學生運動的核心戰區。

這一系列事件，歷史傷口從未癒合，隨時都會重走一遍，令人悲傷令人警惕！

歷史真的是時間一到，就會發作。

一九七〇與一九八〇年代的台大

我在台大當研究生後期，黨外高峰正在醞釀，吳乃德將一九七七～一九八七（包括各種地方公職選舉、一九七七年中壢事件、一九七九年美麗島事件、一九八〇年美麗島事件軍法大審、一九八六年民進黨組黨、一九八七年解嚴），定義為「黨外黃金十年」，是黨外精神與行動爆發的關鍵期，也是台灣各種社會運動、學運、環境運動、公民運動、文化運動，得以自由發揮之時。

很多經典的黨外演講開始上場，晚上在學校操場廣場上的演講，是台灣的救贖。台大很自然成為黨外與學術界關聯介面的大平台，大家都忘了還在戒嚴時期！

一九七九年六月康寧祥當發行人，江春男（司馬文武）當總編輯，發行《八十年代》，剛開始不容易找到學界人士供稿，我曾應江春男之約寫了一篇教育文章。緊接著同年八月《美麗島》雜誌橫空出世，由黃信介當發行人、許信良社長、黃天福與呂秀蓮副社長、張俊宏總編輯、施明德總經理，九月八日於中泰賓館舉辦創刊酒會，該年年底就爆發了震驚海內外的美麗島事件。

二〇二四年初總統大選後隔天過世的施明德，是美麗島事件與台灣民主運動中，最具代表性、傳奇性與悲劇性的角色，他在美麗島大審的抗辯與主張、入獄後無限期絕食抗議堅持無條件釋放，以及發動倒扁的紅衫軍行動，都已成為台灣反抗歷史中，難以超越的高度。

謝長廷當台北市議員時曾告訴我，在美麗島大審辯護庭上，還摘用過我所寫有關斯德哥爾摩症候群（Stockholm syndrome）的文章*。

老友周天瑞時任《中國時報》採訪主任，對美麗島事件之後的軍法大審，大做特做。一九八〇年在情治單位及層峰巨大壓力下，被迫辭職赴美，形同流放，協助創辦過《美洲中國時報》，我曾從波士頓到紐約市皇后區去看過他們。他後來回國，與幾位老朋友江春男、王杏慶、王健壯、胡鴻仁等人，共創《新新聞》，是那個年代最受好評且具影響力的新聞雜誌。

這段期間很多黨外前輩，創造出一種不自私、高道德標準、一心一意要讓台灣出頭

*黃榮村（一九八〇）。〈長期監禁的病理行為——以德黑蘭的美國大使館為例〉。《時報雜誌》，一九八〇年一月。（該文藉相關案例，討論心理學家的模擬實驗與斯德哥爾摩症候群。後收錄於黃榮村（編）（一九八四），《心理與行為》，第九篇，頁九五～一〇二。台北市：科學月刊／中正書局。）

天的黨外精神，在逆境中堅守基本理念倡議核心價值，長期走鋼索，一步一腳印，與人民在街頭聊天，這是一個令人感動的大時代，令人感動的人，也是早期黨外的格局！

斷代下的集體情緒演變

綜觀台灣過去近八十年來，曾出現不同集體情緒狀態之明確轉折，與幾個重大事件互相對應：

(1)緊張（來自二二八、白色恐怖、早期台灣人殖民悲情及流亡外省人焦慮的互動與糾纏）
(2)壓抑與沮喪（不安及戒嚴時代下的教育與文化）
(3)疏解（解嚴及行為解放、校園自主與知識分子角色之發揮）
(4)希望（政黨政治啟動循環治理）
(5)失落（從左派與社會正義觀點過渡到追求多元及卓越）
(6)不確定感（兩岸關係與統獨爭議下的未來）

這幾種集體情緒在台灣歷史上，常引起無關是非之藍綠與統獨的理念對抗。由情感所引發的信念，或在信念中有強烈情緒成分時，常出現底下兩個超穩定特性：(1)不隨時間而變化，d/dt（信念）$= 0$（亦即將信念對時間做微分，等於零，信念不會隨時間而變動）；⑵不因證據或資訊之出現而有變化，p（信念／data）＝p（信念）（亦即提供相關資訊，不會改變其持有特定信念的機率）。該一現象在精神疾病症狀中（如偏執或更嚴重的妄想）經常會看到，實務上（如核電溝通、統獨對話）亦屢見不鮮。

一旦陷入這類情緒狀態，不同觀點之間常導致高強度對抗，此時唯有等待，並作制度性協商，若作不到，就去選舉場決一勝負，輸了重來。

大學畢業五十年

大學部畢業五十年，學校請客擺了上百桌大餐敘，我擔任形式上的總召，看到很多當年讀書時六大學院的熟面孔。之後安排心理及歷史兩系老同學合體，前往五十年前畢業旅行時的台南舊地三日遊，找出當年造訪之處，照了不少對比照片。

一位當過中學校長的歷史系老同學房良通，與家人回來好好走上一大圈，熱情會晤同學及走訪懷念地，心滿意足後回馬來西亞，不久就上天家休息去了。

4

任教台大

我在台大教書有一個奇怪的開始。念碩士班二年級時，一位美國回來客座的教授因急事返美，我被指定去上還剩半年的大一統計學。班上有三位可上台大醫科但選心理系的同學，有兩位是後來當上國家講座的梁庚辰與鄭伯壎，還有當過中央廣播電台董事長的名小說家平路。教完點推定與區間估計（point and interval estimation）之後，接著要上假設檢定（hypothesis testing），乃初等統計學最核心的兩個部分，而且假設檢定的關鍵技術是區間估計，兩者可說互通，在統計邏輯上等同，只要弄懂點推定及區間估計，再加上一點假設檢定的特殊語言，就可搞定。

我請同學推舉下星期「假設檢定」專題報告人，班上一致推選梁庚辰，梁隔週報告時，思路清楚，井井有條，講得比我還好。

學術自主與尊嚴的底線

台大約在一九七六年下半年開始實施新制，拿到博士學位後任教職者，要從講師而非以前的副教授聘起，我覺得事出突然也沒什麼道理，就拒接聘書以示抗議。北大出身的新竹人蘇薌雨老主任竟因此讚勉有加，說不定是看到了他年輕時的模樣。隔了半年才接聘書，一年後升副教授，正教授則在出國進修回來三十六歲時升任，應該沒什麼耽擱。抗議是要付出代價的，那時也是剛當講師的黃光國還好心問說，需不需要借錢給你。

替韓國槓子頭打抱不平

隔不久聽到學校欺負人，一位韓國研究生吳二煥，在哲學系教授大談三皇五帝思想時，舉手問說不是沒有三皇五帝嗎，怎麼還會有他們的哲學思想？這下慘了，在那個戒嚴時代馬上被提送訓導處，要退他學，我一聽這還了得，就上書直諫課堂討論本即應有這類言論自由，而且並非全無道理，不要因此而貽笑國際學界。

閻振興校長出國，傳說中的「地下校長」孔先生，從教育部人二室派駐台大，當安定小組執行祕書，他透過系主任轉告，約好隔天上午八點與我一談。我嘛不怎麼認可這種約談，就九點才施施然過去，一進門葉維善主祕急得不得了，說孔先生等很久了，一見面就說吳二煥背後受到哲學系幾位老師影響，搗蛋來的，我笑說這是當一位台大老師，必須告訴校長對這件事的意見，其實不必特別對我解釋。

忍受的底線與聲援

此時距離一九七三～一九七五年台大哲學系事件還沒多久，我不曾告知這幾位老師，只繼續注意學校如何處理吳二煥，後來確保沒事了，好像外面開始有報導。真好笑，我到現在還不知道那位韓國槓子頭長成什麼樣子。二〇二三年八月我碰到陳鼓應向他提起這件事，他茫無所知，陳已八十八歲但記憶好得很，大概是當時他已不在系內之故。

聲援時間是一九七七年，那時要當台大校長須經國民黨中常會通過，北區第一知青黨部孔知忠辦公室也設於校內。我就在這類案例上，建立了不喜歡國家機器涉入大學校園的基本態度。

這是我第一件明確為了底線被違犯後所做的事。假如人民不想維護民主自由的底線，則台灣歷史上不會出現黨外；同理，若大學對學術自主與尊嚴不設底線，當然會出現管案。我當過政務首長及教育部長後，仍然對這些底線有一定敏感度，所以後來到大學當校長時，不願忍受已經踩到大學尊嚴紅線的立委，以及後來嚴重侵犯台大自主權與自由學風的卡管案。

學習當一位公共知識分子

一九八二年《中國時報》為陶百川先生八十歲祝壽，在宜蘭棲蘭山莊舉辦座談聚會，共邀請十九位，包括幾位學界大前輩余英時、李亦園、胡佛、楊國樞、林毓生、許倬雲、張灝等人，我也參加，應是楊國樞老師推薦之故。聚會時適逢颱風斷電，在風雨聲中秉燭而談，隔天余英時老師（我們老老師陳雪屏的女婿）還因總統邀約，用摩托車接駁下山到台北。這一整段是余紀忠文教基金會余範英董事長心中永遠的鄉愁。

一九九九年底，時報基金會籌劃「邁向公與義的社會」系列研討會，這名字是錢永祥取的，我與朱雲漢、王汎森、錢永祥、朱雲鵬、林子儀等人，一起負責規劃教育、社會、文化、思想、經濟、法治人權等議題，邀人評論，針砭時政。到了二〇〇七年底，余範英鄉愁發作，邀集十九位朋友籌辦草山會談，以接續棲蘭聚會，並討論「知識分子不見了？」這個跨代的沉重議題。

對我來說，這些都是一種學習及啟蒙，就像羅素自傳中開宗明義講的：「三股熱情主宰驅使了我的一生：對愛的渴求、對知識的追求，與對人類苦痛壓抑不住的憐憫……」，顯然我還有一段長路要走。

出國進修與哈佛因緣

一九七七年初任台大心理學系教職後，台灣身處台美斷交（一九七八年底）與美麗島事件（一九七九年底）的震盪之中，那時做了不少語文知覺及認知的研究，也負責系所多門統計分析及實驗設計課程（後來開授的大學部課程，則以學習與記憶、認知心理學及人類知覺為主）。這時仍是數理心理學盛行之時，因此也在貝氏理論（Bayesian theory）架構下，做了一些人類決策與選擇行為的研究。整體而言，不想受限於原先的碩博士論文框架，希望儘快抓到具有特色的研究主旋律。

這段期間，我們流行透過會議及聚會，與同代跨域菁英時相往來，大家都想做出不受局限的特色研究。高承恕時任東海大學社會所所長，邀陳寬政去上數量分析課，找我去講人類行為，我就以蓋瑞・貝克（Gary Becker）對人類行為所做的經濟分析為主（人類理性與利他行為部分），上了一年課，那時他還未獲頒諾貝爾獎。

四年後在國科會資助下，與鄧肯・魯斯（Robert Duncan Luce）聯繫，安排赴哈佛大學一年，並聯絡賀伯・賽蒙（Herbert A. Simon），赴卡內基－美隆（Carnegie-Mellon）大學一個月。魯斯年輕時曾與萊法（Howard Raiffa）奉馮紐曼（John von Neumann）之名，合寫《賽局與選擇》（*Games and Choice*），我最早對集體決策中，有關肯尼斯・阿羅（Kenneth Arrow）「不可能定理」（impossibility theorem）的初步了解，就是來自該書簡要直覺式證明。他在訊號察覺與反應時間測量的理論及實驗上，更屬指標人物。

賽蒙則因其對「有界理性」（bounded rationality）的研究，剛獲頒一九七八年諾貝爾經濟學獎不久，但我更喜歡他在ＡＩ與認知心理學上所扮演的角色。能到這兩人領地走一回，應該是很有意義的一件事。

在美國東岸尋找心理學源頭

一九八二～一九八三赴哈佛一年，並找時間出征到卡內基－美隆大學、ＵＣＬＡ、聖路易大學各一個月。在哈佛大學心理系的研究室，位於九樓心理物理學實驗室，秋天傍晚從窗戶望出去，一片劍橋泛黃樹葉秋色，非常好看。九樓除了魯斯外，還有格林（David M. Green）及艾斯鐵斯（William K. Estes）幾位心理物理學與數理心理學創始人。這個實驗室更早期稱為「心理聲學實驗室」，是馮貝克西（Georg von Békésy，一九六一年諾貝爾生理醫學獎）在耳蝸力學，以及史蒂文斯（Stanley S. Stevens）在心理物理學定律上，作出重大貢獻之地。我按國科會規矩去參與三人招牌課，分別是決策與選擇理論、心理聲學、心理學數學模式，同時到隔壁ＭＩＴ去聽查爾斯．史蒂文斯（Charles Stevens）所講授，正在發展中的聲學語音學（acoustic phonetics）。

在此發現奈瑟書中津津樂道的視覺極短期記憶（iconic memory），其主要研究者史坦伯格（Saul Sternberg），就是魯斯的學生。威瑟（Torsten N. Wiesel，一九八一年與休伯〔David Hubel〕合獲諾貝爾生理醫學獎）到隔壁生化分生系演講，提起當年研究視覺，都會先從查爾斯河邊醫學院的神經生物系，到心理系來請教拉胥黎（Karl Lashley）。這裡處處都有學術淵源，值得花點時間去弄清楚。

之後到卡內基－美隆大學賽蒙處，了解他在決策行為及複雜訊息處理上的觀點。他由研究ＧＰＳ（General Problem Solver）的ＡＩ經驗，認為模擬被視為困難複雜的人類思考（如定理證明）並不困難，反而在模擬人類很輕易就做得到的視覺時，卻困難重重。該一觀點也許是奈瑟在其一九六七年《認知心理學》書中，不願引用他們研究的原因之一，兩邊的主張落差太大，但賽蒙後來被認為是認知心理學的重要開創者。台灣政治學及公共行政領域的人，遠比經濟學界對賽蒙的興趣大，大概係因他早在一九四五年，就將有界理性與心理決策的概念用到行政組織研究之故。

陳文成在一九八一年還是這所大學統計系的助理教授，但於同年七月疑因政治因素遭謀殺，陳屍於台大研圖及學生活動中心之間草坪，是台灣民主運動史上最重大的悲劇與疑案之一。二〇二一年初在此處設置「陳文成事件紀念廣場」。

我從一九七〇年研習奈瑟《認知心理學》一書十來年後，到美國東岸大學發現有一條線，將很多學習經驗串連起來，而且體會到不同的革命性進展，讓心理物理學與知覺研究的基本理念，遭遇到強勁挑戰，如馬爾（David Marr）的計算視覺，剛在哈佛隔壁MIT發生。由於對馬爾生前研究印象深刻，返國後就與研究生開始展開計算視覺研究，尤其在立體視覺部分，並講授視覺訊息處理及PDP（平行分配處理模式）課程*。

*參見本書「心理學的探索與踐行」章節，以及附錄之二「知覺與決策行為互動觀點的驗證」。

哈佛的通識

哈佛剛開始實施有名的核心課程（core curriculum），魯斯上下學期各開「聲音與聽覺」及「光與視覺」一門課。一九七五年出版《社會生物學》（*Sociobiology*），與華生（James Watson）同系，但學術走向大不對盤的威爾蓀（Edward O. Wilson），也在裡面開課。類似這些大牌與諾貝爾得獎者，來教大學部通識課程的不少，在基礎科學上更是如此。台灣常有人抱怨通識與基礎科學教育不受重視，若學學哈佛，多由大牌教授擔任，怎會不受重視？

哈佛及其他長春藤名校一向以大學部出名，培養各行各業領導人，因此對大學部教育莫不卯足全力。從卡內基－美隆轉任哈佛的孔祥重曾說，不管如何都要搶到一門大學部的課，要不然很沒面子。發明隨機點立體圖（RDS），被認為是當代最聰明科學家之一的尤列茲（Bela Julesz），最喜歡教大學部，他說真正聰明人一定會在大學部，要趁早把他／她們找出來。我想魯斯與同一時代在哈佛及其他校園的人，親身做了最好的示範。

那段時間劍橋區常來往朋友，有在哈佛數學系客座的張海潮，生化與分生系王群及

MIT化學系姜謙兩位，則是新竹清華物理系同班同學，都在當博士後，互相取笑從物理每況愈下往化學與生物走去。教育學院雷霆，是我與程小危的學生，也是張海潮台大打橄欖球的小老弟。我們有空就到哈佛體育館，或小週末晚上到MIT打籃球，下雪天就品評NBA球賽，當時正是塞爾提克（Celtics）與湖人（Lakers）全盛時期，天勾賈霸、魔術強森及神射博德都是我們最愛，但各擁其主，喝點小酒雪夜品評起來，那可是口沫橫飛沒完沒了。

因為雷霆緣故，了解到教育學院蘭格（Ellen Langer）在控制錯覺（illusion of control）上的出名研究，對我日後在九二一重建，分析易致災害地區災民搬遷行為，有不少幫助。雷霆指導教授柯伯（Lawrence Kohlberg），是做道德發展研究的最大號頭目，他父親是中國遊說團（China Lobby）重要成員（在美國替中華民國做遊說），台北榮總醫研部的柯伯館就以他父親名字命名。

我曾與張欣戊陪柯伯到台北福華做了一套速成西裝，去台北榮總見院長、看柯伯館。晚上陪他到龍山寺及華西街走走，就覺得他悶悶不樂，他回美半年駕著小船出去後就沒再回來，有人說可能與他早期到非洲做研究，感染到一種寄生蟲病，一直好不了，帶來很大困擾有關。

那時小澤征爾（Seiji Ozawa）是波士頓交響樂團音樂總監（一九七三～二〇〇二；二〇〇二年開始擔任維也納國家歌劇院音樂總監），我在二〇一六年曾將他入詩一首（The last leaf lingering on the tree）：

……

波士頓的楓葉紛飛
等不到耶誕過節
環球報頭版的大照片
寫著　最後一葉
懸吊在樹梢
The last leaf lingering on the tree
至於國家大事
還有比葉片凋零這件事
更重要嗎？
城市的風格與品味

正在引導世界向前。

小澤征爾從波士頓
跑到維也納過冬
在那裡可以靜靜思考
音樂的殿堂
還可以將人間文明
墊到多高。
這座奧匈帝國的首都
只有默默地在各類頭版
寫出一行字
Seiji Ozawa is coming to town
就像聖誕老公公過境一樣
雪橇上載著波士頓僅存的
頂著漫天風寒

深情款款 飄落的
最後一葉。

這首詩主要在歌詠波士頓與維也納這兩個城市的風格，以及寬廣深厚的文化底蘊。

驚喜的巧合

再講一點後續巧合。一九八二年深秋下午走到哈佛廣場，剛好初雪紛飛，陽光直接從上照下穿透薄薄雪片，煞是好看。這時迎面走來魯斯，忽然覺得當教授也是不錯志業！他是系主任也是接待我過去的人，曾在國家科學基金會（NSF）負責過行為及社會科學部門（與我後來在國科會做的事一樣，但規模大很多），是國家科學院院士及總統科學獎得主，他已於二〇一二年過世，我常懷念他。

在國科會人文處工作時，美國國家科學院人員來訪，碰到於一九九五年與克魯岑（Paul Creutzen）及莫利納（Mario J. Molina）同獲諾貝爾化學獎的羅蘭（Frank Sherwood Rowland），他在仁愛路福華飯店餐巾紙上面，寫了不少臭氧層上所發生的化學變化，我也沒少問，他就一張一張寫下氯與臭氧結合的化學反應。劉兆玄（時任主委）好奇問我說以前認識他？我哪認識，只是他滿腔熱血要告訴我有關臭氧層的種種問題。後來談起來發現他們夫婦與魯斯在加州大學爾灣分校比鄰而居，人生真是在沒想到的地方，出現小小驚喜。

成為校內自由派傳統的一員

返國後一本初衷，忙碌拓展人類知覺與決策行為的教研。此時正值時代變動與台大多事之秋，開始參與籌組教授聯誼會、加入澄社、主辦知識界反對軍人組閣行動、在校務會議中共同提案軍警不得進入校園、主持校內抗議大會，參與平反台大哲學系事件、主持四六事件調查等，在不知不覺中成為校內自由派傳統的一員。

協助籌組台大教授聯誼會

數學系黃武雄選擇在戒嚴鬆動之時，點火倡議籌組台大教授聯誼會，是一位具革命精神堅持主張的浪漫型人物，我也認為這類理念的發揚，有助於建立「台北學派」，因此與他互相呼應。

一九八七年六月五日開成立大會，因爭議而流會，時任召集人的賀德芬堅決請辭，竟由我來負責完成。老友王杏慶（南方朔）為此寫了一長篇訪談報導，登在《新新聞》上。

之後短短二十天內，盯緊聯繫注意程序，六月二十六日花了四小時開會投票，「台大教授聯誼會」於同年七月十五日解嚴之前正式成立，四百多人加入，超過全校專任教師四分之一。投票當天各報記者與好事者虎視眈眈，成立後，推舉張忠棟教授擔任第一屆理事長，到了下一屆理事會，我就找個理由退出聯誼會。

在此前後期間，我擔任台大訓導法規修訂委員會主席，學生社團要求將文稿事前送審制度改為事後報備。訓導長周道濟說茲事體大，要先出去問問，到了下次會議說有人不同意，希望不要改，但我們說除非告訴委員會，那位說不行的人是誰，再來討論，否則現在就通過了。

就這樣通過了文稿審定採事後報備制，廢掉長年以來宰制校園言論自由的文稿事前審定制。解嚴之後隔年（一九八八），代聯會改制為學生會，羅文嘉當選第一屆會長，我問他孫校長在學生事務上有比較放開一點嗎？他說是有改善，我說那怎麼都沒聽你們講？羅說這段時間我們沒說他不好啊。

主持幾個高爭議性的校內會議

接著就是一九九〇年中正紀念堂廣場三月學運（范雲時任台大學生會第一屆會長），一九九一年則是台大多事之秋，一有什麼風吹草動，總有人認為我神經比較大條，適合出面主持一些需要伸張正義或團結抗外的會議，因此主持過底下三個爭議強度很高的全校性大會。

1 獨台會四人案

為了抗議在「獨台會四人案」事件中，政府擅入大學校園不當逮捕，陳師孟、葉啟政、林逢慶等幾位，於一九九一年五月十二日下午，在中正紀念堂靜坐，竟遭保安警察暴力毆打。十二位教授發起召開緊急聲援大會（時為第三屆學生會，會長林奕華），五月十五日開會，教授同仁約一百五十多人參加連署，並做成幾項決議，包括要求總統指定成立特別調查委員會、廢止「懲治叛亂條例」與「刑法一百條」內亂罪規定、情治及軍警調人員非經校方允許並經正當程序不得擅入校園等項。

之後於五月十八日邀集台大、清華、交大三校教授，與教育部毛高文部長會商，就獨台會四人案所涉及的校園逮捕、暴力毆打及調查人員入校蒐證等事，交換意見，毛部長承諾成立調查委員會，同意訂立校園事件處理特別辦法，以因應學校緊急事件，並說可考慮在國父紀念館設立言論廣場。

這件事情主要發生在清華大學，毛在一九八七年從清華大學校長轉任教育部長，由劉兆玄接任校長，他們兩人對這件事應該是五味雜陳，不過，當然都要先站到大學這一邊來！

2 軍警入侵校園聽證

一九九一年十月十六日台大學生會（第四屆會長賴中強）與研究生協會，不滿軍警未經學校同意，即進入醫學院院區驅離架走靜坐抗議「刑法一百條」的師生（「懲治叛亂條例」已於五月二十二日廢止），舉辦「軍警入侵校園聽證會」，參與者有孫震校長、郭光雄教務長、李鎮源前院長、陳維昭院長、陳師孟、張忠楝、朱炎、黃芳彥、許森彥（醫學院學代）等人。這是一場保守派與自由派針鋒相對的會議，孫校長在會議中如坐針氈，有人要他負起責任，甚至要他辭職，另一派師生則全力聲援。

孫校長解釋他所作但沒成功的努力，並說明已在校務會議中提報「校園緊急事件處理辦法」，並委由楊國樞、黃武雄與黃榮村三位教授研議（該案於一九九一年十一月二日校務會議通過，後來寫入學校組織規程「除校警外，軍、警未經校長請求或同意，不得進入校園，但追捕現行犯不在此限」）。台大強烈要求軍警不得進入校園的呼聲及行動，遠自傳斯年校長與台大四六事件時即已開始，但過一段期間就會重提一次。

3 台大校長義不受辱

一九九一年十月二十四日，十七位教授發起緊急大會，係為了十月二十二日郝柏村在立法院院會答詢時，斥責台大校長高高在上，在十月八日至十月十日台大校園抗議行動時（醫學院門前的反「刑法一百條」靜坐抗議，我在現場，看到舊識張昭鼎教授受李登輝之託，前來現場協調），放棄職責不負責任、不到現場、不知人在哪裡，且講出非常不滿意等嚴厲字眼。學校有不少人是一九九〇年五月十八～二十日台北新公園台灣博物館前靜坐抗議、「知識界反對軍人組閣行動」的主要成員，聽到類此言論都大吃一驚。

此時孫校長業已提辭，並表達「個人可以默爾而息，但做為台大校長不能受辱」的立場。緊急大會中一百五十一位教授簽署做成幾項決議，強烈要求郝院長道歉，不只針對個人，更應提出尊重台大與大學的道歉及承諾。郝柏村意識形態與黨國思想清楚強烈，但為人處事尚有正直聲名，校園兩派難得在台大大帽子下團結在一起。

該日傍晚，學生會另於校門口召開說明會。隔天早上，教育部出面宣讀郝院長道歉文，好像變成是教育部的事。

我在一九九一年一年內連續主持了在台大校總區活動中心大禮堂召開的這三次大型會議，既非事件現場亦非做公親，更像是為了維繫台大傳統與學風所表達的姿態，也是台大在關鍵時刻應該做的事。

澄社的日子

澄社（Taipei Society）成立於一九八九年，時當解嚴之後，包括楊國樞、胡佛、張忠棟與李鴻禧等人，號稱學習英國費邊社（Fabian Society），是一個知識分子的同仁團體，章程中規定凡出任黨政職務者自動退社，基本上是反建置派（anti-establishment）作風。楊國樞老師熱情邀約我們幾位他的學生參加，包括葉啟政、瞿海源、黃光國與我（不過大師兄葉啟政很快就退出）。

我大學時期即在黨外風潮中成長，在自由風氣盛行的台大專任教職，又在台灣解嚴前後參與及主導部分校園民主事務，這種關切公共事務與國家未來之情，應已充滿在我年輕心中，所以澄社一出，義無反顧，就報到加入了。

知識界反對軍人組閣行動

澄社成立後隔年（一九九〇）五月，在新公園台灣博物館前，與幾個團體合辦「知識界反對軍人組閣行動」（楊國樞總召集、黃榮村總協調、瞿海源發言人），連接博物館兩側，是一幅由董陽孜揮毫，只有一個特大的大字「慟」。行動主因是憲法第一四〇條，明定現役軍人不得兼任文官；而且時值解嚴之後，人民對軍事強人組閣軍人干政的可能性戒慎恐懼，期期以為不可。

謝志偉、莊淇銘及史英在台博館前平台上，做了幾個精采的初出道「新人短講」，廣受矚目；另外則有人紛來致意，黃芳彥陪同辜寬敏前來，問說能幫什麼忙。反對軍人組閣行動靜坐三天後，步行轉往中正紀念堂，參與更大規模的「反軍人干政大遊行」。

李登輝總統於同年五月二十七日批准郝柏村申請除役，以非軍人身分擔任行政院長。

統獨悶燒鍋

我當澄社社長時，已是第三任（一九九三～一九九五，前兩任是楊國樞與瞿海源）。澄社以追求自由民主為主軸，老中青在這點上確有共識，但統獨悶燒鍋壓力一直升高，很多社員覺得快要出事，就安排到鄧維楨（他不是社員）的苗栗山頭，做了三天兩夜聚會討論，最後的結論是「時間未到，何必自己先翻桌？」先再做點社會及民主改革項目要緊。另在春節拜年期間，於仁愛福華台菜廳，連擺三天午宴，趁仍未決裂之前，請大家選個時間來吃飯聊天。因此，當頭腦短路時，若仍有互相交情在就好辦。事後一位老友說，本想一走了之，外面世界好遼闊，但聊了幾次後，覺得一起做做事也挺不錯。

那陣子事情多，任上前後有三位很能幹、氣勢也很旺的祕書長朱敬一、林萬億與施俊吉，承續瞿海源任內已出版頗受矚目的《解構黨國資本主義》與《解構廣電媒體》系列之後，繼續盯緊重要問題，包括一九九三年底縣市長選舉之前，每週開記者會批判，還有向對岸喊話。夏鑄九（下一任社長）說那段期間，他與老爸政治立場不同，關係緊張。聽到更多的則是夫妻白天上完班，回來繼續吵，連晚飯都沒辦法好好吃。

黨政軍退出三台行動

澄社在一九九五年初與醫界聯盟（李鎮源院長是聯盟精神領袖）等團體，合作推動黨政軍退出三台行動，朱敬一還去弄了個報紙大版廣告。之後與高成炎等人合作，主辦場勘活動、上陽明山看發射台、到八德路台視前放汽球干擾電波、到總統府前喊話要黨政軍退出三台，喊完了，還在那邊碰到「路過」的清華楊儒賓與方聖平夫婦。

二〇〇五年十一月公布「國家通訊傳播委員會組織法」，開宗明義就說：「行政院為落實憲法保障之言論自由，謹守黨政軍退出媒體之精神，促進通訊傳播健全發展，維護媒體專業自主……特設國家通訊傳播委員會。」但事隔多年，政黨執政想獨佔媒體的作風，並未因換了政黨而有所不同。我後來還因為這段經歷，當過卓越新聞獎基金會與報導者文化基金會董事長。

社長任上有兩件值得說的小事。《台灣日報》顏文門建議王永慶將他寫的萬言書稿費三十萬捐給澄社，錢不多但情義可感，並安排澄社社員到台塑與王永慶座談。我因會議請假二十分鐘，到會場後發現都是老先生在講話，就想辦法讓他多聽聽社員們對時局的看法，沒想老先生除了很會講話，也很會聽人講話，對談了兩個多小時。後來我擔任私校興學基金會董事長期間，王永慶及家族成員每年捐五十億給長庚系統的三所高校，但他過世後，捐款就中斷了。

另外一件事是澄社去拜訪剛從黨外轉型為民進黨的立法院黨團，黃信介看我們到了，一直說教授要來跟我們講話了，招呼黨團成員趕快坐定，禮數周到語氣誠懇，社員們都很感動。

幾年前與慈濟證嚴上人談起如何在歷史及傳承中做好領導，她已八十幾歲，覺得要當「粽掛」真是一件不容易的事，我想起黃信介往事，就順口說領導人除了要當「粽掛」外，還須做「桶箍」，她甚以為然，還很好奇我是如何知道這些老派字詞的。

老一輩的人，真有不一樣的地方！

反核運動與核電爭議

台灣電力供應的系統裝置容量，一九五〇年時才約二七．六萬千瓦（一九四六年開設高雄煉油總廠），此後節節上升，與石化工業之擴張有很大關係，半導體業大量用電需求是後來的事。因為急速增加的電力需求，台灣建了三座核電廠，核一於一九七〇年，核二及核三分別於一九七二年及一九七八年興建，在此之前並無重大核電爭議。一九七九年美國發生三哩島事件，與一九八六年蘇聯時期烏克蘭車諾比事件後，台灣一九九一年開始有大規模反核遊行（包括反核四；台灣反核行動從一九八五年即已開始）。

依據能源署統計，截至二〇二三年底，全國電力總裝置容量達六四〇〇萬千瓦，台電本身佔一半，其餘為民營電廠與自用發電設備，再生能源容量共約一八〇〇萬千瓦（其中太陽光電約一二四二萬千瓦，風力發電二六七萬千瓦；再生能源容量佔台灣總發電設備二八．〇%，惟發電量僅佔台灣總發電量九．五%，原設定目標係於二〇二五年達二〇%），運轉中的核電僅存核三，電力裝置容量一九〇萬千瓦。

核四轉折

澄社於一九九一年十月成立研究調查小組，由我主持，成員有劉錦添、張茂桂、施俊吉、吳乃德與葉俊榮，助理為廖錦桂、陳建中及翁慧貞等人，著手觀察反核行動，以及一九九四年五月貢寮鄉公所舉辦的核四公投。一九九四年七月立法院通過已凍結六年的核四預算案，同年九月澄社召開記者會，以專書報告方式發表「核殤——貢寮事件與反核運動」的系統性看法，部分重點內容另以單篇印行於刊物上，全書各文因更新彙總不易，並未結集出版。在此期間，核四的轉折比較特殊，二〇〇〇年停工，二〇〇一年復工，二〇一五年封存。

整個困境很清楚，若依循下列電源供應走向：「舊核電廠除役、不重啟核四、地方政府反空汙、要求燃煤發電廠減時減量發電、中央政府擬以燃氣（一種化石燃料）與綠電供應為大宗、綠能發電又以離岸風電（台灣不適合發展較便宜的陸上風電）及太陽能發電為主」，則整體電源開發成本將大幅躍升。台灣與歐洲國家或北美洲大西部／大東部所建置之聯接大電網不同，無法互相借電買電，台灣周邊並無海底電纜所建立的跨國電網可資利用。這些都是台灣整體電力供應上的罩門。

前一陣子歐盟擬議將核電（不會排放溫室氣體，但並非綠電）及天然氣發電（為化石燃料）視為綠能之一環。接著又因俄烏戰爭引起新能源變局，二〇二二年七月歐洲議會通過將兩者當為可做綠色投資的項目。

聯合國氣候變化綱要公約（UNFCCC）締約方會議（Conference of the Parties, COP），於二〇二三年底在杜拜舉辦COP28，會中為了達成二〇五〇年淨零排放目標，強勢提出三個概念：(1)逾百國家呼籲應徹底汰減化石燃料、大幅削減甲烷排放，儘速為燃煤或燃氣電廠加裝「碳捕捉與封存」（CCS）設備。(2)一百一十八國聯署支持將全球再生能源裝置容量在二〇三〇年前增至三倍。(3)另有美加日韓英法歐二十二國連署號召，在二〇五〇年將核電裝置容量提升至以二〇二〇年為基準的三倍。

核電除役攻防

這些國際強勢的表示，已對台灣帶來嚴苛考驗。台灣核一核二已除役，核三兩個機組分別在二〇二四與二〇二五年到期。二〇二三年大選期間，已開始試探核電延役（尤其是核三延役與核二重啟）、建置小型模組化反應爐（SMR）、在安全條件下重新討論核電政策等議題。

台灣反核歷史悠久，在二〇一八年十一月二十四日台灣九合一選舉下，所通過的「以核養綠」公投，雖廢除了「電業法」中規範核電設備於二〇二五年限期前，應全部停止運轉的條文，但實質上並未在此基礎上恢復重啟或重建，公投結果可說是被擱置。二〇二一年底四大公投案演變成政黨對決，包括核四商轉公投在內，全部未通過。二〇二四年大選後，在民進黨繼續執政下，新國會兩大一小三黨不過半，出現了與以前大為不同的局面。

局勢不變下，核電延役的攻防必須考量底下幾個因素：(1)民進黨從黨外時期跟著民間團體，反核反威權反獨裁一直是綁在一起的動員機制，惟現在已歷經三次政黨輪替，反威權與反獨裁已不容易與反核綁在一起，尤其是在民進黨執政時。不過民進黨仍持非核家園主張，所以要讓核電得以延役的法令修訂，可能會出自在野黨之手，屆時將是一場詭異的攻防。⑵台灣電力供應是否安全無虞，且可支撐高科技產業用電需求，以及綠電的開發成本與侷限，兩者在台灣社會所產生的焦慮，一直難以消除。⑶台灣的反核主張在過去一向與國際同步，都以運轉中的核安（如爐心熔毀、活斷層與地震、爆炸、戰爭）與運轉後的核廢（如用過乏燃料之事後處置）為主要關切，若安全科技進步到可以降低恐懼，且有數據可資佐證，當然情況會有變化。⑷現在又多了溫室氣體淨零排放、COP與歐盟經常釋放對核電有利的發言，以及國際碳關稅進口管制壓力等重大變數。

台灣的核電政策面對新局重啟戰火，綜合考量之後，究竟會發展出有效的下台階或再度成為僵局，將是一件影響深遠的大事。

台大哲學系事件二十周年與平反

台大哲學系事件源自一九七二年十二月四日保釣運動後期，大學論壇社於森林館林一教室舉辦「民族主義座談會」時，爆發誰是職業學生的衝突，而引發一九七三～一九七五年間，一連串事件與解聘風波。當年我就在座談會現場，目睹整個悲劇的源頭，碰到該一事件二十周年，那是一定要大大辦一場了。

一九九三年五月十六日澄社在台大思亮館舉辦「台大哲學系事件二十周年」活動，邀請當事人陳鼓應、李日章、趙天儀、胡基峻、王曉波、錢永祥前來當講員，另由楊國樞、李鴻禧、葉啟政評論，全天討論會就由澄社三位前後任社長共同主持。會議邀請代理校長郭光雄全程參與，會中多人提出應由台大主動平反。同年十月二十三日台大校務會議決議，成立台大哲學系事件調查小組（已由陳維昭新任校長），一九九五年五月二十八日公布調查報告。

調查小組成員中，楊維哲、李永熾、柯慶明三位，當年皆目睹該事件發生，張清溪在美國留學，吳密察及葉俊榮二人尚在高中就讀。由報告中可看出：⑴台大哲學系事件是迫害殷海光事件的延伸，主要是衝著台大「應該加以糾正」的自由學風而來，校外勢力藉機整肅。⑵當年台大校內演講成風、小團體研討熱絡的盛況，因該一事件而全部瓦解，文史社會科學研究題材亦大幅自我設限。⑶受害人二十餘年來，慨嘆社會正義未能還其公道。

調查報告所做的一些建議，如回復受害者名節或教職上，日後已有具體作為，幾位受害人如陳鼓應、王曉波、胡基峻與李日章等人，都回復了在台大哲學系的教職。

澄社於一九九五年六月二十八日發表聲明「學術社群的反省與前瞻：解讀〈台大哲學系事件調查報告〉」，我則寫了一篇〈走出歷史悲劇，重建學術自由〉予以聲援。

這些都是當年澄社促成平反的往事。

四六事件平反與五十周年

民國三十八年四六事件的黑名單，台大有二十一名，師院六名，但四六當天師院學生被逮捕人數遠超過台大，且師院事後組「整頓學風委員會」，嚴重打擊師院自由學風。四六事件的平反，由台大與台師大學生團體聯合發起。

四六事件調查概要

一九九五年六月十日台大校務會議成立「台大四六事件調查小組」，由各學院教師代表李永熾、黃榮村、黃宗樂、于博芮、畢恆達、楊建澤、黃達業、詹長權，學生代表黃博群（後由吳宗蓉接替）、王友慈、鄭雅倫、周宜勳等人擔任委員。我擔任召集人，成鳳樑當祕書，另找系裡博士生及助理林耀盛、廖莘雅、蔡松純與徐慶雯等人，協助進行諸苦備嘗的資料調查，並訪談關係人，包括史明（以專家身分訪談）、辜寬敏、樊軍、朱實、陳實、孫達人、康有德、張以淮、蔡德本、馬志欽、許嘉犖等四十來人。

調查小組從民八十四年十一月二日開始，迄八十六年五月二十日止，共召開三十五次會議與多次調查及訪談，於八十六年六月七日校務會議中提出「台大四六事件考察」總結報告，首先說明傅斯年校長曾於民三十八年四月七日台大行政會議中，報告台灣省警備總司令部拘捕台大學生經過，並指示校方行政人員與警總接洽相關事宜。當年出席行政會議的主管及院長有錢思亮、鄭通和、余又蓀、沈剛伯、沈璿、薩孟武、杜聰明、彭九生、陳振鐸、那廉君、魏火曜、蘇薌雨、呂之渭、黃仲圖、邱賢添等人。

總結報告比較重要的建議是：⑴建請將四六事件中與台大相關者記錄於校史。⑵本事件中與台大相關的後續事件，請校方另行調查，俾建立完整校史。⑶建請校方要求政府，公開四六事件中對學校二十一人名單及其他遭逮捕學生之處置方式，並要求予以恢復名譽及做必要補償。

校務會議則做出決議：⑴將本報告函送監察院調查。⑵本報告作為撰寫校史之參考依據。

就台大與師院四六事件，兩校所提出之調查報告，都不約而同指出四六事件乃校園白色恐怖的開端。四六之後同年（民三十八年）五月二十日實施全省戒嚴，六月二十日公布「懲治叛亂條例」，軍警情治人員密切監視校園，校園白色恐怖期間被交付感訓、判牢刑、諜斃者不少，這些真相的平反，才真的是提出四六事件調查報告後應做之事。

四六事件引發的相關問題

（一）警總令省師院與台大交出的黑名單學生（另有不在此名單之實際逮捕或判刑者）：

(1)台大二十一名：周自強、盧秀如、楊石盆、黃金揚、陳實、鄭約翰（鄭以平）、許華江、王耀華、簡文宣、申德建、王惠民、蔣子瑜、曹潛、林火煉、陳琴、盧伯毅、朱光權、殷寶衷（殷葆衷）、宋承治、許翼湯、孫達人。

(2)省師院（今台灣師大）七名：周慎源、鄭鴻溪、朱商彝（朱實）、趙制陽、莊輝彰、方啟明、劉茂己。

四六事件時尚未實施戒嚴且尚無「懲治叛亂條例」，故四六涉案者（不只黑名單學生）最後幾全部飭回（或緩刑）。但之後多人復遭逮捕或判刑，黑名單中未逮捕到案者，繼續通緝。

（二）台大學生社團的活躍與沒落。四六事件前台大學生社團約二十餘，包括麥浪歌詠隊、耕耘社、合唱團、攝影社、棒球活動、蜜蜂文藝社、Glee Club（聖歌合唱團）、方向社、向光社、台大人（法學院刊物）、新生劇團、海天歌詠團、東南風、燈塔、自由畫社（指導老師為師院黃榮燦）、台大話劇社等；且有台大及師院之學生壁報區（師院學生稱為「民主走廊」）。原本社團及壁報區皆甚活躍，四六後轉趨冷清。

（三）校園教官制度與思想教育。民國三十九年六月訂頒「戡亂建國教育實施綱要」，加強三民主義及反共教育等政治課程；四十一年七月規定高中以上學校設軍訓室，四十三年九月制定「專科以上學校軍訓教育計畫」，必修軍訓課程。這些措施應與四六事件互相關聯，也與三十八年十二月國民政府撤退來台後，想在校園內杜絕學運與地下組織活動有關。

台灣解嚴十二年後，民八十九年大學聯招停考三民主義（大學共同必修課已依大學自主原則，停授三民主義）；大法官四五〇號釋憲案判定，「大學法」強制設軍訓室，以及配置人員之本法條文與施行細則無效。然時光荏苒，已歷五十年矣！

（四）四六事件中傅斯年校長的角色。傅校長三十八年一月二十口接掌台大，三十九年十二月二十日腦溢血病逝於省參議會議場。三十八年四月七日台大行政會議曾決議由傅校長再向陳誠接洽，提下列四點要求：(1)凡載在名單內之被捕學生，迅即移送法院審訊。⑵凡不在名單內而被捕之學生，即予釋放。⑶以後如不發生新事件，絕不再行拘捕學生。⑷准許學校派人探視被捕各生。台大校方亦去函報社，要求更正台大配合提供名單，並協助逮捕之報導。

前中研院副院長張光直，於民八十七年出版《蕃薯人的故事》一書，就其四六事件後獄中所聞（張當時是成功高中學生），指出「……所以凡是台大的學生，都相信學校（校長傅斯年）與警備司令部合作，供給他們名單和宿舍住址。」該說影射傅校長角色曖昧，但並無有效資料可資佐證。

（五）四六當時，情治單位已對中共在台地下組織及平日言論左傾學生，作系統性監視；且傳聞台灣學生呼應四一南京學運，擬於四月十日參與全國總罷課，部分學生被控參與編印《光明報》、《方向文叢》等刊物。在此風聲鶴唳下，將黑名單逮捕行動視為白色恐怖之開端，亦屬合理。四六事件也許促使台灣省提前戒嚴，但依其進度（大陸已有多省實施戒嚴），台灣省開始戒嚴應是遲早之事。

四六事件調查報告的後續

二〇二二年三月五日監察委員王美玉、王幼玲、林郁容及蕭自佑來訪，想了解監察院設置國家人權委員會後，四六事件有何後續事項可協助處理。他們送一份我在民八十九年當政務委員時，協調各部會的會商結論，我後來則將過去二十幾年留存的完整報告、檔案、信件與訪談錄音檔，轉供他們製檔使用。

民國八十八年，我在台大陳維昭校長主持的四六事件五十周年記者會中，報告整個調查經過，隔年就從台大辭職到行政院當政務委員，全職負責九二一重建，並選擇性做些政務委員該做之事，其中一項就是四六事件，會商結論大要如下：

(1)請法務部與國防部配合修正「戒嚴時期不當叛亂暨匪諜審判案件補償條例」送立法院時，將四六事件納入該條例適用範圍。(2)由教育部召開記者會，給予四六事件歷史定位，並刊登於行政院公報。(3)有關恢復當事人名譽，請教育部協調台大、台灣師大研議適用「戒嚴時期不當叛亂暨匪諜審判案件補償條例」第四條規定之原則，頒授當事人名譽學位。(4)請教育部協調台大、台灣師大研議將四六事件列入校史或豎立紀念碑，以資紀念。(5)補償方式以當事人個人申請為原則，請教育部協調台大、台灣師大為當事人提供必要之協助。(6)關於四六事件當事人資料及各項申辦事宜，請教育部督促台大、台灣師大做妥適處理。至於有關因四六事件特殊個案無法適用前開條例之規定者，請教育部繼續研究處理。

行政院於八十九年七月依此函復相關部會，憑以辦理兩年多前監察院（李伸一與趙榮耀兩位委員申請主動調查）送請行政院辦理之意見。同年十二月十五日立法院三讀通過「戒嚴時期不當叛亂暨匪諜審判案件補償條例部分條文修正案」，增訂「於民國三十七年十二月十日起至動員戡亂時期終止前，因涉嫌觸犯內亂罪、外患罪或戡亂時期檢肅匪諜條例，遭治安或軍事機關限制人身自由而未經起訴、未經不起訴處分、經不起訴處分、未經裁判或受裁判者」，並於附帶決議說明，修法意旨包括美麗島事件、鼓山事件、四六事件、海軍先鋒營事件在內，皆適用該補償條例。

如此應可解除四六事件所處「歷史空檔」的尷尬，但尚未聽聞有人來申請補償，或由學校授予當事人名譽學位的。

台大於二〇一七年出版《四六事件與台灣大學》，重新編整「台大四六事件考察」的總結報告。之後陳翠蓮教授依據陳誠及彭孟緝的回憶錄資料，指出傅斯年校長因反共而同意鎮壓學潮，支持警總在四六事件中逮捕學生。該一結論與民國三十八年四月七日台大行政會議決議、我們的報告、以及台大校友心目中的傅斯年校長，差距太遠，而且做這類重大歷史判斷及翻案時，是否已找到正當且充分的資料來做論斷，台大校方宜另列案釐清，才好向自己的老校長做出交代。

學術、政治與台大管案

台積電張忠謀創辦人與國內外辦學者，常提到一流大學應該要能培養出各行各業領導人才。台大無疑是台灣最突出者，不過只講這點，尚不充分。台大近八十年來經常從校園出發，攻打不公不義與充當正義最後堡壘，並發揮觀念燈塔角色，若能同時在該一歷史脈絡上談台大的人才培育，更能彰顯台大特色。

台大的政治地景

表1簡略描繪台大的政治地景，括號內為校長或教務長任職期間。二〇〇〇年代以後，大學開始普設副校長、研發長、產學長及國際長，教務長的角色不再那麼吃重。

台大初期遭遇二二八、四六事件與白色恐怖時期，守勢居多，傅斯年校長偏向精神面之建置。從台大內部主動出擊的事件，泰半發生於孫震校長任內，孫剛好在這個節骨

表1　台大政治地景

年代	事件	校長	教務長
1949	四六事件與戒嚴	傅斯年	錢思亮
1950年代以及前後	（校園）白色恐怖事件	傅斯年 沈剛伯（代理） 錢思亮（1951-1970）	錢思亮 劉崇鋐（1951-1955） 張儀尊（1955-1962） 顧元亮（1962-1967）
1972-1974	民族主義論戰與台大哲學系事件	閻振興	魏火曜
1977-1987	黨外運動全盛期	閻振興 孫震（1984-1993）	魏火曜（1972-1979） 韓忠謨 姚淇清 羅銅壁（1984-1990）
1986	自由之愛	孫震	羅銅壁
1987	台大教授聯誼會、解嚴	孫震	羅銅壁
1990	三月學運、知識界反軍人組閣	孫震	羅銅壁
1991	反刑法一百條 軍警入侵校園聽證會 聲援孫校長要求郝院長道歉	孫震	郭光雄
1993	台大哲學系事件二十周年討論會	郭光雄（代理）	郭光雄
1993-1995	台大哲學系事件調查	陳維昭	郭德盛
1995-1997	台大四六事件調查	陳維昭	郭德盛 李嗣涔
2002	七間研究型大學計畫	陳維昭	陳泰然
2005	邁向世界一流大學計畫 教學卓越計畫 校務與系所評鑑	李嗣涔（2005-2013）	陳泰然 蔣丙煌
2014	太陽花學運	楊泮池（2013-2017）	莊榮輝
2018	台大校長遴選核定與卡管事件	郭大維（代理）	郭鴻基 廖婉君
2022	林智堅碩士論文與學位撤銷事件	管中閔（2019-2023）	丁詩同

眼當台大校長，可說是不得了的時代機會，但更可能噩運一場，孫校長選擇了不干涉及穩住做法，應係最恰當方式。

台大在身處威權及強勢意識形態時代，做了該作的事，當轉型為民主法治社會後，迅速回歸大學基本面，以學術研發及各行各業人才培育為依歸，扮演國家競爭力的火車頭。這兩個狀態可分別以A與B標示，若能不忘初心，以大學傳統為念，則A之精神層面（如對抗不公不義及建立傳統學風，屬於感性層面）與B之效率層面（理性可計算層面，如追求學術卓越）應可相融，不致斷裂。但這絕非理所當然，台大在時代變化後，居然發生「卡管事件」，就可看出在B時代，校內要做出具有A時代精神象徵之高標行為，是一件多難的事！

校長遴選風波

台大近年不太順，首先是楊泮池校長被捲入論文風波，之後經專業審議確定並無違犯研究倫理下，仍有人以須負道德責任相逼，楊因此決定放棄已經成案的校長續任。好在楊校長有足夠勇氣，遭遇強大壓力仍持續優雅抗壓，若換成一般人，大概早就崩潰。後來衍生更大的台大校長管案風波，就是這樣一番折騰，而被泡製出來的。

楊泮池引退後，二〇一八年一月另選新校長，管中閔意外當選，校內選後就形成雙方對壘，表面上是為了擔任獨董訊息未於事前揭露，以及遴選委員沒有利益迴避等選務程序問題，互相指責，衍生了很多令人難以置信的爭議與後果。至於什麼才是真正原因，則言人人殊，就不必在這裡八卦了。

學術與政治之間

以前台大有難時，如行政院郝院長為了台大師生反「刑法一百條」，在立法院公開斥責孫震校長，或碰到其他爭議與平反事件時，台大師生雖在政治意識形態上大有差異，但獨派可以為左派或統派平反（李永熾教授在參與四六事件調查報告時所說的話），保守派與自由派可以合作對抗極權無禮的政府頭頭。除此之外，台大還勇於聲援各項民主法治及社會正義之事。

另外，很難想像英國政府對牛津劍橋翻臉、日本政府嚴厲斥責東京與京都大學，同理，台灣政府大概也找不到什麼正當性狠狠修理台大，何況台大還是當年黨外運動最大聲援平台，也是國民兩黨領導人才的最大培育校園。

但這些常識性作為，在台大管案上都被嚴重破壞。

公親變事主

校長遴選已屬大學自治事項，最近二十來年曾引起嚴重程序糾紛的北醫、中央、成大、高醫、陽明、文化案例，皆不下於台大管案爭議，教育部都是先予核定，回去校園再繼續吵；若有正當理由也可直接批駁，批駁後再由學校自行善後也是可以，但在尊重大學自主下，已儘量避免這樣做。

因此台大校長遴選委員會及台大行政單位，走完所有程序後送出，教育部可依舊例核定後回覆，沒想到卻演變成來來回回拖延一年多，陷入進退兩難困境。在這中間，潘文忠部長先辭，吳茂昆部長只做了四十來天，又空窗了四十幾天，變成詭異的「台大沒校長、教育部沒部長」。之後由內政部長葉俊榮來接任，發文同意管的遴選案，引起軒然大波，葉隔天耶誕節就遞辭准辭。這種事並無最適方案，祇有困難的抉擇，該一結局勢所必然。發文核定之事上了報端後，就公開說若換我來處理，所做決定與葉不會有所不同。

教育部公親變事主，嚴重傷害到教育部的自主性及公信力。因為不符比例原則的處理方式，所泡製出來的台大管案，不只折損了三位教育部長，還輸了這一局，更破壞了台大的校園自主性。

台大一向是個敏感地方，本來一件單純的是非題，沒有好好處理，竟讓校園事務上綱成藍綠甚至統獨問題。

現在若問兩黨黨政要人，一定霧煞煞，不知為何會變成「損人不利己」，而且一步步走向沒有光的所在？

台大管案重點，在台大而不在管，整個事件搞成這樣，是重點誤置的結果。

再起波瀾

管中閔校長即將卸任期間，發生了林智堅在職專班碩士論文抄襲，遭撤銷學位後，對執政黨二〇二二年九合一地方選舉，產生了很大的負面效應，不下於二〇一八年選舉時的台大管案因素。台灣選民經常藉著選舉給出教訓，以前對國民黨政權是狠狠教訓，現在對民進黨也沒在客氣。至於後續的鄭文燦碩士學位撤銷案，當時並未引發重大政治效應。

二〇二三年又有陳明通三級三審免於解聘後，造成外界議論。相對而言，林陳兩案都是應由台大自主處理的學術及教務事務，持續時間短，傷害台大程度不大，與管案相比，政黨及政府未再強力干預這類「台大人管台大事」的自主決定，讓大家鬆了一口氣。

台大一百年

台大即將在二〇二八年慶祝立校一百年，前面近二十年是日本的第七帝國大學，不易彰顯台灣特色，後面有好幾年內外爭端多，中間的七十多年，才是在困境中建立台大傳統，而且培育各行各業領導人才的黃金時代。

台大與國家應該害怕之事

大約二十年前，我們覺得台大與國家應有警惕之心，所以建議清華與交大能夠整併，一方面強化它們本身的能量，另一方面可逼台大往上進步，可惜在徐遐生與張俊彥兩位校長努力下，就差一哩路，台大也失去了足以比肩競爭的高手。

當時台大最重要且應警惕的亞洲對手，是正在實施九八五計畫的北京大學，與BK21（Brain Korea 21，二十一世紀韓國一流大學計畫）最重要成員的漢城國立大學（現在的首爾國立大學），二十年過去，這兩所大學已經狠狠在國際排名上，將台大甩到後面，台大與國家後悔都來不及，現在也尚無有效的提振方案。國家沒有洞察到應該盯緊國際競爭標竿，大力投資本國的指標大學，反而有一陣子花不少時間與台大鬥法，政府應迎頭趕上校正回歸才是！

謹記維也納大學的遭遇

先從歷史上看看維也納大學的遭遇。十九世紀世界音樂中心在維也納，但藝術中心在巴黎，學術中心是英法德（維也納大學醫學院及醫院，在十九世紀中期以後才開始取得領先地位）。二十世紀初，維也納靠著物理學及醫學成就、佛洛伊德精神分析，與奧地利現代主義及表現主義繪畫，一路做出世界級的三合一貢獻（音樂、藝術與學術），抓住世界目光至少二十幾年，史稱「維也納一九〇〇」（Vienna 1900）。

維也納大學一三六五年設立，若依現在說法，在「維也納一九〇〇」前後黃金時代，是世界前五大，台灣還在等待一九二〇年代新文化運動的啟蒙。

但一戰結束一九一八年後，奧匈帝國崩解，更悲慘的是納粹一九三八年入侵維也納前後，維也納大學超過六成教員因為是猶太人被逼離，二戰後則六、七成教員被認為是加害者而離職，這是一種「雙重斷裂」（double ruptures；維也納大學在學校官網上的沉痛表白），自此元氣大傷，從世界光環區（與柏林大學、牛津劍橋、巴黎大學齊名）掉落到凡間，前後只經過六年，直到最近二十幾年才有起色。維也納大學的遭遇最值得台灣與台大借鏡，一所好大學需要數百年經營，在時代風華下攀登高峰，但要摔下來卻只需短短六年！

台大過去的學術與生活光環，雖不如「維也納一九〇〇」時期的維也納大學，但在艱困環境下所發揮的思想及政治啟蒙角色，卻遠遠勝過。這樣一個特色，真要好好守護，以防淪落。過去管案爭議一年多期間，大家都見證到這類損人不利己之事，如何嚴重傷害了台大在高教與學術上的領導地位。更希望台大不要因為政治因素，被逼走上當年維也納大學不應該走的路。

附篇

懷念大學校園已逝的師友學生

台大是我真正的啟蒙之地，幾十年下來，師友學生身影穿插其中，在此寫幾則短文，懷念已逝師友學生。

明宏同學

黃明宏是我初任教職所收第一位研究生，先做人類保守性研究。接著想了解精神分裂症（思覺失調症）患者的知覺及思考機制，就先要他研究病人在視覺與觸覺訊息處理上之異同，發現病人在看完視覺版本的班達圖形後，會畫出扭曲圖形（如將AB圖，畫成一八〇度反轉的BA），但若改成一樣圖形內容的觸覺版本，則該扭曲現象便不再發生，回歸正常。明宏為了做該一題目，就到台北市立療養院病房扎扎實實先熟悉兩個多月，晚上還會經同意後與患者一起住在病房，接著才著手進一步實驗設計。

之後他完成了〈精神分裂症患者的班達反應扭曲〉碩士論文，是國內第一篇精神病人認知與知覺機制的研究。先讓病人畫圖5左側已經印在紙上的班達（Bender-Gestalt）圖形（菱形在左圓形緊接在右），結果常畫出右側下方兩個知覺扭曲圖形。我們另行設計觸覺版班達圖形，就左側圖形以橡膠材料剪出可觸摸辨識的刺激，發現病人辨識這類觸覺圖形時，會大幅減少出現知覺扭曲的機會，亦即大部分經觸摸辨識後，可畫出如右側上方正確方位關係的圖形。

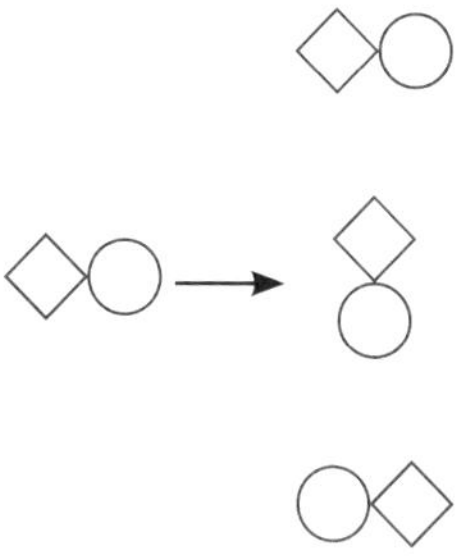

圖5　在正常與扭曲知覺下繪製班達圖形之表現

這種在視觸覺不同刺激下，得到不一樣的知覺（扭曲）結果，應是來自處理水準（level of processing）不同之故。因為圖形內容與各個圖形成分之間的關係，在常用的視覺模式下，有機會做較具深度的處理，對病人而言則多出可以做扭曲知覺的空間；但若改用觸覺做圖形辨識，對一般人及病人都是不熟悉的知覺模式，處理深度相對不足，所以對圖形內容與各個圖形成分之間的關係，就少了很多在其間做扭曲運作的知覺空間＊。

明宏念博士班一年後赴德州大學攻讀博士學位，曾於系討論會上報告這篇論文，他的教授們稱許是一篇創意十足的研究。他拿到博士學位後改行做統計及系統分析，活力與創意讓他一路高升，完成很多重要工作。他顧念舊情，常打電話來聊天，赴美後幾次回來，我們一定找機會碰面。

一天晚上，明宏太太打電話來，說明宏突然腦出血過世了（二〇〇五年十月），希望我寫些東西讓明宏小孩多了解爸爸在台灣的一些事情。聽了以後很難接受，這樣一位充滿活力與溫情的人，怎麼說走就走了！拿出他二十幾年前寫的論文來翻翻看看，想到過去那段時間經常來家裡與我談這說那，以及在外面經常一起聚會進餐的時光，已經是眼光愈來愈模糊了。

林憲教授（一九二五～二〇一六）

林憲教授辭世之後，再將林教授於一九七一年撰述的《精神醫學史》拿出來重讀一遍，看到一位在那個時代全盤掌握精神醫學大勢的學者，於密密麻麻八十頁書中娓娓道來，實深感動。林教授本質上是位浪漫的人，我第一次去民生西路波麗路，就是在他邀宴下去的，這間餐廳是日治後期台灣文人藝術家及學者聚會之所，就像十九世紀末二十世紀初，佛洛伊德常去的維也納中央咖啡廳（Café Central）。

一九五二年發明抗精神病藥物（如chlorpromazine）後，生物精神醫學開始發展，台灣第二代精神科醫師也因此慢慢轉向，但我們在台大念書時（一九六五～一九六九），仍是精神分析鼎盛時代，讀心理系而對精神病理及佛洛伊德沒興趣，那是難以想像的。同屬大三的醫科與心理系因此安排定期月會，由胡海國與我分別負責聯絡，吳英璋及王裕等人則是固定的熱心參與者。

---

*黃榮村、黃明宏（一九八〇）。〈人類保守性的參數特性與其消滅〉。《中華心理學刊》，二二卷一期，三三～四〇。（明宏進入研究所後第一篇論文。）

黃明宏、黃榮村（一九八五）。〈精神分裂症患者的班達反應扭曲〉。《中華心理衛生學刊》，二卷二期，頁二三～三一。（研究大約一九八一年前後完成，文末另附鄭昭明教授評論。）

李瑞玲、黃榮村（一九八五）。〈妄想型精神分裂症與青春型精神分裂症患者之三段論證與經驗推論〉。《中華心理衛生學刊》，二卷一期，頁七一～八四。（研究大約一九八二年前後完成，文末另附楊庸一醫師評論。）

黃榮村（一九八六）。〈精神病理研究的幾個問題〉。臺北市立療養院七十四年年報，頁四六～五〇。（本文綜合評論台灣極為稀少的精神病理研究，包含上述兩篇從訊息處理歷程觀點出發的研究。）

後來請林憲教授同意我在旁觀診，並安排訪視一位罹患妄想症狀僑生及其家人，他說昨天晚上晉見毛主席（正是大陸文革剛開始，毛澤東思想盛行之時），慰勉有加……。之後看到一位女生踮腳收手走路，用細嗓子尖聲說話，好像退回到小孩子時代，那是一個沒有心理壓力的地方，是一種目前少見的「退行」（regression）現象，林教授在精神科個案討論會中，透過現在已很少用的誘導方式，將該一心理狀態與防衛機制鮮明的呈現出來。佛洛伊德時代常見，但現代已經少見的歇斯底里症（hysteria，包括轉換型及解離型）亦同，患者藉著這類症狀，逃到一個沒有心理壓力的地方。

林教授的離去，大約象徵著佛洛伊德對台灣曾有過全面影響的世代，已經過去。林憲教授是前輩同事，四十多年前我到民航局航醫中心當統計學及心理學顧問，那時還是博士生，每星期去半天，林憲及洪祖培教授已在那邊，都是大前輩，正當壯年之時，我們共同出版了不少神經心理測驗與飛航人員性格的論文及專輯。

當然也有因觀點不同弄到吵架的，而且吵到連鄭文思主任都出來勸架。聽說林教授吵起架來很厲害的，沒想他居然不分年齡！之後一同搭計程車回去，我先在中山北路下，到哥倫比亞餐廳聽胡德夫唱歌，他怕我有心思，就說下禮拜要再來喔。就這樣連續好幾年，一直到出國進修才停止，這段時間真是人生中很具啟發性的年輕歲月。

他曾送我一本日文詩集，裡面有好幾幅他的畫作。後來我在二〇〇五年出版了第一本遲到很久的詩集《當黃昏緩緩落下》，想想都快二十幾年沒見面了，很懷念他，就送一本過去，過一陣子林教授來電說讀出詩裡面的寂寞，他其實也是一位寂寞但溫暖的人。

楊國樞老師（一九三二～二〇一八）

楊先生是一位浪漫型心理學者，一生抱持全人觀點，曾發願要結合有志之士譯注佛洛伊德全集，惜未啟動。劉英茂、柯永河、楊國樞三人，是公認的台大心理系三公，他們分別推動了實驗認知心理學扎根及中文認知研究、臨床心理學在地化與心理學本土化。

楊先生最為人懷念的，還是他在台灣民主化上所作的貢獻。透過他們的闡釋及實踐，讓我們對威權與強人概念，以及民主法治主張，得以近身理解，是當年戒嚴時期獲得啟蒙的來源之一。

他主持大學雜誌，在《中國論壇》、《中時》及《聯合》頻頻發聲，穿梭於街頭及各個黨派之間，心繫政黨政治的建立。在那種時代，祇有出自勇氣與無私，才會義無反顧去做這些事情的。

解嚴後他馬上集結有志之士創辦澄社，以其穩健及練達，鋪就了一個得以寬廣論政的平台，瞿海源與我分別在他之後出任社長，共同度過一段美好時光。

楊先生是一九九〇年五月「知識界反對軍人組閣」行動召集人，之後他當為代表被告，從無怨言。楊先生一向樂於認同自己心理學家身分，但熱情卻在台灣民主化事務上，表現得最清楚。他主張學術與政治應分離，但他最自在最具表現強度的，卻是在學術與政治兩者交界之處，尤其是摩擦力最大之時。

他中壯年充滿熱情及主張，抵擋強人與威權統治，並當為黨外運動後盾。但一九九〇年代中期以後，慢慢不再參與，這是解嚴之後敢出面的人愈來愈多，意識形態檢驗卻越演越烈，楊先生是自由人，不喜歡這種檢驗，也覺得階段性任務已了，就選擇優雅淡退，回歸同行及學生群中，推動心理學本土化研究，在兩岸學界聲名日盛。

楊先生在過去艱困時代中，表現出一以貫之的勇氣及大度，而其基礎則為無私，我們奉楊先生為精神上導師，指的就是這一段，他是我一生參與公共事務的思想導師。

羅銅壁教務長（一九二七～二〇一九）

羅銅壁當過台大生化所所長、理學院院長與教務長，之後當過中研院副院長及大考中心主任，他是蛋白質化學研究先行者，是國內外化學界很多院士教授們尊敬的老師及前輩，我碰到都稱呼他教務長，他是台大永遠的教務長。

他從一九八四年八月以迄一九九〇年七月期間，擔任台大教務長，主管所有學術與課程及招生事務，地位相當美國大學僅次於校長的Provost（學術副校長），孫震校長常尊稱他「學長」。這段期間，台大校園內與台灣社會發生了自由之愛（一九八六～一九八七）、籌組台大教授聯誼會（一九八七）、宣布解嚴（一九八七）、三月學運（一九九〇）、知識界反對軍人組閣行動（一九九〇年五月）等大事，這裡面每件事互相連動，都與台大有關，更影響了台大校園內的學生自治活動。

羅教務長受過日本教育留學日本、打橄欖球及網球，運動員精神堅忍功夫一流，又是老台大人，在風雲變色群雄並起時，懂得審時度勢，資歷夠能調合校內各方，在孫校長不反對下，居然維持出一個張力十足之均衡局面，實屬不易。事後看來，台灣解嚴前後，校園自由化及民主化浪頭正高，孫校長雖然黨政關係良好，但沒羅撐著，大概很難做事。今天國民兩黨檯面上的台大人，很多就是這段時間培養或衝撞出來的，羅教務長不是政治人，平時不愛談這些事，但這一段無心插柳柳成蔭的歷史事實，值得一提。

陳定信院長（一九四三～二〇二〇）

二〇二〇年四月十八日，大家戴口罩出席中研院評議會，陳定信在會中短暫主持了院長續任投票，沒想過不久就天人兩隔。

我認識的幾位台大已逝醫界前輩，大概是有一條線可以貫穿：李鎮源（一九一五～二〇〇一）、宋瑞樓（一九一七～二〇一三）、彭明聰（一九一七～二〇一四）、林宗義（一九二〇～二〇一〇）、黃崑巖（一九三三～二〇一二）、謝博生（一九四一～二〇一八）與陳定信（一九四三～二〇二〇）。他們都是醫界不同時代的楷模，有底下幾點共通特色：(1)大多當過醫學院院長或擔任過國內外醫界要職；(2)國際活動多且本土性格強烈；(3)重教養與倫理，對醫學教育的推動具有濃厚使命感；(4)具俗世與淑世性格，好接觸民間俗事，認真參與各項重要會議，不放棄影響各項醫療或社會及公共政策之制定。

二〇〇三年初SARS來襲時，我在教育部，十來所醫學院都有學生在醫院實習，實習醫學生家長灌爆部長信箱，要求放學生回家以策安全。當時陳是領頭醫學院院長，出面主張愈是危難之際，愈是醫院現場不能棄守之時，教育部召開臨時醫學校院長會議，獲得共識，迅速解決了這個棘手問題。

我在中醫大校長期間，曾與蔡長海董事長請李遠哲院長主持召集校務諮詢委員會，並一起請陳當委員，他總是全力參與，在醫學教育與建立學校傳統特色上，以證據為基礎，提出切題的改進方向。

他是一位對台灣肝病醫療作出巨大貢獻，又有特高學術聲望的人，對醫學教育、臨床認同、大學風格與公共事務，也有前瞻性看法及投入，所以成為很多年輕一代的學習典範。他過去長期參與台大校務會議，總是勇於支持對的事，近年持續關注台灣未來之情，從未停歇，是一位紳士，更是一位勇士。

青年王曉波（一九四三～二〇二〇）

王曉波與李登輝同一天辭世，兩人事跡難以比較，但生前都色彩鮮明，不畏爭議，皆具左派背景，惟統獨主張大有不同。李參加過共產黨，王的母親據信是共產黨員在台灣遭槍決，那時曉波才九歲多。

大三時曾在溫州街一間日本宿舍賃屋而居，包括黃樹民、王中一、陳秋坤、何步正、楊濬哲、王曉波等人。有一天曉波說附近警察局要擺一桌，希望去湊個熱鬧吃頓飯，原來是念政治系的香港僑生甄燊港因頭髮太長，路上被警察逮到局內，強制剪成平頭。王聞訊後一個人衝到警局找主管理論，沒想到分局長自覺理虧還擺一桌消災。

又曾看到他手綁繃帶，是因為他在台大醫院看護殷海光老師時，走廊上有人大聲吵鬧，他出去說老師睡覺休養請小聲，沒想那人粗魯不理，王一怒下揮出一拳，那人摔倒後，受到驚嚇就溜掉了。事後曉波發現手流血，原來是縱使氣魄原在，但太久沒打架了，一打就受傷，趕快去急診室包紮。

過幾年民族主義座談會爆發衝突，衍生了台大哲學系事件，他是大苦主之一，一九七四年後到世新任教多年，平反之後一九九七年才返回台大。我在一九九三年四月擔任澄社社長，同年五月以澄社名義舉辦台大哲學系事件二十周年研討會，當時籌辦這件事，心中是有曉波影子的。他對這件事的反應與別人不太一樣，認為自己是為所當為，知道會有難以預測的後果，與當道不合，在那個時代本就會受到迫害，現在若能回復正義當然很好。這種反應聽起來，是有一點向他母親學習的決心在。

這就是青年王曉波，我心目中充滿熱血的學長王曉波。

他後來花較多時間參與保釣以及海峽兩岸事務、治法家研究及台灣史。我在教育部時，他從旁關心高中歷史課綱調整，認為參與者負歷史責任，必須謹慎修訂。前幾年他成為馬英九國師，實質參與高中歷史課綱微調，引起社會上及史學界學生界很大爭議。

他年輕時，台大自由派精神比較強烈，但感覺得到他特殊成長過程下的沉重基調；中年後轉往更多的民族主義，好像情感有所釋放也變得更為自在。這中間的轉折，須由更熟悉他的人來做定位，就不強作解人。

懷念曉波，還有那一段年輕歲月的過往。

劉英茂老師（一九三〇～二〇二三）

劉英茂老師是我修讀碩博士學位的指導教授。他從歷史系轉過來，是台大心理系第一屆畢業生，在美國伊利諾大學（UIUC）獲博士學位後，轉赴芝加哥大學從事博士後研究。他很快束裝返台，勤耕於鄉土，在一九六〇年代初期教研條件並不理想的情況下，致力研究與論文發表，包括在一九六一年提出反應潛伏期的數學分析。一九六四年在《心理學評論》（*Psychological Review*）上，指出工具性學習中有古典條件化歷程存在，並提出條件化歷程的二成分理論，深受大行家金柏（Gregory Kimble）賞識，納入專書並與名家赫布（D. O. Hebb）並列。

那段期間即有一位哥倫比亞大學研究生，想到台大跟隨他。他接著在一九六八年論文中做出完整的實驗驗證，指出條件化歷程乃係類化作用的一個現象，該篇論文可謂是他告別條件化研究的關門著作*。一九七〇年代初期因為這些研究，應邀赴雪梨大學講學三個月。

劉先生在一九七〇年代後，徹底轉往另一即將主掌心理學主流的認知心理學。他以其在國內完成的條件化與實驗認知研究成果，陸續發表於國際期刊約四十篇，在國內心理學刊亦發表四十餘篇。當年論文發表很少有現在的團隊概念，也很少刊登在知名國際期刊，大部分親力親為，困苦經營，因此這種質量非常不容易，是當時台灣心理學界第一人。

劉老師在一九七五年主催出版的四萬中文字詞頻率統計，是早期從事中文字詞認知研究者必備的工具書，後來以「認字歷程」之系列研究，獲頒行政院一九九六年傑出科技貢獻獎，並陸續以其語言理解及推理歷程研究，獲國科會傑出研究獎與教育部國家講座。

他在台大心理系專任教職二十餘年，於一九八三年轉赴香港中文大學心理系任創系講座教授，時年五十三歲，一九八六年從台大退休任名譽教授，定居香港，一九九二年從中文大學心理系主任任上退休，轉往中正大學心理所任教，二〇〇四年由於潛心教研四十餘年，多項成就開風氣之先，獲頒台灣心理學會榮譽理事，並於二〇二〇年獲心理學會頒予終身成就貢獻獎。

劉老師對學生與心理學界的研究，永遠充滿好奇與鼓勵，一生大部分在家裡與校園之間往返，模糊了研究與生活的界限，是一位永不停止腳步的心理學家，我對劉老師的懷念永不止息。

*參見前章「開始當大學生」與附錄之一。

5

借調國科會

一九九六年八月從台大借調到國科會人文與社會科學處當處長，其實很遲疑，因為剛當完澄社社長，又加入忙碌的行政院教改會，而且學術工作負擔很大。但學長鄭昭明處長用力遊說，楊國樞老師邀我餐敘說，假如他還年輕，這是他唯一有使命感想去當的政府職務。就這樣一頭栽入，可說是後來涉入更多政府事務的遠因。

研議促進人文社會科學的配套

剛來就發現幾件待補強的事：

（一）大專人文社會科學專職教師，約佔全國大專各學術領域總人數的三〇%以上

（學生數約四○％以上），但基礎研究計畫數只佔不到二○％，研究與獎助經費更是不及一○％，一路下滑，顯然被低度對待。

（二）國科會已習慣用ＳＣＩ（科學引用指標）當為總體資料及科技國力的統計呈現，經費分配將此納入參考，但人文社會科學界尚未習慣ＳＳＣＩ（社會科學引用指標），遑論ＡＨＣＩ（藝術與人文引用指標），因此並無穩定的總體指標，可做人文社會領域爭取國科會經費分配之參考。惟人文社會科學（尤其人文學）有其語文、文化、傳統及區域特性之考量，實不必完全照抄ＳＣＩ或ＳＳＣＩ，宜尋找合適之總體學術評估方式，並推動學術卓越性。

（三）很多涉及大型研究規劃、科技與人文對話、經典譯注、學術審查、專業倫理與學門在國際比較上宜優先發展方向，並無一個論壇來交換意見。

因此到人文處隔年五月，就發行《人文與社會科學簡訊》，一直到現在仍出版不輟。回看二○二二年人文社會科學領域資料，近幾年專任教師人數約佔三八％以上，人文處在國科會學術處總經費（基礎研究）所佔比例已在二二％以上，大有長進。

但大家關心的幾個老問題，例如應如何協助解決本土社會問題、做好跨領域與跨國合作、如何建立學術領導及人文學的詮釋主體性等項，都還擱在那邊，因為沒一件是簡單事。

科技與人文對話

人文處一九九七年開始主辦了十一場「科技與人文對話」，在當時是創舉，依其順序大約是：與網路共舞、從出生到死亡的抉擇困境、性別與科技、科學與靈異現象、科技與傳統文化、文學藝術與科學、理性與感性、工程資訊科技與人文、語言與演化、宗教與科學、災害防治及永續發展。由此衍生的重要題目，則整合放到學門內或跨學門跨處研究規劃，包括有：基因科技中的ＥＬＳＩ議題、網路科技的私密性問題、資訊時代中的人文與社會議題、認知科學尖端計畫、東南亞區域研究、社會變遷與社會意向調查、跨國選舉與民主化議題、家庭跨時資料庫之建立等。

時任主委劉兆玄主持不少場次，報導也多，記者們還取笑我們是在燒國科會這個冷灶。全國科技會議受此影響，開始發展出類似議題，放入正式討論題綱，並做出具體發展決議。

此外，人文處請蔡明誠及葉俊榮等專家參與，協助制訂「科技基本法」草案，在內閣法基礎上，搭建出有利科技發展的架構，將美國一九八〇年Bayh-Dole法案專利授權的立法精神，斟酌納入本法之中。該法案由國科會提到立法院審議，於一九九九年一月三讀通過後頒布，為台灣第一個基本法，其他分別是教育（一九九九年六月）、環境（二〇〇二年十二月）、通訊傳播（二〇〇四年一月）、原住民族（二〇〇五年二月）等基本法，目前共九個，包括最近二〇二三年頒布的「社會福利基本法」。

召開全國會議、合辦國際會議

大約同時，召開全國人文社會科學會議，規劃成立人文學與社會科學兩個全國性研究中心、確定執行經典譯注計畫、以及確認各學門分類分級的國內學刊及專書系列，並依會議結論，撰寫完成國內第一部人文社會科學發展白皮書。

其中全國國內人文社會科學期刊分類分級評定，以歷史學門為例，劉翠溶當召集人時，與人文處羅曼真研究員合作無間，召集不少能人，共同評定國內歷史學刊分類及等級，這是TSSCI（台灣社會科學引用指標）前身，也是後來建置TSSCI資料庫的基礎。

經典譯注計畫則請魏念怡研究員商洽單德興等多位教授協助，透過林載爵與聯經出版社展開長達二十多年合作，出版了近百冊以各國語言寫出之經典著作的譯注。

至於人文學研究中心與社會科學研究中心，在朱敬一接任人文處處長後，即已於台大及中研院分別設立，二〇一二年合併為人文社會科學研究中心，設於台大繼續運作至今。

在駐德科技組胡昌智教授協助下，人文處與捷克、波蘭、斯洛伐克三國科學院合作，分別於布拉格（社會科學）及華沙（人文學）合辦雙邊研討會，並由各國科學院負責在歐洲出版論文合輯專書，那時張進福副主委與朱敬一（剛接處長），都出席主持。我與朱雲漢、林佳龍等人參加了布拉格那一場並做報告，這時我已離開國科會回台大。

由於國際合作業務關係，除走訪英美法之外，另曾會同幾位學門召集人，在胡昌智與駐荷蘭比利時彭清次安排下，參訪德國、瑞士、奧地利、荷蘭、比利時的重要科技及學術機構，與幾個大學教授洽談。一起前往的學門召集人是法治斌、朱雲漢、吳壽山、曹添旺等人，同仁有林芳美、林翠湄、包蕙蘭、紀憲珍，一轉眼已人事全非，只有我還常與過去國科會同仁一起餐敘。

學術界一樣米養百種人

國科會工作也有令人莞爾之時。一位哲學系教授未獲獎助，來抗議說台灣沒人夠資格審她，問說國外呢，她不敢說沒有，就請她準備英文本送國外審，以後就不來找我了。

中研院某研究員有一本用中文發表的專著已獲獎助，隔年翻譯成英文，在美國一間著名大學出版社印行，他再用這本英文專書來申請獎助，未獲獎助後深不以為然，前來抗議，認為這是很大成就，何以不能再度獲獎？還要求公開審查人名字。他其實是一位優秀的研究者，後來的表現更為傑出，但他挑戰的是學術審議的基本原則，人文處對這兩個非典型要求，難以同意，不過雙方都認為可依照民主程序，好好釐清一些概念與分際，因此就上網打了一個多月公開的國際筆戰，國內外同行紛紛上網參與論戰，最後點到為止，未定輸贏，讓學術回歸學術繼續討論。

還有台大某教授，來要求給一個與國防相關的研究計畫，要他循正規管道申請，不從，我看這人精神狀態有問題，就告訴系裡注意。他有一次來，說提了一桶汽油，不想嚇人，先放樓下警衛處，談完離開時拿了一張紙放我面前，向紙上吐了一口水，說下次就沒這張紙啦。這傢伙後來因為在系裡發生威脅及人身安全糾紛，被強制送往精神病院治療。

推動設立「國家文學藝術院」

國科會支助人文研究，但不包括藝文創作在內（雖常成為研究對象，如莎士比亞劇本）。國際上對藝文傑出人士，則經常會透過推薦投票程序，授予院士之類的榮譽頭銜，如法蘭西學院、法蘭西藝術學院、英國皇家藝術學會（Royal Society of Arts）、美國藝術與科學院（American Academy of Arts and Sciences）、日本藝術院等。這是一種與獎勵支助人文社會科學研究相輔相成，缺一不可的做法。

像趙無極、朱德群、吳冠中（皆為法蘭西藝術學院）、程抱一（法蘭西學院）、劉國松（美國藝術與科學院）等人，都是透過這個程序獲頒院士。台灣在文學藝術創作上，雖設有各類獎項，但皆為一次性，若能仿國際做法，公私協力設置國家級人文藝術院，透過該一機構，給予榮譽性的長期認可與駐院（in-house），就像中央研究院的院士榮譽組織一樣，應更可落實台灣長年想發揚人文精神的心意。

附篇

國科會兩位特色主委

我在國科會擔任兩年半處長職務（一九九六年八月～一九九九年一月），歷經三任主委。

郭南宏

最早的郭南宏為人個性鮮明，認真敢言。剛到任沒多久，例行記者會輪到人文處，事先已排定發布一份對政府各部門的民意調查，不巧選在總統大選期間，發布後對有些部會不利，郭可能被上面點名，在主管會議上大怒說要辦人。會後我寫封信跟他說不妥，這畢竟是學術事務，宜獨立於政治之外，下次我們會多加小心。郭從善如流，並將我的信影印給參加主管會議同仁，確實頗有郭氏風格。

大選前我不想隨他們到工研院與科學園區拉票，他也能理解。大選後換主委，交接那天政務委員楊世緘監交，劉兆玄接任，郭說以後他是總統頭家，要自由自在去了，說完就走，楊世緘趕快出去拉他回來，說還沒交接哪。

我離任教育部後，曾協助台灣評鑑協會，在第一次實施的一般大學評鑑中，擔任第一群組國立研究型大學校務評鑑召集人，請羅銅壁、徐佳士、蔣偉寧、劉三錡等人當委員，也找了郭南宏來協助，他非常認真專業，大家都很佩服，這是他一向的作風。

劉兆玄

劉兆玄接任主委時，老朋友蔡清彥當副主委，我跟他們說，要調整人文處諮議委員，立了兩個規則，凡出任黨政要職或任期超過兩任六年就換，結果三十來人變成四、五人，劉不太自在，因為裡面有司法院長、總統府祕書長、教育部長，以及熟識的學術界大前輩與老院士之類。我說若只換四、五人，那就麻煩了，但現在換到只留四、五人，而且規則明確，他們本來就是來幫忙的前輩，不會計較的。

後來到教育部時，學術審議委員會委員多達一百人，而且都做很久，朱敬一與陳定信一起來，建議仿國科會做法處理看看，想想不無道理，就先全部解散，再另選五十人組成新的學審會。看起來神經大條也有好處，重組時絕不點名，全部放由學界推薦及甄選，因此也沒閒話。

劉之後轉任行政院副院長，碰上華航空難，想安排在林口體育館舉辦紀念會，他找我負責規劃，我找了罹難的許遠東總裁大提琴老師張正傑參與，並透過彭鏡禧教授商請詩界前輩余光中，為該一悲劇寫悼念詩，台灣電通則拍了紀念短片於電視上試片中，但舉辦前幾天竟然又摔一架，就建議行政院不要辦了！

此時我還在國科會，也參加劉在行政院主持的教改推動小組，研擬因應方案，由林清江部長負責落實，惜因病早逝。方案中另行提出與四一〇及教改會主張無關的「追求學術卓越計畫」，由教育部與國科會一起推動，算是後來標定七間研究型大學、在特別預算中規劃納入追求一流大學計畫的起身砲。

在這段經常互動期間，劉要我順便當當行政院顧問，我說過去一向支持黨外，現在雖然沒黨外了，但就謝謝吧。

劉在副院長任上碰到九二一的救災工作，出任重建會第一任執行長，我則在第一次政權輪替後擔任第二任執行長。政黨再度輪替後，劉出任行政院長，我已離開教育部到中國醫藥大學當校長，建議他說，九二一大地震十周年（二〇〇九）即將來到，一個像樣的政府最好弄點有感的活動與政策宣示，他甚以為然，好好開了一個大會。但三個月過去竟然沒動，問了一些文官，原來是九二一時國民黨政府負責救災，但重建是在民進黨政府時期進行與完成，要辦十周年不好拿捏，而且重建部分顯然佔大宗，上面沒特別交代，很難啟動。

確實很難責怪基層與中階文官，少講幾句話還真的不行，只好請行政院再將話講清楚後繼續推動。劉後來因八八風災去職，剛好在九二一十周年之前，我就多盡點責任，出席九二一十周年的國際會議及APEC災害防治小組會議，做了幾個主題演講，參加幾場由民間所辦的重建實務檢討會議。

6

負責九二一重建

借調國科會兩年半後於民八十八年初回台大，當年九月發生九二一大地震，前往擔任九二一民間諮詢團執行長（李遠哲在行政院長蕭萬長邀請下擔任召集人，林能白與賀陳旦任副執行長，並集結各界專家，分設各組），大家雖然不在第一線現場，但都積極參與中央與地方工作，非常忙碌。

隔年台灣發生國民黨政府遷台以來，政權第一次政黨輪替，籌備中的新政府前來徵詢，是否願意出任行政院政務委員，全職負責九二一重建。

從台大到行政院

因剛從國科會借調回校，尚未滿兩年，依規定回校三年後才能再借調，我只問了陳維昭校長與李遠哲院長的意見。

他們了解我的困境，但都認為應該去，一位說若不想當了，可以再回台大，一位說若不想待，也可以來中研院（我以前是中研院合聘研究員，又剛協助心理學界完成提送中研院心理學復所設所申請書）。我聽了沒反應，心想走了就走了，應該就是不回去或者回不去了。

當責任現身，離開台大

球還在我手上。楊國樞老師以前常說官學不兩棲，現在九二一這件大事須全時投入，無法再兼顧教研，國家有難找上門，要負的責任已經現身，沒時間慢慢想，就横起心來辭去台大教職，時年五十三歲。過了四年要離開政府時，才知道原來辭職之前，已經累積了二十四點五年的年資（在未滿六十歲前，可正式退休領月退的最低年資是二十五年）。而且事後才知道，若進政府當政務官沒超過兩年（這並非罕見之事），在離職時就不能合併採計大學年資退休，則我既未年滿六十，且未任教滿二十五年，所以要再到公立大學去補滿年資，才能申領月退。亦即須另行申請新教職，經過三級三審再進公立大學，於原有二十四點五年教職年資上，在尚未年滿六十歲下，去累積退休年資到二十五年以上，方具有申領月退的資格。

別怪我沒深思熟慮，這就是我們那一代浪漫中壯年的模樣，談起國家人事，熱情洋溢頭頭是道，說到身邊事，就興味索然不求甚解。蕭世朗教授是在美國任教數十年後返台的生理心理學家，來一封信說你願意辭去一生最熱愛的台大，進入政府，一定是有更大責任要去完成，祝一切順利。

從此一去不回頭，離開台大轉眼已過二十幾年，應該是在無意之中做出一生最大決定。

與災難緊密相連的一生

就這樣於民八十九年出任政務委員全職負責九二一重建，還為了桃芝風災救災，當過第五作戰區指揮官，成為非常少見、常在媒體地方版出現的中央官員。九二一重建涉及很多暫行條例與法案修訂、特別預算及經費編列，又成為第一位要到立法院院會及委員會備詢、並做報告的政務委員。

立委問說救災重建業務如此龐雜，你一位教授出身，大概很難吧。我回說確實很難，更難用自己有限專業做好所有事，因此九二一重建的決策與領導人，可以不必是特定專業者，但做出來的決策一定要能通得過專業檢驗。

其實我對防救災業務並不陌生，國科會從一九八二年開始推動大型防災研究計畫，包括氣象與水土災害、地震及地震工程、工業災害、社會與經濟層面等專業小組，我與陳亮全接續在第二期五年計畫開始之後分段加入，與蔡清彥、顏清連、洪如江、蔡義本、葉永田、許茂雄、謝榮輝等幾位老防災一起工作（茅聲燾已移居美國），而且常一起到各地勘災（包括一九八九年規模$M_w=6.9$、震驚全球的舊金山Loma Prieta震災，我兼當司機，在災區中穿梭），一直到九二一發生。

不過更重要的，還不是這些經驗與專業，而是出身。我來自中部鄉區，所以一到九二一災區，立刻成為其中一份子，都是小時候習慣的人與事，平凡樸實受苦受難的叔叔伯伯阿姨兄弟姊妹們，景物既不殊，做起事來也不像是替別人做的。

救災與重建一路演進定調

二〇〇〇年五月下旬，民進黨新政府召開第一次行政院院會，沒事就算算三十來位出席首長的黨籍分配，大吃一驚：國民黨資歷最多、無黨籍次之、民進黨再次之。但類此格局祇維持四年，以後不管再怎麼輪，兩黨都被打回原形啦。

唐飛院長在會上宣布由我以政務委員身分，出任「行政院九二一震災災後重建推動委員會」（簡稱「九二一重建會」）執行長，另請蔡清彥與陳錦煌兩位政務委員協助，主任委員由唐飛院長親自擔任。他在院會中要求各部會署積極配合，笑封我為征西大元帥，還說是帶著尚方寶劍去的。

進駐中興新村重建會總部

二〇〇〇年六月一日正式進駐設於中興新村的重建會總部，負責辦理八個縣市的災後重建業務。剛到重建會時，商請舊識省政府副祕書長吳聰能過來，仐職調兼重建會副執行長，在短短兩三個月內，就發展成三百多人的任務型組織，雖然像是拼裝車，但跑起來相當有勁！

九二一重建會並非新名稱，一九九九年震後一個禮拜內，行政院成立重建會，由蕭萬長院長擔任主委，劉兆玄副院長任執行長，並於九月二十八日在台中市文心路的警察局內，成立重建會中部辦公室，是一個以救災及安置為主的單一窗口，成效卓著，同年十二月改由內政部簡太郎次長坐鎮中部辦公室，業務回歸各部會署及地方政府。

當為單一窗口的重建會，因此形同解散約半年之久，大概認為最緊急的救災及安置已大致底定，緊急命令一九九九年九月二十五日頒布，有效期半年將屆，可以無縫接軌到二〇〇〇年二月三日公布的「九二一震災災後重建暫行條例」，有效期限至二〇〇五年二月四日止（係以整個內閣為運作核心，之後曾大幅修改且延長一年），經建會亦已擬定「災後重建計畫工作綱領」（一九九九年十一月九日）與「災後重建政策白皮書」（行政院於二〇〇〇年五月十五日備查）。當時想法應該是，既已鋪陳出這些當為災後重建依據的基礎，則緊急救災及安置之後，理應回歸正常，由各部會署及地方政府自負其責，必要時再予協調整合。

重新恢復重建會的統一事權

這種做法嚴重低估了九二一震災重建的複雜及困難，因為過去由省府統籌救災及重建的功能，在精省後已不復存在，地方政府的能力難以高估，縣市的派系糾葛難以忽視，而社會大眾認定中央政府應全面介入負責的強烈態度，更屬台灣特殊國情，國外經驗難以比照。就這半年一耽擱，重建問題終於爆發，成為全國性急待解決的燙手難題，新政府將其列為指標性重大國政，再度設立專責單一窗口，並調整組合新的重建會。

阿扁總統二〇〇〇年六月一日到重建會中興新村新址掛牌時，誓言四年之後完成重建，不免太過樂觀，最後多用了兩年才算大體完成。

總統安排每個月來一次災區（後稱重建區），總統府辦公室的林德訓都提前來，一起研擬去哪裡，並由總統來親自交代一些列管項目。就因為這幾個起身砲，又一步步重組重建會，當為單一窗口，所以啟動之後還算順利。

我喜歡唐飛的儒將風格，但他很快於同年十月三日因核四爭議遭到替換，令人扼腕。我在二〇〇二年一月二十九日離開重建會，二月一日要去教育部履新前，特別就唐飛院長之前的三十五件指示事項，一一向他做了六百多天辦理情形的簡報。

在此作一補充。總統每個月來一次，我們會準備一些尚待完成的大事情及利多項目，請他公布，另外安排去看重要工程及待整治現場，做一些指示裁示，並記錄下來追蹤列管。行政院長是九二一重建會主委，有時會安排到重建區召開委員會，並擇定巡看重大待辦事項，所做裁示一樣納入追蹤列管。副總統呂秀蓮也常來關心，我們全力安排訪視，儘量配合辦理，她因此被民間推舉為振興中台灣觀光聯盟的精神盟主，惟依據權責分際，不明文記錄追蹤列管。

九二一地震的罕見特殊性

一九九九年的九二一，是二十世紀最大海島型地震（震矩規模$M_W=7.6$，芮氏局域規模$M_L=7.3$，斷層破裂約一百公里；死亡近二千五百人，災損逾三千億台幣），但並非近年來最巨大的世紀級災難。

若與一九九五年日本神戶－淡路大地震（$M_W=6.9$，$M_L=7.3$，斷層破裂約五十公里；神戶市高樓及基礎設施多，災損二千億美元，死亡近六千五百人）、一九九九年八月土耳其Izmit地震（$M_W=7.6$，以北安納托利亞斷層為主，破裂長度約一百五十公里；死亡逾一萬七千人）、二〇〇四年印度洋地震（$M_W=9.3$）與南亞大海嘯（合計逾三十萬人罹難）、二〇〇五年美國紐奧良Katrina風災（死亡逾一千八百人，災損一千二百五十億美元）、二〇〇八年中國汶川大地震（$M_W=7.9$，斷層破裂大於三百五十公里；死亡近九萬人，災損逾八千億人民幣）、二〇一一年日本東北三一一大地震（Mw=9.1）與大海嘯（合計災損三千億美元，死亡一萬八千餘人）、以及二〇二三年土耳其－敘利亞大地震（Mw=7.8，以東安納托利亞斷層為主，合計破裂長度三百公里左右；約六萬人死亡）相比較，九二一係屬損害規模較小，甚至有數量級差異的災難。

雖然如此，九二一由於有不少罕見的特色，仍廣受全世界矚目，其中幾項如下所述。

地震監測與定位

九二一震後一〇二秒即確定發布震央與規模等相關訊息，領先國際。這是因為中央氣象局在鄧大量院士與中研院地科所蔡義本所長等人建議及協助下，在一九九一年後加速布建可能是全球密度最高的數位化強地動偵測網，九二一前剛好布建完成，並藉助新建的RTD系統，自動確定了主震的位置、深度與規模，之後立即以網路與傳真送到相關單位。

這種快速定位一下子就轟動國際，因為美國一九九四年洛杉磯北嶺（Northridge）地震資訊，係在三十分鐘後發布；日本防救災成就舉世聞名，但一九九五年神戶地震時，首相卻在一個多小時後才收到訊息。竟然完勝美日，恐怕連台灣自己都嚇一大跳。

九二一是二十世紀最大的島嶼與內陸地震，若干地震學家更視為本世紀最值得探討也是最完整的地震（如Bolt, 2004，見圖6）。九二一之後，以國科會與中央地質調查所為主，召集上千位研究人員，迅速到現場蒐集資料，並配合中央氣象局數萬筆強地動資料，撰寫研究報告與論文，不只發表在國際專業期刊與整本專輯上，也包括流通性極廣的*Science*與*Nature*。因台灣與國際合作者的努力，九二一地震相關的重大資訊，得以及時讓國際有充分了解，也讓新一代傑出的地震與地質學家開始獲得國際聲名。

石岡壩與地震瀑布

另外一個特色是大甲溪上石岡壩毀壞，以及埤豐橋附近拱抬六公尺的地震瀑布，都甚為罕見，這是世界上一萬多個混凝土大壩中非常少見，剛好斷層在下方破裂通過而崩毀的案例，縱向拱起之落差達九．八公尺之巨。埤豐橋附近震出來的六公尺大甲溪瀑布，更是奇景，與石岡壩遙遙相望，它們都很快成為國際知名地震教科書與其他專書的封面（圖6）。修壩的大工程（圖7、圖8）逐步完成後，已成國內外知名景點，國際地質與地震工程專家也常來了解。

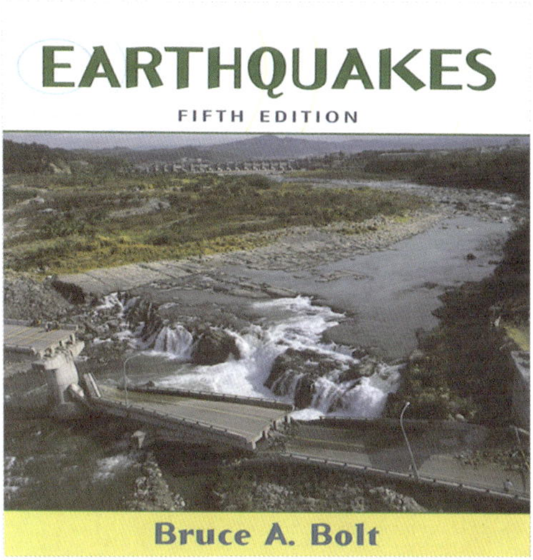

圖6　最常上國際教科書的921場景：大甲溪上的埤豐橋與前方的石岡壩（來源：Bolt, 2004封面）

圖7　損壞的石岡壩，斷層剛好在底下爆裂（來源：洪如江教授）

圖8　修復後更加雄偉的石岡壩

令人印象深刻的行動與政策

在災害剛發生時，有幾件讓人印象深刻的行動與政策，皆屬罕例，特在此提出：

（一）九二一大地震發生後，民間開始流傳「天上有慈濟，地上有國軍」，慈濟有如民間的帝國大軍，迅速啟動全方位救災與安置，在所有參與救災安置的民間團體中，最顯突出。

國軍從一開始全時工作約兩個月，是協助拆除與清運倒塌建物及其他廢棄物、消毒與建置組合屋的救災安置主體，之後才逐批歸建。當時的陸軍總司令陳鎮湘說，在已建立的緊急戰備系統下，地方部隊長在十三分鐘之後即已投入現場並回報。緊急命令是在幾天後才補頒的（九月二十五日），以正當化國軍的救援行動，並鋪陳後續緊急介入之正當性。

在三軍統帥指示下，軍政與軍令系統全力動員，以第五作戰區為主，當時的國防部長唐飛與參謀總長湯曜明等人，更是親自召集主持應變工作。

國軍與慈濟可說是最先出來穩住局面的兩批人，中間則是龐大的公務體系與多元志工。數星期內，慈濟動員了十萬人次以上，國軍則為四十六萬人次以上。雖然國軍的地面救災工具談不上先進，但卻是訓練精良守紀律的隊伍，S70C（海鷗）與U機滿天飛，就像空中計程車一樣，令人印象深刻。

（二）中央銀行彭淮南總裁與主計處相當大氣，針對最困難的民宅新購與修繕，以及本息展延等項需要，匡列了一千億優惠貸款額度，以當時利率，二十年期程就要補貼近五百億利息。

集合式住宅完成時間與額度較難估計，可不受中央銀行一千億專案優惠貸款額度之限制，惟後來發現原先的一千億額度已足可支應，不過這是當時災區的普遍要求。

（三）二〇〇〇年二月三日公布的「九二一重建暫行條例」是特別法，排除多項現有法令限制，大幅增進了救災與重建效能。我到重建會不到一個半月中，依現場需要，先擬訂基本修正草案，之後以政務委員身分於行政院召集各部會署共同修訂，歷經七次會商，並送請立法院三讀於十一月十日通過，相關子法二十二項，則在春節前頒布。這是最重要與最大幅度的修訂，以後還陸續的修修補補。

台灣的法律大概沒有一個可以在頒布之後的同一年內，做如此重大修訂與增訂的，暫行條例是台灣法制史上一個例外。重要增修包括有地籍與地權處理、都市與非都市地區重建（含都市更新與公寓大廈修繕之辦理門檻）、重建用地之配合、融資優惠、協助居民生活重建（含就業的三分之一條款）、重建經費籌措（含增列二〇〇一年度特別預算一千億）等項。

（四）重建會會同各機關，先逐項做好公開的會勘與審議，之後全天徹夜編列完各項重建預算（含一千億特別預算），送到行政院後，由主計長林全與我共同主持，逐一核實從寬匡列，依此編列的重建經費已逾二千億，這在平時絕無可能。

（五）災盟是很有影響力的受災戶聯盟，成員行動力很強點子多，提出不少難以做到的點子（如代位求償），但也因此逼得重建會動腦筋，想出一些靈活變通的替代措施。

災盟曾提出七大主張，包括有「以地易地，政府包辦」、「建公屋，以出租方式安置弱勢災民」、「代位求償」、「遷移安置土石流區災戶」等項。其中「代位求償」意指房屋（尤其是集合住宅）倒塌的災戶，先由政府概括承受舊貸款，或給予合理損失金額，再由災戶授讓政府權利，由政府代位向建商求償。

這幾項主張看起來大部分言之有理，但不一定都是政府有辦法做到的，如曾做過以地易地，但窒礙難行成就相當有限。至於代位求償，事涉災戶與政府間私法上的權利義務關係，也有社會資源分配公平性與適當性等項問題，台灣過去從無此例，國際上亦無先例，需另採其他創新的方式協助，請參見本章相關段落。

關心九二一成為全民運動

九二一廣受矚目，還有特殊的人文社會因素。如短期內民間捐款逾三四〇億台幣，佔了政府編列總體重建經費總額七分之一，過去從未有之；震後同理心及愛心行動源源不絕進入災區，長期留下來蹲點參與重建的個人及民間團體眾多，史無前例。

「關心九二一」成為全民運動，國內外無不刮目相看。我們還為此做好訪視，表揚部分對重建有功的民間個人與團體各數十位，頒發「民間重建貢獻獎」，讓令人感動的具體事蹟，得以廣為流傳並被懷念，他／她們都是民間重建中不可或缺的靈魂人物。

損壞規模與重建經費

九二一震災死亡約二千五百人，受傷一萬多人，粗估直接損失合計二六四六億（間接損失一般要加計二．〇～二．五倍，依鄉村城市性質做調整）。我們重新依實際狀況大幅修訂暫行條例，在籌編重建經費的做法上，台灣做法是先提列政府經費及移緩濟急，我接任之後再予修法，另行編列特別預算追補一千億台幣，合計一．七％GDP，與先進國家對大型災難重建經費編列約一％GDP而言，屬於同級，甚且過之。

總體重建經費與執行

那段期間常要到行政院以政務委員身分主持修法，以重建會執行長身分於立法院提特別預算。我離開重建會時，若採累積分配數作分母（一千多億），總執行率在二〇〇一年十二月已達八三％，其中公共建設工程完成率達九成三，半數全倒戶完成重建。

總體重建預算須再加入民間捐款（逾三四〇億，政府收受約半數的民間捐款，另設震災重建基金）、中央銀行住宅緊急貸款（以一千億匡列，依當時高利率估算，須補貼之二十年利息高達五百億左右，後因利率大幅下降，利息補貼大量減少）及行政院開發基金企業優惠貸款（匡列五百億之利息補貼）等項，所以實際重建經費逾三千億，與國際相比，可謂採取高標準。但這些經費並非兩年內就能執行完畢，它要支付原定四到五年實質重建（暫行條例適用期間由五年延長為六年）的總體開銷。

圖9 南投中寮鄉永平老街上的全倒戶，二樓變一樓（來源：曾海山、廖維士）

住宅與學校重建

住宅與社區重建，是九二一後最需優先處理最困難部分（屬於私權項目）。以門牌數統計，截至二〇〇五年六月底（暫行條例到期後再延長一年的期間），全倒住宅單元三八九三五戶，其中個別住宅約二萬七千多戶，集合住宅一六二棟（含五層樓以下），約一萬一千多戶。半倒戶共四五三二〇戶。

學校修繕及重建一樣緊急，規模也不小，很快修繕完成的近一五〇〇所，全倒要重建的有二九三所（實際重建二九二所，其中一所合併）。在這二九二所重建中，民間認養了一〇八所，學校重建總經費需三百來億，約達九二一實際重建總經費的十分之一。

圖10　921第一周年，災盟夜宿中興新村（來源：吳崑茂）

災後周年與桃芝救災

九二一第一周年時，南投彭百顯縣長邀請旅日名歌星翁倩玉與我，晚上共敲和平鐘，翁倩玉很有概念，她說九二一重建越走進去，問題越多。另外是插花團體及政治人物，滿布中興新村中興堂前大廣場（圖10），用批評責罵來表示關心，還有表演高空彈跳賽悲情的。我跟同仁說，災民心情不好宣洩完畢後，問題都記下來了，就一件一件來搞定它們吧，否則明年重來再講一遍，那就傷感情了。

高空彈跳之後又來桃芝風災

九二一重建就在這種高空彈跳的悲情氣氛中展開，沒想隔年又來個桃芝風災，死亡兩百多

圖11　桃芝勘災與巡視
（來源：黃文光）

人，重建會在十軍團與各救援及供水供電機關協助下，兼作救災，每天緊急救災告一段落後的傍晚，於指揮中心進行檢討。救災半個多月後大致底定，隨即併入九二一重建，可說是一個屋頂兩套招牌。

救災工作底定之時，會同十軍團賈司令及賴副司令、南投賴副縣長、竹山許鎮長、鹿谷陳鄉長，沿東埔吶溪的鹿谷及竹山受災路線（包括台大溪頭實驗林區），作一總結巡視（圖11）。另有一條巡視路線，沿陳有蘭溪受損更嚴重的信義與水里，溪上十幾座橋無一倖免。

桃芝風災的重建，經修訂九二一重建條例後，在不少項目上比照九二一辦理，尤其是在公共設施之復建上。

桃芝後的四大流域整治

桃芝災後，趁此啟動四大流域上中下游聯合整治方案（濁水溪、大甲溪、大安溪、烏溪），這是台灣水利史上第一次根本性的防災計畫。

過去在土石流、邊坡與流域整治上，常依高度各有所轄，最高的由林務局負責，邊坡為水保局，道路為公路局，道路與河流之間由縣市政府負責，河流為水利處（水利署）掌管，難以一體成形，所以由重建會大地工程處的潘明祥與楊偉甫主催，開始啟動四大流域整治方案，由我主持多次會議，在各單位熱情參與下，提出聯合治理規劃，分二〇〇三～二〇〇七年度進行，總經費近一百八十億。可惜後來因各方需錢孔急，所提計畫並非救災而是以防災為主，以致原編經費被調降，改為減項執行，拖到二〇〇五年，經費縮水為五十七億，已是七二水災之後了。

大甲溪左岸的小孩

九二一大地震把山石都搖鬆了，稍有風雨就落石不斷，所以不只桃芝颱風再度帶來重創，接著敏督利颱風（或稱七二水災）及艾利颱風，接連重創災區。我在和平鄉松鶴部落（在大甲溪左岸）現場，看到滿坑滿谷的落石堆積在流域之中，令人心傷（此時已轉任教育部）。二〇〇四當年曾在〈聞雙颱盤據台灣上空〉一詩中，寫過大甲溪左岸的小孩：

……

不知何處吹蘆管，一夜征人盡望鄉
山中隆隆的滾石聲，聲聲滾入
左岸所有小孩的夢中
臉都朝向右岸
那裡是我明天睡覺的地方。

想像夢中小孩不由自主，都將頭轉向右岸，期待一個更安全的地方。那些小孩現在都已長大，願他們夢中永遠平和幸福，不必再重演這一段！

九二一小孩與自我實現的預言

九二一震災發生後一兩天，就請舍弟及堂兄帶路，與全國教師會張輝山及劉欽旭一起，先到草屯虎山國小，校園內處處帳棚，一位小孩緊緊黏著媽媽，一句話不說。到埔里一間學校，一位小朋友一直跟媽媽吵架。之後還看到學校小孩畫圖時，有些都是破滅景象，傾斜的房子，構圖也不對稱。

曾安排陳建中過去的實驗室老闆、極富創意的視覺科學家泰勒（Christopher Tyler），到霧峰地震教育園區走走，他是研究立體視覺與圖形對稱性名家，聽我講起災變後學童的不對稱構圖及繪畫，很感興趣，提起他已建立整套圖形分析技術，可以合作。惜事隔多年，要從以前災區挑選找出合用足量的小學生圖畫，並做事件前後構圖對稱性比較，確實有極大難度，難以著手進行。

小孩與大人都在學習成長

外地來長期蹲點的大哥哥大姊姊叔叔伯伯阿姨，往往在無意中成為小孩的角色標竿，災區小孩學到了應對進退落落大方，帶領外賓訪視重建後校園，每到一個角落就講一段故事。這些事情都讓人印象深刻，小孩長大了！

大人也在學習如何成長。二〇〇〇年十二月降挖九份二山堰塞湖的溢洪道，挖出兩具屍體（尚有二十二人在地下），一隻已經乾皺的手，從扒開的層層土堆中現身，同仁廖維士說那是國姓鄉八十七歲羅陳玉妹的手，另一位是三十三歲菲傭裘斯菲。羅老太太兒子一直撫摸著他媽媽已經乾皺的手皮，問說要不要摸摸他母親的手，我看他滿臉孺慕之情，深受感動，不由自主拿到手上，之後一起焚香默禱祝她們一路好走。

九二一重建時，志工及蹲點工作貢獻巨大，協助促成了心理學上所講「自我實現的預言」（self-fulfilling prophecy）。鄭智仁有一首自填自唱曲子〈天總是攏會光〉，災民很喜歡都會區年輕人來唱這首歌，聽著聽著，眼淚都掉下來了，那個晚上一定睡得好些，因為歌聲中傳遞著希望，說窗外雖然長夜無邊，但天總是攏會光。這個預言在說，你若認為未來有希望，就會更努力朝那方向走去，好像「有希望」的預言會自己實現似的。

九二一震後陸續發現多項韌性元素，如農業社會家庭聚黏性、社區內互相支援，外界愛心源源不絕及蹲點，都讓「自我實現的預言」得以在災區內發酵完成。

形塑重建願景

我們定期每三個月的週末，於東海大學召開「災後重建問題探討及民間工作團隊經驗交流研討會」，與重建區一百三十多個在地工作團隊，共同研議重建與社區營造的各個面向。

社區總體營造並非新詞，但真正全面大規模落實，是在九二一重建區內完成的，包括全盟、台社協、原住民族部落重建協會、九二一震災基金會、新故鄉文教基金會等團體，都提出了重要意見及願景，會中凡有決議就予列管。重建會的陳錦煌（社區總體營造小組督導政委）、林益厚副執行長（營建署長兼，接替柯鄉黨）、許志銘（生活重建處處長）、吳崑茂、游文德、鍾起岱、沈勝明等人，負責協商促成。

這些努力聲名在外，關心社區營造的日本朋友經常組團前來，參訪九二一重建過程中，陸續完成的大規模社區總體營造案例。

為重建難題找解方

重建會是臨時組織而非傳統部會，所以開放主管及工作會報，要求同仁將重建當成人道志業，不分黨派，大家趕快把事情做對做好，並請媒體在旁即時了解，協助及時轉達給災民。

展現重建的人道志業精神

一位同事日後說，他最覺得被信任可以放手做的是，任何工程開標前，我都沒去找他們，剛聽時一頭霧水，不就該這樣嗎！吳崑茂主祕（後任副執行長）經常說，他最覺得珍惜的公務經歷，在於掌管這麼大預算及事務，當檢調絡繹於途時，重建會都沒被調查或被起訴，一件都沒有，認為是這輩子當了幾十年公務員的最大榮耀。游文德（行政處處長，後任主祕）說生平最愉快的事，莫過於在重建會底下，分配控管二千多億巨額公務經費，大家都能安心做善事，頗感慶幸與驕傲。

副執行長林盛豐在台大城鄉所念過書，柏克萊加州大學建築學博士，講得一口好英語，過去曾協助整治冬山河、在宜蘭建新校舍，就請他負責倒塌校舍的重建。他點子多，常想跳脫法令束縛，包括對採用最有利標來提升校舍重建品質的執著。主管會報時，我問他若依此做法涉及刑責，你為了「圖利災區圖利災民」，願意承擔多少刑期？他當一回事算算，抬頭說可容忍極限三年，我回說：好，那就go ahead（往前做去）！另一副執行長郭清江跟著舉手說：me too（算我一份；這句話現在要很謹慎使用）。大家都笑了，覺得這兩人瘋了。

這就是當時氣氛，唯有如此，很多進步性做法，因「不為己謀」，就不會因怕圖利他人（公務員的最怕）而寸步不前，也不致因為勇敢而遭殃，不同黨派民代才不至於整天挖空心思，想揭根本不存在的弊案。

台北立法院泛政治化，朝小野大下的在野黨團，當然會拿重建事務開刀，罵罵效率不佳、重建牛步化，算是基本起手式。由於災區整個待建的公共工程量體甚大，台灣的工程容量難以急速擴大，執行能量又被國內其他常規工程絆住，無法快速因應，所以重建效能可以被批評，但也不能罵得太離譜。

為免讓不當資訊影響重建，我通常會在中興新村對開記者會，回罵對方在冷氣房戴墨鏡看不實資料胡亂指控，既笨又兇，真不像話。對方就笑說又不是只我們在講，你們長官也講同樣話啊。我趁機說長官也不宜打自家小孩給別人看，這不只影響士氣，而且好像在撇清說家裡小孩頑皮啦，其實我們的家教好得很。

化解學校重建的困難

當民間認養共一〇八所倒塌學校中，有些已經重建落成時，政府負責的一八四所，除少數須另覓校地外，大部分原地重建的學校，竟無一間破土興建，足足慢了半年以上，後頭還不知要拖多久。很多專業建築師以品質為重，希望不要因趕工走過去傳統公共工程低價搶標，建出平庸校舍的做法，但九二一過快一年時，災區國中應屆畢業生的基測成績普遍不佳，更升高應加速重建的要求。

政府受到採購法規範，招標慢個三～五個月以內還好，但陷入這種奇慢無比的困境，逃不過媒體及民意機關的監督與撻伐，總統與行政院長開始詢問，語氣不怎麼友善。

學校重建推動新校園運動、遴選優良建築師、採行最有利標，今日看來都是重建過程中衍生出來之重要新價值，重建後的二九二所學校，都已成為國內外參訪地標，可見學校重建確有令人激賞的成就。惟政府的學校重建比民間慢至少半年以上，行政院長整天罵，還說要辦人要辦教育部，教育部內部也不是很平和，重建會在這種狀況下被逼介入。

看起來情況嚴峻，只用催的已經不夠，就要林盛豐副執行長及公共建設處王清華建築師，到教育部與范巽綠政次商議，並找營建署來當專案管理（PCM），確定合約書及各項設計書圖準則，以及最有利標實施方式。我要他們到台北把這些事情搞定後，再回中興新村來上班，兩人懷著沉重心情離開，這中間常有聯繫，半個月後才笑著回來，並做好各種控管。范巽綠政次因此得以於二〇〇三年，以教育部名義出版《為下一代蓋所好學校》，其中有幾所政府及民間協建學校，還分別獲頒遠東建築獎。

在公文上批註「不可思議」

行政院要求重建會針對需負責的教育部文官提出擬處課責方式，送出公文後退回，上面竟批註「不可思議」，這意思是說送出的公文竟未建議如何懲處！換黨執政後新政府思想靈活，竟然可以在公文上批出「不可思議」這種痛快淋漓的文字，是我這輩子第一次，應該也是最後一次看到的批法！

不過教育部不像重建會，並無公職土木技師或建築師，以前泰半是讓學校自行辦理，現在要集中統籌大量體建築，又要推動很陌生的最有利標，承辦人顧慮多怕出事，可說沒一件是簡單事。營建署則非學校重建之主管機關，並無意願來背負這個責任，所以必須介入協調。好在范巽綠勇於承擔，與林盛豐及王清華在台北逐案檢討，必要時減項招標甚至靠募款補足，又徵得營建署與亞新工程同意當PCM，終可逐步解決，教育部內部壓力也得以紓解，實在不容易。

這些困難我們瞭然於胸，因此特別到行政院找祕書長邱義仁商量，不宜再強逼追究，我們則借力使力，好好把問題解決。

決策的膽量與創意

慈濟九二一後在教育部與各方請求下，共認養了五十幾所國中小，但因兼做組合屋、簡易教室與社會救助，所須籌措經費相當龐大，單單這五十幾所學校重建就要用上七十幾億。學校重建（尤其國中小、公立高中職）本就是政府責任，不宜讓宗教慈善團體過度承擔政府應負之財務責任，以致無法將錢用在更急需之處，因此洽請公共工程委員會（工程會）林能白主委同意，以認養學校重建經費總額（而非以個別學校為單位）當分母，祇要委辦總經費不超過重建總額一半，就可以由教育部及特別預算（由重建會核定）直接聯合委辦給慈濟。

以認養學校重建經費總額，或以個別學校重建費用當分母，兩者差別很大。以個別學校為單位，政府出的錢不得超過一半，否則只能公開招標，若公開招標則慈濟不一定標得到。但學校已由慈濟認養，有的已動工興建，而且慈濟建校注重特色工法及品質要求，若採個別學校一間一間看，不公開招標的就祇補助一半以下經費，則無法在慈濟認養學校上籌足所需經費，而且程序將變得非常複雜。

經過協調，就依認養學校重建經費總額（慈濟＋政府）當作分母，由特別預算十五億與教育部撥補十三億共二十八億，合計慈濟本身五十來億，得以在政府補助（28億）低於總經費（28＋50億）一半比例下，完成委辦程序。好在是慈濟的特高聲望與社會公信力，大幅消減了公務人員對「圖利他人」的疑慮，讓這種有膽量與創意的決策得以出現，真是台灣之福。

重建會另委辦十幾億，給其他認養學校重建的民間團體。後來又仿此方式委辦三十億到「臨門方案」，由震災基金會提供無息週轉金，以促成都市更新作業下的住宅重建。

我很誠懇的告訴重建會同仁，這本來就是政府該做之事，現在民間及宗教團體卯足勁去做，經費不夠了政府幫忙籌措一點，可說名正言順，要換我都覺得羞愧，可不能去外面嚷嚷，而且若讓認養單位看到政府居然無聊到來搶功勞，公家民間合作成效一定大打折扣，得不償失。同仁們深以為然，在這件事情上面建立了共識，因此重建期間很少人流傳這件事。現在時過境遷，應該留個歷史紀錄，而且這種官民合作的精神與模式，最好在一段時間之後予以彰顯，以協助去除官民合作的路障。

古蹟與歷史建築復建

其實慢的何止學校，古蹟與歷史建築復建更慢。在一般重建工程進度已逾九五％時，古蹟歷史建築修復進度祇達三〇～四〇％，所編二十九億預算不容易下得去，這並非預算面上的問題，而是其他因素，讓錢不容易下去：

(1)不少所有權人想拆除受損歷史建築，被列為古蹟的則要求政府解編。

(2)原貌修復耗費大，且需古工法原材料老匠師，沒一樣簡單。

(3)古蹟與歷史建築常為祖先共業，意見難以整合。

(4)史建築泰半為私有建築，政府經費難給下去。該一困難已在修訂後的暫行條例中解套，可給私有歷史建築獎助補貼。

(5)容積率移轉不夠優惠，但這是「文資法」的規定。

古蹟與歷史建築復建，需先作歷史考證，再依傳統工法及材料尋找匠師提修復計畫，審查通過後再提修復細部設計圖送審，處處都要依「文資法」規定辦理。古蹟歷史建築修復慢得離譜（依重建會標準），雖有雜音，但沒什麼「痛罵」「辦人」之類，其原因可能是怕若搞出個假古蹟假歷史建築出來，真的會貽笑大方。更重要的，是它涉及的人少多了，學校都是「現在進行式」，孩子教育拖人一天就是害人一世，誰都不敢馬虎。至於古蹟與歷史建築，明擺著是「過去式」，那就照古代標準吧！

也不是每件事都這麼慢，像集集線鐵道因須儘快恢復運輸功能，而且有像「集集鐵道文化協會」理事長張學郎這種熱心人士，因此雖然歷史建築集集火車站幾乎全毀，靠支架撐著，鐵道則嚴重扭曲變形，卻能在二〇〇一年一月即恢復通車，這是九二一重建史上的大事。

霧峰林家花園的重建

九二一後重建會負責一二九件古蹟與歷史建築修復的經費匡列與工程控管，其中一級古蹟鹿港龍山寺、二級古蹟霧峰林家花園、三級古蹟員林公園內興賢書院，最受矚目，尤以林家花園最具戲劇性，因為它規模最大，而且才剛花不少錢整建完成，卻在一夕之間毀於一旦，祇剩下景薰樓牌樓。

霧峰林家園林及宅第包含頂厝、下厝與萊園，林家下厝（林文察與林朝棟等人）在清朝台灣的地位，相當於臺灣總督府在日治台灣之時。這裡是頂厝林獻堂向梁啟超請益台人如何在日本統治下翻身的地方，也是林獻堂與蔣渭水等人在台北成立臺灣文化協會的後援基地。另外林獻堂曾與林烈堂等人籌辦台中一中的前身台中中學校，並將林癡仙與林幼春等人創設的櫟社發揚光大。

遺跡是表徵人民與社會集體記憶之處，霧峰林家花園建築群在九二一嚴重受損後，內政部剛開始認定古蹟應該是留下來的才算，這一點與重建會所被賦予復建古蹟與歷史建築的任務，有嚴重衝突。後來在監察院（黃煌雄與馬以工委員）嚴重關切下，才提出修復方案，但二〇〇二年四月九日，內政部卻逕行公告相當大範圍解除古蹟的指定，震驚文化界。

嗣後在同年七月一日，又宣布重新恢復霧峰林家建物為古蹟，並協調由文建會編列六・五億元復建（後來另加其他經費項目）。頤圃建築先完成重建，其餘景薰樓、大花廳、二房厝、宮保第、五桂樓、蓉鏡齋、草厝（台中市文化局主催）等建築，皆已陸續完工開放，恢復當年中台灣熱門景點盛況。宮保第係在二〇一三年完成重建，並於二〇二三年十一月舉辦重建完成十周年紀念，我們都很高興前往祝賀，重建之情真是綿綿長長。

重中之重的住宅重建

住宅重建最大困難是處理土地及產權問題，包括地籍重測釐清產權、集合住宅住戶合意進行修繕或重建、違建戶（高達兩萬戶）貸款問題等，不一而足。另外共有與共業土地、三合院、保留地、台拓地等困難項目的重建，必須修法因應，否則就會一直卡在那邊。

所以地籍重測、鑑界與都市計畫變更，皆為震後住宅重建一定要做的前置作業，也是兩萬件重建控管工程標案的重心。

中央銀行則提供一千億額度優惠房貸，條件比國際好很多，供住宅修繕重建或購屋時申辦，一五〇萬內免息，一五〇～三〇〇萬內低利貸款，全倒戶則有三五〇萬低利貸款額度。另外提供其他財務優惠措施，如全倒戶舊貸款本息展延五年（後再延一年），半倒戶本金展延五年等。

住宅重建中最難的是集合住宅。原統計一一〇棟全倒、一五二棟半倒，後來將五樓以下公寓計入，又有全半倒戶申請重新鑑定及糾紛下的最終鑑定，最後修正為全倒一六二棟、半倒一四五棟，住戶達兩萬戶，約佔所有全半倒住戶五分之一。

集合住宅半倒戶由九二一震災重建基金會提供二一%修繕補助工程費，與九二一重建會的四九%，合計七〇%放在縣市政府供災戶申辦（又稱「築巢專案」），災戶另可貸一百五十萬元內之修繕貸款，重建會委請台灣營建研究院（陳振川時任院長）負責協助診斷補強規劃，共約二十棟近三千戶修繕完成。

全倒戶採原地重建時，依「公寓大樓管理條例」，三分之二住戶出席四分之三同意方可，門檻高，較適用於住戶少（三十戶以下）的集合住宅，也大部分完成。若採都市更新，祇需二分之一住戶參加二分之一同意即可啟動，且有三〇%容積獎勵，門檻較低，但程序繁瑣，共識不易達成，尤以權利變換程序為甚，過去並無成功例子，在九二一時才遍地開花。成功關鍵是由「九二一震災重建基金會」（謝志誠時任執行長，董事長為殷琪）拿出五十來億，加上重建會委辦的三十億，以協助完成集合住宅的都市更新（又稱「臨門方案」）。

依據謝志誠說法，這筆錢並非用來購買不願重建者之產權，而是由基金會以約定誠信為原則，未採市場慣用之擔保抵押與罰則約束，提供無息週轉金，住戶在完成重建取得產權後，可申請中央銀行的優惠貸款，再將週轉金歸墊給基金會。九二一後全倒集合住宅採都市更新重建者九十六棟（約八〇〇〇戶），利用該方式促成六十三棟集合住宅

（五．七四戶）更新重建，貸出的週轉金八十一億五千萬，全數歸墊無呆帳。震災基金會在重建會熄燈之後，將現金約當四十五億與四億多不動產，轉入行政院賑災基金會。

不與災民計較是上位原則

九二一住宅重建問題的全面解決，係採分階段螺旋狀方式，先由政府編列大量優惠利息補貼，協助修繕、重建及購屋；再由政府預算結合民間捐款（以震災基金會為主），大量補助集合住宅之修繕費用達七〇％；最後在以都市更新重建的集合住宅部分，則由震災基金會結合政府委辦經費，提供程序簡易的週轉金，完成重建後再予歸墊。

上述做法並非國際慣例，但台灣硬推，降低各項要求及門檻，大體上還是做成了，勇於任事的公務員應該無人因為「圖利他人」而被起訴或定讞。這套做法歷經柯鄉黨、林益厚與丁育群三位副執行長（都當過營建署署長），以及社區與住宅重建處規劃調整，足供日後處理重大災難之參考，其重點是政府不要太跟災民計較，有些事真的是肯花錢、降低認定標準就可做到。非常時期不能用制式思考，此之謂也。

決策與領導上的心理盲點

評估重建進度，須看重建工程執行率，在我執行長離任時已完成三個指標：(1)約兩萬件控管工程的計畫完成率為九五%。(2)整體常規編列重建經費二一二三億的執行率七五%。(3)特別預算一千億執行率五〇%，主要係因社區重建基金中的融資撥貸難以執行，後來部分改為委辦震災基金會，協助提供集合住宅都市更新重建之週轉金，以及當為重建區四大流域聯合整治費用。

其中控管的四百八十億公共工程，約切割為一萬兩千標，設若一百件未發包，未發包比例還不到百分之一。但心繫重建進度以致過度焦慮的人，不免特別強調一百件尚未發包（負面表列），好多！其實看看已發包（正面表列）比例，已超過九九%！

在集體焦慮下產生的認知偏誤

由此過程，可清楚觀察到行為決策學（或行為經濟學）中，經常提出的兩種偏誤現象，亦即「不考量分母的謬誤」（base-rate neglect）與「框架效應」（framing effect），這兩類認知偏誤是行為決策學上常談到的心理盲點。前者係指沒有考量到量體或母體的真正大小，亦即去脈絡化的意思；後者係指用正面或反面不同的框架敘述，會得到很不一樣的結果。

在住宅重建問題上，假設全倒四萬多戶，一萬兩千戶仍待重建，則完成率大於七〇%，這是考量分母實際大小所做的正面表述，就國際比較而言，這樣的兩年紀錄尚稱不錯。惟若只看正在控管中，最困難的五層樓以上一一〇棟全倒集合住宅，則祇建好四棟。這下子不得了，一時不察，以為全倒房子中有超過九六．三%（1-4/100）尚未完成重建，這是沒考量實際分母大小與採用負面表述的做法，既發生「不考量分母的謬誤」，又出現「框架效應」，這兩種認知偏誤合併加成發威，使得認知到的數字偏離真相太遠，社會情緒發作以致罵聲四起。其實若以全部全倒戶當為計算基礎，未完成率低於三〇%！

同理，當我們說二九三所重建學校已完成九八%時，有些立委認為是美化數據，因為九二一時一千五百多所學校受損，如今祇講這二九三所，那其餘一千多所一定還沒做好。焉知這二九三所是最嚴重且納入列管的學校重建工程，其餘一千多所由於受損輕微，老早就修好了。當一個人對你有意見時，真的可以不管是非，由此得證。

住宅重建困難還有更深層的「台灣特色」。有一天晚上在集集鎮大廣場辦談話會，災民紛紛說房子建不起來，日子不好過啊，我問說：「全國違建戶或沒建照的哪裡密度最高？」南投！他們露出難以理解的表情。

我說桃芝風災過後，與神木村陳村長從山上往下看，大約三百來戶村子，問他說底下哪一戶有建照，我這是明知故問，陳村長則是啞巴吃黃蓮。接著跟他們說，問題還是有解，不用擔心，請多給一點時間，我們一起來解決。

平常是不應這樣對話的，討罵！但居民們很清楚重建會是真正來幫忙的，所以講講真話才能將一些心結打開，等慢慢弄清楚後，就容易合作了。

學習做跨域領導

邊坡與河岸整治應該用傳統工法或自然工法，台八及九九峰要搶修或先休養山林，古蹟歷史建築與學校重建要快還是慢一點？這些問題都涉及各種專業，專業中又存在對立觀點，如何在無私下尋找共識一起求解，這是要一輩子學習的領導能力。同仁們也在觀察我們如何處理這類問題。

沈勝明（沈品寬）是產業振興處處長，他駐德返國述職在經濟部任參事，之後到重建會，看到執行長與四位副執行長中，竟有三位來自學界，不免好奇加上沒信心。

桃芝災後，中央在重建會設立中部第五作戰區指揮中心，我在授權下擔任指揮官。沈勝明說每天早晨工作會報後，立即分頭行動，前往現場勘災協處，晚間再提出尚未處理完的問題及解決方案，以便次日付諸實施，這種劍及履及的救難方式，令他大開眼界，連每天親自參與會報的十軍團賴中將副司令，都對執行長指揮若定及調度有方讚不絕口，說改變了他對書生的看法。沈寫說當時心裡就想「這位執行長實在是大將之才，可惜隱居學界太久，……」。

原來同仁也在考核我們。其實這類說法，以前在吳崑茂撰寫九二一書文中，已經提及，我總認為這是厚愛之詞，愧不敢當，所以二十幾年來都避免引用。但現在年紀已經夠大，而且兩位與我三人之間，以前互不相識，基於珍惜過往情誼，就不客氣的放在這裡了。

從九二一到八八重建的一致性

九二一屆滿十周年前發生八八水災（莫拉克風災），比五十年前八七水災規模更大，超過賀伯、桃芝與七二水災，兩三天內累積雨量上看三千毫米，小時雨量近百毫米，死亡人數逾七百人，比前幾年水災死亡人數最多的桃芝風災二一四人，更為慘烈。斷橋約百座，台灣災害史上未有單一災害如此多斷橋者。重建經費逾千億，直接及間接經濟損失雖不及九二一規模，惟山河損壞難以估算。

這次八八水災的救災及重建，都是在國民黨輪替回來期間內完成，設置了專責的行政院重建會，由時任工程會副主委後任政務委員的陳振川任執行長，雖未發布緊急命令，但仍仿九二一制定了「莫拉克颱風災後重建特別條例」。可見不管哪一個政府，弄個單一窗口臨時機關來執行特別條例，一直搞到重建完成，應算是比較好的做法，朝野並無歧見，這也是一種無私與不偏的表現，不因政黨而偏離應變正道，值得珍視。

抗拒搬遷的心理機制

二〇一九年七月底，就快九二一震後二十年，我重訪過去災區，從南投信義鄉風櫃斗及新鄉村之間山上，往下看就是台21新中橫段（圖12），看得出陳有蘭溪長久以來歷經賀伯、九二一、桃芝、七二、八八，運送大量土石流，在扇形沖積下形成壯觀河階台地，上面不少住家，美景之中暗藏凶險。

圖12右方就是神木村，歷經多次災變，橋沖走了再建，房子倒了再修，因生計就在旁邊，能不走就不走，而且想辦法正當化留下來的理由。

圖12　台21線上陳有蘭溪畔漂亮但危險的河階台地

居民顯然不怕，群居其上（河階台地及神木村），應與心理學上的「控制錯覺」（illusion of control）及「認知失調」（cognitive dissonance）有關，前者是說居住易致災害地區的人，以為自己能控制周圍環境；後者說在易致災害地方待久了，會認為這是一個相容而且不錯的所在，以避免產生「既然危險，何以還繼續待在這裡」的認知失調現象。在這兩種機制共同運作下，生計來源又在居住周圍，因此經常發生抗拒搬遷情事。

行為經濟學或決策心理學將此歸類為「肯認偏誤」（confirmation bias），亦即人傾向蒐集能支持自己既有想法之有利證據，忽略不利或矛盾資訊，或以偏見解讀外界訊息，這是一種常見的系統性認知偏誤。上述所提控制錯覺及認知失調機制，與該一說法相容。惟控制錯覺與認知失調更能具體解釋，

圖13　內湖國小遷建到石公坪的爭議性決定（來源：洪如江教授）

何以在這兩種機制共同運作下，會產生抗拒搬遷行為，而「肯認偏誤」概念則比較像在描述，在這兩種機制共同運作之後，所表現出來的行為特色。

後來八八真的太大，將神木村建物全沖走了，只好搬離。我曾重訪卻遍找不著神木村舊觀，原來都搬走了，不過有些人為了生計還是會回去墾植。希望大家都平安過一生。

抗拒遷離易致災害地區的學校重建

類似現象，也發生在二九二所重建學校最後一所的鹿谷內湖國小身上（圖13最左邊）。當地居民找到附近「石公坪」，當為鹿谷內湖國小新校址。

石公坪在震後山坡土石鬆動，再加上桃芝風災大水一沖，旁邊的大土石流溝怵目驚心，因此重建會與台大林區專家都不贊成，但地方人士不以為會有什麼問題，非常堅持，主管機關縣政府最後也同意。內湖國小石公坪復校（見圖14），成為熱門景點，未再聞土石災害，差堪告慰。如今看起來青山綠水，不再是凶險之地，但最好繼續保持警覺，做好監測為要。

圖14　最後一所重建完成的鹿谷內湖國小（來源：廖維士）

遷村難有成功之例，不能全推給心理因素，如優惠給的不夠多可能也是原因，但要給到多少才不致破壞社會公平性？而且可能沒有在大災變現場還很鮮明的時候來提供超值優惠，以致不容易被社會接受，又產生了公平性疑慮。這部分就不在這裡討論了。

在專業與急迫之間求取均衡

九二一重建讓人印象深刻國際矚目的成功案例很多。如因此而建立的國家級救災與重建機制、基礎設施及大型公共工程的重建效能，還有教育部推動的新校園運動、超過六十處中大型社區總體營造，以及所啟動的台灣志工、社造與生命教育元年。更有災區重建重中之重，在半倒修繕與全倒重建及都市更新上的創新解套方案。

但仍有一些很困難的事情，如該慢不能快這一部分，除了學校重建與古蹟歷史建築復建之外，還可再舉兩個案例。

理想與濫情往往祇有一線之隔

草屯九九峰與隔鄰墓碑山，震後削成光禿禿一片，十來年後已逐漸布滿原生種小草及植被，正如當初不少專家所主張，要相信大自然能自我療傷，不用花大錢去做航空或刷坡植栽，做些想人定勝天的無益之事。

另外，公路工程單位急於修護邊坡及道路以確保安全，因此動輒對破損邊坡噴水泥漿。倡議生態保育及自然工法的人，常批評這些作為缺乏理念，太過工程取向。

我們身處不同主張之間，就秉持實證才是檢驗真理的方法，請大地工程處同仁邀外部專家，去實地評估各種工法，之後等每年都會來的颱風與大水做大自然測試。

驗證後發現各種工法真是利弊互見，難以做出簡單結論，自然工法需較長時間才長得出來或趨於穩定，惟道路邊坡下方經常有保全對象，受損邊坡須快速穩定，又兼中部山區雨水多，一遇風災水災，自然工法成效常遭質疑，此所以公路單位對此類工法多不以為然，常與作強烈主張的人發生衝突。

這是一個典型理念與實務之間引發衝突的例子，常要在兩造之間作協調及裁定，依個案做不同處理，才部分解決了這些糾紛。

大邊坡尚未穩定下的中橫台八修復爭議

再以中橫從谷關到德基段的台八與台八甲（或稱青山上線及青山下線）為例，九二一震後上下邊坡幾無完壁，青山下線受害比較沒那麼嚴重，是員工要前往青山水力電廠工作必經路線，因此儘量修復並做限制性開放。

重建會是統一窗口，經常被當地民意逼著要儘速修復，因此擬訂了三個階段復原計畫，第一階段要十億，第二階段十五億，第三階段是花大錢的二百多億。

前兩階段都按規劃進行，第三階段復建則嚴重違反大地工程原理，因為不穩定的上邊坡規模龐大，還沒足夠時間讓邊坡穩定下來，硬用工程方法解決，不祇花費天文數字更難以確保成效。當年若真花了二百多億去做，一定是災難一場，還不知要連累多少公務人員。二〇二四年的新聞還在說，台八修復仍須十年，看起來遙遙無期。

在加速重建時，儘量人道考量，很多人不敢將成本效益講出口，但也要有基本常識及判斷，多溝通後還是能勉強和平共處的。

諸如此類問題很多。重建會裡面大部分為前省府專業公務人員全職調兼，幾位主管如潘明祥、楊偉甫、黃文光與王清華等人，都是經驗豐富的大地工程、水利、公共工程以及營建與建築專家，重建會多做專業研判不隨風起舞，雖然壓力大但事後看來是對的，也節省了大筆不必要浪費的公帑。

九二一與汶川震後重建比較

二〇〇八年發生汶川大地震後的六月二十七、二十八日兩天，中研院由副院長劉兆漢帶隊出席，與中國科學院在北京聯合舉辦研討會，幾乎所有科學院及工程院、各大學、國家地震局相關專業院士都來了，真正從事救災與規劃重建人員當然仍在災害第一現場。我在會中與國家地震局陳顒院士*，聯合主持一場交流討論，提及汶川地震

* Chen Yong（陳顒）& Booth, D. C. (2011). *The Wenchuan Earthquake of 2008*. Beijing & Heidelberg: Science Press Beijing & Springer Heidelberg.

學校倒塌近七千來所，須全部重建約三三四〇所（大約台灣九二一重建學校二九三所的十幾倍），遭到災民與社會猛烈攻擊，認為是豆腐渣工程，因此災民主張應先究責再談重建，惟我以負責九二一重建及桃芝風災救災經驗，預測都將在短期內拆除。

汶川震後重建的兩個預測

學校建築一般耐震強度標準較低，九二一時的學校重建，依震後建築規範的調升，將抵抗多少重力加速度（g）的晃動，從〇．二三g調升到〇．三三g，有些學校則再自行加強二五%，也就是〇．四一g，這是弄過頭了，在過度焦慮之下，沒有考慮到其他應考量的抗震因素，硬在抗震標準上做文章。

早期學校建築觀念，常是一字長蛇陣，因此只要與大震震波方向垂直相交，無一不倒。同理，與震波行走方向垂直相交的長橋樑，無一不垮，但方向平行者都好好的，所以後來學校改建時都設計成L或U字型大量體建築，互相支撐平衡。學校校舍建築另外還常見諸如單一走廊、老背少、鋼筋水泥柱箍筋強度不足，以及影響抗震效能的短柱效應（校舍建築需較多窗口採光與通風，但設計不良時常有「短柱效應」，窗戶將中間柱束制，使柱之抗彎矩的有效長度變短，被迫承受大量剪力而破壞）等不良因素。

這些問題係過去中小學校舍通病，汶川大地震與九二一所發生的，並無兩樣。重建基本原則應儘速將倒塌的清除掉，若執著於先追究這些難以釐清的責任，或當為證據先予保存，則漫長訴訟的過程將嚴重影響重建進度。

九二一震災發生於午夜凌晨，沒有學生上課，川震則師生死傷甚多（學生死亡近二萬人，其中因校舍倒塌而致死者逾五千三百多人），所以對校舍倒塌的負面情感強度，比九二一高很多，這種強烈情感導致對「豆腐渣學校」的猛烈攻擊。二〇一六年川震受害學生家屬，在刑事責任訴訟不予受理之後，改以民事途徑聲請校舍工程建商及校方法人，負起保險責任，惟法院仍以不予立案作結。

我在研討會中另一項預測，係有關災後住宅與社區重建。台灣因涉及複雜私人產權及財務問題，所以重建最為緩慢，備受批評。但汶川震後應可較快完成，因為中國大陸住宅及社區土地產權掌握於政府手上，機關分配的宿舍也多，應能很快完成。

與會者災後重建經驗不多，對我的預測是既好奇又無法確定是否真會如此。日後證實這兩項預測，並無可議之處。

全球暖化下的西海岸搬遷與淨零排放

全球暖化造成的台灣海平面上升，將發生比九二一、桃芝風災與八八水災所碰到之遷村問題，更嚴重百倍的西部海岸大遷移，若海平面上升五〇～一〇〇公分，依據模擬，將對整個布滿房舍及工廠的西海岸帶來極大衝擊。

聯合國「政府間氣候變遷專門委員會」（IPCC, Intergovernmental Panel on Climate Change）曾提出，二一〇〇年左右海平面上升量約在五八～九八公分之間，全球上億人住在高出目前海平面不到一公尺的地方。IPCC最近更顯悲觀，依不同暖化程度，推估上升量都將超過一公尺。

這件台灣未來的災難，具底下幾個特性：

（一）過去台灣本土環境問題，危機明確且急迫，很快獲得改進，現在則為全球性及大尺度，危機遠大過一般環境汙染，但災難在未來，而且並非少數人努力就足以改變。

（二）全球暖化是一個比臭氧層破洞因應要難很多的問題，製造災難源頭更非幾家製造業而已。一九八七年「蒙特婁議定書」（Montreal Protocol）在國際協力下，已很快針對臭氧層（位於地表上空十五～五十公里的平流層下方）破壞，有效禁用氟氯碳化合物（CFCs）及氟氯烴（HCFCs），南極上空臭氧層破洞三十幾年後，因之大幅縮小。但同一期間出現的全球暖化與海平面上升問題，影響更為全面，由人類活動所引起的溫室氣體（不只CO_2）排放管制，則更為困難。

（三）IPCC指出，若二一〇〇年升溫目標設定在攝氏一．五度以內，須先於二〇三〇年（相對於二〇一〇年）減少四五％排放，而且二〇五〇年要做到溫室氣體淨零排放。淨零（net zero）意指溫室氣體排放量與從大氣層移除掉的量，在沖銷後取得平衡，以保持淨值為零。台灣不落人後，適時提出二〇五〇年各行各業淨零排放路徑圖，環保署則於二〇二三年升格環境部，正式設立氣候變遷署。但已有不少人持悲觀看法，認為這是一件做不到的目標。

此時為有效推動淨零排放，須增加綠電替代供應，將提升發電及用電成本，若推動核電，則社會爭議與政治效應尚未能夠解決。另外在跨境貨品交易與關稅管制上，台灣一定會被迫跟進碳權交易、碳費與碳稅機制，政府如何弄好政策環境，協助企業在國際上找到最佳可用方案，已經迫在眉睫，這是很快會席捲而來的國安危機！

九二一的冤錯假案

九二一二十年後，發現當年被檢調調查遭起訴者，大多是冤錯假案，二〇〇〇年十一月南投地檢署收押的彭百顯縣長，就是一位知名受害人。那時候檢調偵騎四出，扣公文書、文件，鄉鎮縣市常被檢調蒐查、起訴，大部分公務員（尤其是營建單位人員）都怕被指涉圖利他人，惹禍上身。

台灣人一向熱心捐獻，九二一震後捐款多，更關心捐款被不當使用或侵吞，一有蛛絲馬跡，在感覺遭受到背叛下，控告起來絕不手軟。當代研究發現人在觀察到悲劇性事件後，產生類似受苦經驗時（透過一種鏡像神經元〔mirror neuron〕的機制），比較會有同理心、慈善行為及捐款；但若認為有人在此過程中，佔了別人便宜做出損人利己行為時，則會在痛恨下做出利他性的懲罰。

當時最好的方法，就是由重建會及內政部儘速聯手調查及時公告，才稍為緩解這類情緒性的指控。

不管如何，由捐款與救災重建經費所衍生的蒐查起訴案件不少，卻沒幾件判刑定讞的，只佔不到三％，九七％以上的人就這樣被糾纏經年，浪費大好人生！

離開九二一

在重建會工作時，聽到執政黨想換教育部長，深感驚訝，就請李遠哲院長一起去見阿扁，我說看不出非換不可的理由，何不再給點時間，但只多撐了半年，而且換人時並未事先告知。

教育部是個大部，要換人時，應該是有一些人選在競爭的，我在九二一重建上漸入佳境，但也更為忙碌，並不清楚教育部的人事調整，最後卻找到我頭上，有人希望我不要推辭，那就去看看吧。

推薦繼任執行長

在重建會一年八個月，共待了無假期的六一〇天，車程六萬公里，順道回家看看應該不到二十次；搭了三六五次飛機（不含救災時搭的直昇機），往返台中台北主持修法、協調、敲定經費編列及特別預算。現在無預期的要離開九二一，轉任教育部了。

游錫堃繼張俊雄之後出任行政院長，問我某人來繼任重建會執行長如何，我說不好吧，後來又提一位，我說難以判斷。其實我大可不必涉入此事，但長官面詢，只好據實

圖15　921重建會執行長2002年2月1日由陳錦煌接任，游錫堃院長主持交接，第一排後站立者皆為重建會要角（來源：吳崑茂）

以告，縱使聽起來應該是總統的口袋名單。擬就職新任閣員於國軍英雄館聚會時，游說總統很關心，那你看誰比較合適？林盛豐由九二一重建會副執行長改任政務委員，也在現場，就與他一起向游說，何不給陳錦煌做做看。

陳在行政院經管防救災事務，並負責督導重建會的社區總體營造工作。游就說，好，假如他不行你們負責。我說那就我負責好了，拍拍胸膛，要林盛豐也拍一下以示支持。但沒想到，陳錦煌醫師接任執行長之後（圖15），竟沒讓他再做政務委員，以協調相關部會，祇兼一個空頭省府副主席。他做了半年執行長，就因組合屋糾紛（還有其他因素）下台，換上郭瑤琪（時任工程會主委）。沒多久陳又辭去空殼子省府副主席，回新港做小鎮醫生，還有他最喜愛的社區營造工作。

懷念再三的受難山河

離開重建事務幾年後，到國家音樂廳聆賞捷克愛樂，演奏全本史麥塔納（Bedřich Smetana）《我的祖國》（Má Vlast）六首交響詩，樂聲中彷彿置身山水之間，腦海中浮起當年桃芝救災期間，經常要到受災最嚴重的水里鄉、信義鄉與原鄉部落，從山丘上往下看就是濁水溪上游及陳有蘭溪，再往前眺望就是平野，與史麥塔納所呈現的若合符節，令人懷念再三我那受難的山河！

時至今日，當過九二一重建會副執行長的柯鄉黨、丁育群（後皆轉任營建署署長）已經辭世。九二一重建及桃芝風災救災期間，軍中伙伴十軍團賈輔義司令、賴宗男中將副司令，以及前來協助桃芝救災的前十軍團司令高華柱，皆已不在任上。至於李登輝、聖嚴、王永慶、江丙坤、湯曜明（霧峰人的前參謀總長）、星雲已逝；證嚴、李遠哲、阿扁、唐飛、劉兆玄等人，則早已遠離九二一。九二一之後十周年與二十周年，我都出書紀念*，並交代這十年及二十年間所發生之事，另邀請重建會同仁餐敘，就好像仍未離開這個場域。

*黃榮村（二〇〇九）。《台灣九二一大地震的集體記憶：九二一十周年紀念》。新北市：印刻。
黃榮村（二〇一九）。《九二一震後二十年紀事：以及核電爭議與全球氣候變遷》。新北市：印刻。

7 難搞是教育部的本色

碰到林全時，他說若非教育部轉動維艱，大概不會想到找你來吧。我很快發現教育部轄區是一個比九二一更大的災區，九二一重建以效率為重，這裡則糾纏著各種意識形態，單是學生就近五百萬人。

教育部長不只要解決問題及規劃未來，還要當全國學生與社會榜樣，所謂「教育之道無他，唯愛與榜樣而已」，真的很難。不過已經沒時間想太多，因為一進門，難搞問題馬上迎面撲來！

新人的震撼教育

一踏入教育部，就射來「入門三支箭」——恢復傳統大學聯招、難纏的九年一貫與建構數學等問題，輪番上陣。

不友善的入門三支箭

二〇〇二年二月一到教育部，立委李慶安就給看一張一百二十多位過半數立委連署，說是要恢復傳統大學聯招，那時朝小野大，絕對有此可能，好大一個下馬威！我對這種風雨欲來的壓力，忍無可忍，公開說這太過違背我的教育及教改理念，提案通過之日就是本人辭職之時。李委員隔幾天後安排會面，好意的將聯署書送我當紀念，這張歷史文獻應該已歸檔在教育部某個角落才對。

過不久換總統要我到總統府一趟，說幾位資政及國策顧問希望恢復傳統聯招，以及停止九年一貫課程，又來了！陳水扁總統還為此主持資政與國策顧問會議，讓我獨戰群老，張建邦資政是少數例外的支持者。會中我認為教育措施不能在沒有具體可信理由下喊停，何況這些都是國際主流，又是在國民集體意志下發動，如何可以半路喊停！

阿扁送客時跟我說，總該讓資政與國策顧問們講講，不過會支持教育部最後的主張與做法。我說教育部會儘量配合做必要修改，但不能走違反教育潮流的回頭路啊！回想起當年獨戰群老的言詞辯論情景，仍歷歷在目，不免好笑。

二〇〇三年十二月底立法院三讀通過「公民投票法」，幾位委員想藉公投來取消多元入學、停止九年一貫教學、提高教育優惠性待遇（如入學加分、降低大學學雜費）等項措施，指定去做專案報告「教育政策適用公民投票之範圍與限制」，好在教育文化委員會委員聽了報告後，了解在教育專業與國際公投慣例上，這些都不應由公投來決定，以後就不再提了。

試想若這些重大教育措施都拿來公投，可能就是藉由多數投票犧牲少數權益、造成教育鎖國、教育獨裁，不尊重教育專業事小，危害下一代教育事大。感謝社會與代議政治的理性，緊要關頭沒有受到蠱惑！

九年一貫的數學認知階段與建構數學

立委不停攻擊建構數學不能學習九九乘法這件事，又剛開始實施一綱多本，不同出版社寫法參差不齊，造成很多困擾。這是因為過去審議課綱及評估建構數學與九九乘法時，部分外聘委員主張堅定，文官難以適時表達不同意見之故。問題是出事時，委員們都不見了，帳全部算到我頭上。

立法院教育文化委員會召集人洪秀柱，找了幾任部長來問建構數學，以及為何不能教九九乘法表。吳京晚到，他說從台南到台北火車上，一直在想是誰任上弄出來的，後來想通了，原來是他自己！

我與同仁研擬了幾個方案，看看能否緩解這些攻擊：

（一）買各版本數學課本，放滿部長室書架先來研讀，終於看出不少端倪。譬如課綱劃分認知階段，將最小公倍數與最大公約數，劃分在小五到國一之認知階段，亦即這兩個概念放到小五到國一任一時段教皆可，因為學生已發展出學這些概念的認知能力，不同出版社就將最大公約數與最小公倍數放小學或放國中。

但規劃課綱者只知其一不知其二，在九年國教制度下，小學升國中係依學區劃定免試升學，一所小學可能分發到三所國中，若我小孩還在念古亭國小，則畢業後依居住地分發到螢橋、金華或民族三所國中，他古亭讀的數學版本，最大公約數與最小公倍數放國一，但三個國中可能用不同版本，有的版本寫在小五或小六，這下慘了，三個國中收了不同小學學生，有的學了有的沒學，所以只好在入學報到後的暑假先補習，來做好齊一化矯正，這是最早期「校正回歸」的教改版，真是天下大亂。不過，這只是要改的其中一項。

至於說建構數學不能教九九乘法表，要求教3×7時，將3連加7次，既不能改成7×3（將7連加3次），更不准用九九乘法直接講21，這是少數人沒有道理的強勢偏見！經過專業諮詢後，就由部裡通函小學地方教育主管機關，說明建構數學鼓勵學習時使用多元思考方式，且是國際主流，不應僵硬認定只能使用一種特定算法，而且並未排除九九乘法表，這也是數學學習中的一種建構方式。

很多父母以為不教九九乘法表，是因推動建構數學之故，所以連帶的對建構數學印象壞透了。英美數學教育專家碰到我，都表示無法理解台灣何以反對建構數學。

（二）邀請歷屆教育部長包括朱匯森、李煥、毛高文、郭為藩、吳京、楊朝祥、曾志朗（李元簇前副總統另行拜會、林清江已逝），到福華飯店餐敘並召開記者會，幾位部長都說教育政策一棒接一棒，政策延續性是台灣教育得以進步的基礎。

（三）民編教科書是既定政策更是國際主流，勢不能擋，但依目前混亂狀況，弄個示範版本有其必要，因此請林長壽及牟中原分別負責，找專家編訂九年一貫數學與自然科學部編版教科書，但不主張版權，以供民編版本適度採用。

九年一貫課程究竟好不好，經過修正後，還需時間證實。在國際數學與科學測試（TIMSS）世界排名上，二〇〇七年（採用九年一貫課程）比二〇〇三年（未用九年一貫）的數學與科學測試成績，還各前進一名，所以實施九年一貫課程後，台灣在學科成績測試的國際排名上，都仍為世界前五名甚至前三名，並無所謂國力下降問題。這時，我已離開教育部兩三年。

台灣很多問題都是自己想像出來的。這個消息公布後，剛好與過去一些文教記者餐敘，我說以前被K得都快吐血，現在怎麼沒平反還我們清白啊！他／她們笑說沒事就好，一副雲淡風輕樣子。當政務首長的人要認命啊，不要動不動就說要討回公道，不想服務眾生不想忍辱負重，莫入此門，真是好一個血汗衙門！

志願選填分發危機

在台灣只要是全國性或大規模考試，一出事絕對是大新聞。我運氣不好，居然一下子碰到兩個！

1 高中職五專分發出包

到部裡當年七月下旬，高中職五專登記分發放榜，發現基北區高中職校錄取名額，僅依其去年原提報之一般生總招生名額分配，但未依慣例外加原住民及身心障礙生名額（亦即將其加分後的分數當成一般生分發，沒拉出來當外加名額），以致本來應分到A校學生被分到B校，本有學校讀的卻落榜了。這事情非常嚴重，必須緊急處理。由於志願選填跨區是連動的，所以不能只在基北區的北北基辦理重新分發，教育部召集全國十八區招生委員會，決議以從寬從優原則辦理全國重新分發作業。

這件事情初看很複雜，其實並不困難，先將原住民及身心障礙生單獨抽出外加，再加計各校一般生名額，就是各校總分發名額。我與同仁在此調整過程中，設定了三個分發原則：(1)原來第一次分發約十五萬人錄取名單，一定要在第二次重新分發榜單上。(2)第二次分發時每位考生若非維持原來志願，就是志願調升，不能調降。(3)因此而調增的錄取人數，學校應予接受。這幾個原則清楚易懂，都在研議如何對每個人都會更好，這是在制訂巴雷托最適（Pareto optimal）之公共決策時，必須考量的判準。

之前先在記者會上說，這次危機若仍無法完滿落幕，不勞各位垂詢，馬上走人。事後複驗，確已達到目標，社會上再無爭議。

2 兩個大同高中的分發糾紛

在這次基北區分發中，另有一件大事。四十一位學生分不清「台北市大同高級中學」與「台北市立大同高級中學」的差異，前者私立後者市立，以致系統性誤填代碼。這是因私校不希望被冠上私立，又沒好好宣導，以致可以上市立卻填成私立。私立大同高中是一所好學校，但與市立大同高中錄取分數相差近百分，且公私立學校收費差距大，依常理及事後了解，確屬誤填無疑，一定要有所補救。

台北市政府教育局及大同公司林挺生董事長，剛開始都不願修正，林說我們學校不比市立差，為何要換？台北市政府以行政程序為重，不願改變。基北區招生委員會的校長們竟也以八七：〇否決修正，理由是依法辦事，有的則說此例不能開、讓學生獲得教訓也是一種教育、不應鼓勵明星學校風氣之類，這些話也許在其他情境下都對，但在這件事上就是明顯不對。有些人居然可不以學生一生為念，校長能當成這樣，真令人不敢領教！

我實在很不高興，就很不客氣要他們再開一次會，結果豬羊變色八七：〇同意改正，另以外加名額錄取。假如不是這樣，那四十來位學生就被將錯就錯了。之後再無機會與家長們聯繫，不知二十多年後，學生們是否都順利走在人生道路上？

十萬教師大遊行

二〇〇二年九二八教師節，全國教師會發動大遊行，號稱十萬人上街，除了要求教師組工會外，還列舉外界拼湊出來的十三項教改亂象當為起身砲，另外主張國中小老師薪水恢復課稅後，多課的稅要回用到教育及教師上。英國《金融時報》（*Financial Times*）記者不太懂運動的訴求，問說台灣老師好愛國，竟然遊行說要繳稅？我說重點在後面一句：「課多少補多少」。這是一個氣勢很大、但老外弄不懂的遊行。

游錫堃院長於遊行前，找了教師會代表到行政院會談。他大概想化解，不免多說兩句，媒體則擴大加味報導，將游揆本意在期許教育部不要用做官心態處理教育事務，說成是批責教育部在與教師會協商時有做官心態。

這離本意太遠，對教育部當然更不公平，我在兩三天後中秋記者茶會上，說明在過去短短半年內，各層級已協商開會幾十次，建立起不少共識，但協商目的不在打消對方堅強的遊行意志，教師團體也不會因為多講幾句他們愛聽的話就輕易妥協。

九二八教師遊行隊伍經過教育部，我找了范巽綠政次到部長室，在窗前與隊伍揮手，揮了兩個多小時，隔天右手都快舉不起來。他／她們傍晚在凱達格蘭大道聚集坐下，邀我與洪秀柱到他們搭的野台上，各講了兩三分鐘話，大家一起加油！

教育部窗口是陳德華及後來的朱楠賢，溝通管道一向暢通，全教會當然了解我們作風，知道該讓會讓，但不想讓的（如要求同時具有教師會與工會的角色及功能），勉強也沒用。他們因任期換了領導群後，隔年忍不住又在中正紀念堂續演一場，但氣勢大不如前，遽降為幾千人不到。

意識形態與教育中立

台灣在教育事務與教科書編訂上，常會受到意識形態及政治化干擾，底下舉數例以明之。

中文拼音系統之爭

要從各類羅馬標音系統中，選一種當為中文標準標音系統，並非急迫或重要教育問題，因為國小國語學習早有注音符號，母語與原住民族語言標音，本就難以定於一尊。將一個輔助性工具，上綱為國家教育大事吵了七、八年，主因之一，應是希望能找出具有台灣特色的標音系統。

最後國語推行委員會選了通用拼音（八五%與漢語拼音相同），惟中央及地方在路標標音上各有自主權責，洋人學中文則採國際慣用方式（漢語拼音），教育部並無管轄權，又兼朝小野大，中央地方分治，根本不可能全國統一。

駐台外交使節團曾找我座談餐敘，駐外使節不少來自歐洲的語言敏感區，熟悉這類語言爭議，發現台灣每隔一陣子就像出擺子一樣，吵一下，但並未產生實質困擾，也會取得暫時折衷點。這是台灣社會懂得容忍與妥協的文化韌性之一，不同政黨應學習克制，不要沒事就來發動魔鬼試探，徒然製造社會紛擾。

官方語言、英語學習與本土教育

在台灣，國語（含文字）是國家語言之一，也是實質的官方語言，雖未依國際慣例在憲法中指定，法律亦未明文公告。英語並非台灣的國家語言，有可能成為通用語言，但難以成為台灣的官方語言。

英美的實質官方語言就是英語。加拿大法定的官方語言是英語與法語，在法令、公文書、法庭與人民權益事項上，都須提供雙語服務，不是一件簡單事。比利時因國情特殊，有荷語、法語與德語三種官方語言，英語則是通用語言。

我在教育部時，行政院要推動雙語國家，想將英語列為官方語言，但這是沒釐清通用語言、國家語言與官方語言的差別之故，而且語言問題在世界各國都是一條敏感神經，最好小心，以免治絲益棼。後來行政院沒再硬推下去，另改由教育部去做好各級英語教育。

近期為了官方語言、雙語國家、雙語政策、英語教育這些名詞，讓社會又掉入無謂的語言漩渦，好在後來走回正途，推動有利加速國際化的英語教學與教育，這樣就對了。

再談英語學習。二〇〇〇年時政策決定英語教育從國一往下延伸到小五，但只有九個縣市遵守，因為其他縣市學校利用彈性學習節數，自行往下從小三、小二，甚至小一開始。

台灣父母很怕自家小孩輸在英語學習起跑點上，大部分希望愈早學英語愈好，但英語教學師資嚴重不足的學校，如何從小一開始？而且兒童認知發展正處關鍵期，須多元觸接，要學習更重要的本國語文，豈可重點誤置，全部花在英語學習上？

經過廣泛蒐集法、德、日本、南韓、中國等地資料，發現大部分英語學習課都從小三開始。之後從二〇〇五年起英語教育修正為往下延伸到小三，若想從小一開始，須提送實驗計畫經核定後實施。

英語學習之外，還有本土教育（非單指本土語言教學）。在啟蒙教育中納入本土教材，本是國際正規教育常態，我在牛津劍橋與其他地方，就看過給小孩學的鄉土與社區教材，也看過民國初期上海市出版的小學本土教材。教育部在二〇〇二年成立「本土教育委員會」，但社會對話並不順利，因為重點不在無害的本土教材本身，而是雙方互不信任的意識形態。

教育中立與行政中立

以前教育部長經常要涉入大型選舉，但我主張就「教育基本法」教育中立精神，以及教育部長的象徵性而言，不宜涉入。因此從我以後，教育部政務首長就明確不參與站台、造勢、連署之類的輔選行為。

縱使如此，立院教育及文化委員會在野黨委員還問說你雖然不站台，但選前到各縣市辦理教育座談，是否違背教育中立與行政中立？

我說身為政務官，既未站台也沒參加選舉造勢，若連說明教育政策及做必要辯護都不去，那算什麼政黨政治下的政務官！

高中歷史課綱事件

反服貿黑箱的太陽花學運（二〇一四年三月中旬）結束沒多久，二〇一五年七月就發生民國以來第一次，中學生為了反高中歷史課綱修訂圍攻教育部事件，拒馬及蛇籠團團圍住，教育部淪為孤城，時間長達半年之久。高中歷史課綱爭議，從以前歷史學界內專業觀點之爭，演變成學生與教育部之間的抗爭。

高中歷史課綱第一次嚴重衝突，發生於二〇〇三年我教育部任上，整個高中課綱修訂請台大彭旭明主持，歷史教育學者張元負責高中歷史課綱修訂，杜正勝是高中歷史課綱修訂諮詢小組召集人。這大概是史上第一次要把台灣史變成獨立一冊，而且想將一五〇〇年以後的中國史改放入世界史，來自兩邊不同專業觀點的衝突，演變為專業對專業、不同史觀之間的集團戰，歷史學界、社會、立法院與媒體可說全部失控，連「滅人之國，必先去其史」這種話都講出來了，我們只好跟著坐雲霄飛車，密切觀察情勢的演變。等到平靜下來，該改就改（台灣史獨立一冊），還沒共識的（一五〇〇年以後中國史放入世界史），就等以後再戰。

後面二〇一五年這一次，則牽涉到若干細節史觀，例如將日據改成日治，以及慰安婦等類歷史詮釋問題，又由於外部檢核小組介入歷史課綱制訂程序，竟演變成民國以來第一次中學生大規模對抗教育部的結局。

二〇〇三年想修改歷史課綱的人，主張把中國史改放到世界史，現在卻縮小規格將中國史放入東亞脈絡中。每當政權改變，總有人想介入，強推特定史觀，真是「歷史一直不得安息」！

課綱問題還是交給專業歷史學者，讓他們好好討論，政治儘量要忍住不介入，教育主管機關則要抗拒政治介入。老同學邢義田院士說得對，他說教科書之爭，其實反映了台灣大環境分裂的現實，大環境不和解，雙方沒找到妥協平衡點，就會一直玩零和遊戲，歷史教科書修訂就沒有出路。真的，這只不過是整個國家大環境底下，一個小小縮影而已。

規劃一流大學五年五百億

國家教育措施不能只是除弊，更要興利，除了做中小學階段的除弊工作外，也做了幾件興利規劃，其中與高教有關的，大部分是在我離開教育部後，才得以付諸實施。

教育部二〇〇二年先選出台成清交中央陽明與中山大學，成為七所研究型大學，優先給予補助，是以後推動一流大學計畫的前身。行政院科技顧問會議高教宏觀委員會及全國高等教育白皮書，都曾提出一些相關想法，國際上的高教競爭則早已在五年前開打，剛好行政院想提出五年五千億特別預算案，教育部就在這些基礎上，研擬出一流大學促進方案，爭取納入。

推動一流大學計畫

在此期間，美國早就穩居世界高教龍頭，我去荷蘭萊頓（Leiden）、英國劍橋牛津等地時，發現他們在二〇〇二年剛組成歐洲十二所研究型大學聯盟（在二〇一七年間數已加倍為二十三所），總部祕書處設在比利時魯汶大學。去韓國時，發現ＢＫ21計畫幾乎將一半經費給了漢城國立大學（亦即首爾國立大學，二〇一一年完成法人化改制）。日本則為

COE（卓越中心計畫），但並非以整個大學做區塊補助。中國於一九九〇年代中期，一般高校逾二千所，其中有本科系大學逾一千所，非常選擇性的提出二一一工程（二十一世紀一百所一流大學），以及四十來所重點大學（皆為二一一大學）的九八五計畫（一九九八年五月四日北京大學一百周年時宣布），現在改為雙一流大學（一流大學、一流學科）。

為了規劃這件事，教育部找了不少海內外名家參與諮詢，包括李遠哲與國外具辦學經驗的楊祖佑及朱經武等人在內。但要將計畫放入特別預算案時，碰到了很大阻力。

一流大學第一期每年一百億五年特別預算計畫，採行以整個大學為對象與區塊補助獎勵方式（university-wise and block-funding），而且強調大學總體學術卓越及教育品質，而非只看個別研究計畫及研究中心。

台灣特別講究（狹義的）公平正義，要將特別預算以區塊補助方式，高度選擇性放在少數幾間大學的總體學術卓越與教育品質上，是一件既陌生又犯忌的事，所以反對者不少。注重產學合作的智庫、經濟部技術處與經建會等部門，對難得有這筆特別預算，但竟非以產學為主體，而是放在學術及教育上，也出現不少雜音。

費了不少功夫溝通協調，而且一流大學開始強烈表達支持，一起遊說行政院與立法院，教育部所提「追求世界一流大學計畫」，最終竟成為五年五千億特別預算的旗艦計畫！

啟動與轉型

計畫在我離開教育部一年後（二〇〇五）開始實施，行政院長已換成謝長廷，他找李遠哲來當該旗艦計畫召集人，李跟謝說這個計畫始作俑者是姓黃的，應找來當副召集人，我們見了一次面，謝表示以後他不再管了，由教育部來主辦。第一次審議會議是在杜正勝任上，他在第一次會後說，就請各位分配妥當，意思是請大家共管了。第一梯次審議委員主要來自國內外學界及政府部門，產業界委員有張忠謀、何壽川與黃崇仁幾位。

想要只選四、五間大學攻堅的初衷，因為各種壓力紛至沓來，最後選出十二所大學並另給五間研究中心。二〇〇五年十月公布十二所名單，包括原先已入列的七所研究型大學，再加中興、台科大、政大、長庚、元智。進入複審但沒入選的另給予五個研究中心：中正、台師大、海洋大學、中原、北醫。這些名單以後皆出現小幅變動，到了第二期五年（從一流大學改稱頂尖大學），台師大取代了元智，中醫大、北醫及元智入列研究中心。

台大拿五年期每年三十一億，成大雖然每年十七億經費分配第二高，但卻發了一個出名的「含淚接受」聲明，因為教育部要求列名五年五百億的先決條件，須經校務會議同意將大學轉型為公法人，成大比較守規矩被校務會議罵完後通過，因此很多委屈，才橫空飛來這種「含淚接受」的名言。事後發現其他國立大學雖也被要求，但沒人當真，原因另述。

站在教育部立場，不應獨沽一味，除了學術外，一定要兼顧大學的教育及教學品質，所以後來在高教司陳德華司長擬議與杜正勝部長核定（原為十億一年），以及阿扁加碼下，另追加「教學卓越計畫」一年五十億（包括一般大學與技職，由公務預算支付），讓未能進入一流大學名單的大學申請。

大學不是國民教育，上述兵分二路概念清楚可行，不必混成一鍋煮。一流大學計畫執行一期五年後回歸公務預算（改稱「頂尖大學」，更強調研究中心），兩期共十一年，之後接續的「高教深耕計畫」，結合頂尖大學與教卓計畫，也將典範科技大學計畫併入，獎助方式與過去不同，納入的學校數更多，其相對成效值得再深入做比較評估。

高教的國家投入與困境

教育部經管全國高教常規補助經費年逾千億，佔了本部總經費約三分之一，但只與中國浙江大學或北京大學年度預算相當，與北京清華更難相比。這筆錢除了支應五十幾所國立大學外，尚涵蓋私校獎補助及其他支出，可謂捉襟見肘。

二十多年來台灣高教容量大幅擴增兩倍以上，但各級公私教育總體經費（不含補習之類的民間家庭支出），並未呈比例性增加，基本上還是在四．六～五．〇％GDP左右，高教資源則有嚴重稀釋問題，一流大學經費支出，只約歐美日同級的一半或三分之一以下。台灣是市場經濟社會，卻在教育與醫療上具左派理想，惟無對應左派措施，年度稅收佔GDP比低於國際平均，很難大幅補貼高教，大學的民間捐款又少，學雜費更難調整，這類困境一直難以突破。雪上加霜的是，台灣在少子女化下，不少私立大學校院開始要面對生存問題。

台灣高教至少有兩大類問題，一為優秀或一流大學資源嚴重不足；另一為少子女化與大學容量過多問題。一流大學大部分為國立大學，招生問題不大，受少子女化影響最嚴重的是私校招生，有待轉型或退場。這兩類問題本質上大有不同，須分別因應。

國際排名與M型大學

上海交通大學二〇〇三年發布世界上第一次全球大學排名，倫敦政經學院（LSE）位居四八七，英國社會為之嘩然，上海交大隔年在評估人文社會科學為主的大學時，剔除*Nature*與*Science*的論文權重，結果LSE馬上跳升到二七三名。

英國人在二〇〇四年另做了一套《泰晤士報高教增刊》（*TIMES Higher Education Supplement*）世界大學排名系統，強調國際聲望，簡稱THE，倫敦政經學院跳升世界第十一名。調整評定判準後，短短一年躍升四七六名（487−11），真不可思議！全世界有三十種以上類似排名系統，只看一種顯然不準，可多看幾種來當為辦學參考。

源自上海交通大學的國際大學排名（ARWU），以研究為主，公布初期兩岸大學進入五百大排名的差別不大，台大甚至列名兩岸三地第一，但「中國崛起」後差距一下拉開（圖16高低兩條線）。可見台灣的問題，關鍵在大學資源投入不足，而非能力不夠。

當兩岸大學資源差距不斷拉大時，輿論卻開始攻擊一流與之後的頂尖大學計畫，說因此造成「M型大學」現象：對一般綜合性大學比對技職有利；相對於尖端科學，基礎性學科與人文社會科學較為不利；私立相對比公立大學不利。

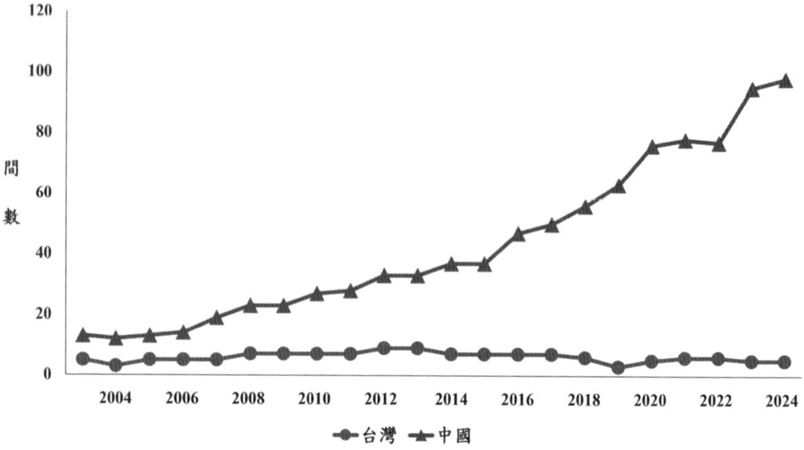

圖16　ARWU世界500大排名間數兩岸比較表
（上下線段分別代表中國與台灣）（來源：徐媛曼教授）

要拚國際一流大學是很昂貴的，以台灣謹小慎微的投入，真想有點效果，大概只能給個五間最多十間。社會心態未見及此，批判連連，政府又無力辯護，真是個困難問題。

清華前校長陳力俊說，台灣學界已有共識，我們的一流大學在國際學術之相對位置，正穩定跌落中。主因是政府與民間投入經費顯有不足，學術攻堅亦非經費分配重點，而且教育部在立委壓力與中央監控下，傾向對大學作細微管理（micromanage），未能讓大學人管大學事。總之，情況很不好。

大學法人化與大學學雜費調整

日本國立大學轉型行政法人化，正是我在教育部之時，還去實地了解過，日本的大學雖因此有了更大彈性，但政府逐年調低補助經費（如一年調低一％），二〇一六年甚至傳出北海道大學因為經費緊縮，想要在六年內裁掉兩百名教授的驚人傳聞，最後打消此議。

我曾應富邦蔡萬才總裁之邀，去與東京大學校長、政治學者佐佐木毅（Takeshi Sasaki）見面，以前東京大學校長高高在上，不會這樣勤於奔走募款的。日本推動國立大學行政法人化後，大學越來越「市場化」，國家對高等教育及科研常規預算支持愈形減少，但透過許多切割出來的經費去弄競爭型計畫，政府對大學的掌控反倒與日俱增。

教育部曾想學日本，改個方式推動國立大學公法人化，但卡在校地仍屬國有財產局所有，大學無法彈性處分校地校產，因此難以籌措教職員退休金、搞注重點研究經費與提供攬才留才誘因。政府在此困境下無力加碼補助，又不願放手，所以沒一間弄得成。

政府若想突破，須修法以克服國有財產局的技術壁壘，並從一流國立大學先找幾間試行，就像首爾國立大學法人化一樣，若只想面面俱到，終將一事無成。

政府難以做足量補貼，又沒辦法從大學公法人上充實辦學資源，那可否在學雜費上調整？行政院曾要我去為一群鼓譟的立法委員解釋大學學雜費調整方案，在會中說明若將學雜費除以個人年均所得，公立為七％私立一四％，全世界幾乎最低，台灣年度稅賦佔比又是國際低標（平均一三～一四％GDP左右），顯然無力補貼大學。聽完後，立委們丟下一句「別人小孩死不完」？我只能爭取依公式留下一個一〇％的調整空間，或由政府於年度籌編預算時部分補貼，但沒多撐過兩年吧，就被輾壓了。

劉兆玄當東吳校長，出任私立大學校院協進會理事長，一直想推動學費鬆綁，認為教育部不應卡死，請我幫寫鬆綁理由書。我說你真要，很快就可給你，但沒用的。之後政權輪替他去行政院當院長，如所預料無法調漲學雜費。

江東亮曾有一說，指出台灣人均GDP雖然持續穩定成長，但國家稅收並未成比例上升（因此難以做更多高教補貼），平均家戶可分配所得一九九七年後幾乎不成長，這些財務缺口越來越大，家庭子女又普遍念大學，除了頂端家戶外，大部分有籌錢問題，提議調高學雜費常引起爭議。因此大學想在國際上競爭，都有嚴重的資源不足問題。

經濟成長多出來的錢，長期以來並未明顯分潤到政府與人民，那究竟跑到哪裡去了？台灣的租稅負擔率本就長期偏低，又在很多地方該課未課，或收不到稅，包括資本利得、地下經濟、進出口貿易與外國人等類收入，台灣一直沒有解決這個大問題，所以台灣實際上做不成大政府，但一直擺出擴張型支出與社會福利國家的態勢，可說是一個不理想的組合。大學人才招聘、實驗設備、合作研究，都要在國際市場上競爭及支付，與純粹國內消費不同，因此應好好討論一下，看看出路在哪裡。

年金改革與高教退休

年金改革約在二〇一八年底定，退休所得替代率大幅調降，若只用專案獎助（如玉山計畫、國科會各項傑出獎勵）、彈性薪資或頒授講座等項協助，則因人數相當有限，而且在職時增加之額外給與，不能計入退休金計算，因此解決不了大學教師退休金縮水困境。大學在招聘新人時，難以馬上適用專案獎助或彈性師資，現在退休前景又不看好，因此難以招聘到具有國際競爭力的年輕優秀師資。

據了解，年改時並非沒有對大學教師做特別考量，如養成過程比較久、起敘比較晚、進入與留任門檻比較高、大學須參與國際競爭並當為國家競爭力火車頭等項。由於公教連動，若要針對大學教師做特別考量，則須先做好公教分離，再調高大學教師薪資級距表，但因很難在不調中小學下只調大學，又無財源足以兩邊都調，所以，卡住！甚至想藉提高現職學術加給，並改變計算基礎來增加退休給與的方式，亦未能成功。

二〇一九年施振榮等產業界領導人透過工研院，提出高等教研人才的特殊或附加年金制，之後在二〇二二年全國大學校長會議中，賀陳弘等人提出「附加年金」方式，以補足大學教師在年改中減少的退休金；學界如朱敬一所提議的附加年金方式，則另適用於國際級大學教師或研究人員身上。附加年金的設計類似加買保險的概念，由當事人、國立大學、研究機關與國家分攤，這類主張是否可行，是否需先修法，皆尚須做更仔細考量，目前尚無進度，教育部亦未提出相關規劃。私立大學如逢甲大學協助教職員在退休前，另提薪資五%或以上，學校相對提撥最多五%至退休為止，再由教職員自組福利儲金委員會操作，該一方式已行之有年，少數私立大學也有採行類似措施者，但在推動新的私校退撫制度後，已只剩下逢甲大學（或仍有其他一兩間大學）持續實施中。

產業與大學的互動

台灣的產業總體規模遠超過高教，高科技產業人才又大半來自本國大學所培育菁英。惟就國際比較而言，台灣大型產業多，但出面設大學及大筆捐助者相對少，遠遜於南韓的大企業，他們積極參與辦學，已將韓國私立大學的總體聲望與實力提升到國立大學之上，尤其後來首爾國立大學為充裕經費籌措改為公法人後，南韓國立大學更難與有名私校爭鋒。

台灣的大企業出面創辦大學者，除了上一代的大同、台塑、遠東與義守等企業外，尚難看到其他大企業與當代火紅的高科技大產業，有積極性作為。台灣的大企業規模不比南韓小，所缺者大概就是本身的使命感與責任感，還有政策上的鼓勵力道與抵稅誘因不足吧。

至於台灣的中小企業，產業總體規模亦甚龐大，若能加強協助大學發展應用產業科技、增加產學合作、設立實驗室、捐助及經營大學等方式，循序漸進，拉高格局，應可互利互惠。

舉辦全國高教發展會議

要處理這些重大問題，最好配合舉辦全國高教發展會議，制定高教藍圖，規劃出高教發展的戰略與路徑圖（master plan and road map），讓大學與產業界有更多互動。

路徑之一，可參考一九七〇年代推動國家重大基礎設施及科技產業的「台灣經驗」，將大學視為重大基礎設施的一環來推動，並納入新興特別預算專案計畫之中。

為提升國家總體學術與國家競爭力，過去科技與教育首長定期聚會制度應可再恢復，讓中研院院長、一流大學校長（如推舉或輪流兩位）、行政院副院長、政務委員、教育部長、國科會主委、經濟部長，得以在此一互動平台上討論，協助解決當前迫切問題。

回復台灣高教的精神面貌

二十多年前台灣高教的精神面貌，與今日大有不同，如底下幾項：

（一）以前高教大筆預算卡在立法院時，教育部聯合台清交成、政大、中央、陽明等校，陳維昭、徐遐生、張俊彥、高強、鄭瑞城、劉兆漢與吳妍華校長，到立院拜會相關人士要求解凍。

（二）以前在有特定高教主張或緊急狀況時，常由台大校長領頭連署發聲，爭取社會支持或政策調整。

（三）以前在全國大學校長會議開議時，總統出席，群賢畢至，研議未來高教發展主規劃圖與路徑圖，政府部門賣力配合演出，研提國家型計畫，匯聚成流。

教育部與大學在這段期間，都認為該給高教更大自由度，所以曾仿效英國高教撥款委員會（Funding Council，為獨立機關，但受國會監督），在教育部內設置具　定程度獨立之政策與經費審議功能的「高等教育審議委員會」。以前行政院教改會曾倡議過類似機制，也符應我一向「讓大學人管大學事」的主張。

惟二〇〇三年七月啟動審議委員會後，外界針對該一部中會，提出「有權無責」的疑慮，朝小野大的立法院，認為權責不清又難以做國會監督。最後，該委員會的設置與運作要點，於二〇〇四年十月廢止。教育部另於二〇一二年後依法設立同名之「高等教育審議委員會」，惟已改以一般高教事項審議為主。

荒謬但不應做錯的教育決策

我在教育部碰過幾件荒謬至極、令人啼笑皆非之事，但必須謹慎處理，否則小事也可能變大事。

奧林匹亞生物科弊案

來任之初，在選派國內高中生出國參加奧林匹亞科學競賽這件大事上，爆發了生物科遴選塗改及偽造成績情事，檢調偵騎四出立院砲轟社會譁然。

本案水落石出並做懲處後，有人不懷好意，藉機要求停辦各項科展，並停止遴選奧林匹亞參賽選手，我們不理會這種因噎廢食的負面提議，另在教育部與國科會年底（二○○二）聯合召開的「第一次全國科學教育會議」中，討論如何辦好這些事務。

國立大學教授宿舍風波

二○○三年八月行政院要將國立大學「閒置」的教師宿舍用地，收歸國有財產局，教育部陪同校長們到行政院會商。台大當天下午乾脆召開記者會，讓十來位白髮蒼蒼退休老教授坐成一排，連話都不用講，政府輸了。

還有類似情事，行政院想將建中對面一向由教育部經管、久負盛名的文化園區，全部改為植物園自然生態區，我對幾位參與規劃的政務委員老友，尤其是專業當過九二一重建會副執行長的林盛豐，建議不要沒事找事做。結果真的，漢寶德等文化界大老都不忍了，出來痛批，當然就做不下去了。

大學校長排名與舉手表態

國立大學校長每年都要去一次立法院教育文化與預算委員會聯合會，審每個學校預算，委員不爽幾位校長，就叫南部校長全上台去，讓我給這七、八位校長排個名次。我說校長不應這樣排名的。

這些委員也曾對在場五十幾位國立大學校長說，贊成恢復傳統聯招的請舉手，我一樣出來，請委員不要當場強迫校長，在未經充分討論下舉手表態。

立法院聯席會坐滿記者，立法委員自會斟酌，大體上算有分寸，但若不先出手阻擋，那可是會釀成鬧劇悲劇的。

大學校長遴選事件

當年國立大學校長遴選，會送部做第二階段委員會遴選，某次遴選一位國立大學校長，最後在部選出簽定後，送行政院核備，但傳聞出現國安問題，在國家音樂廳被阿扁碰到，他也表達關切之意。之後我打電話給國安會祕書長，以朋友立場說明一流國立大學校長具象徵性，有證據一定配合，但若無明確證據，仍用國安理由卡人，那麻煩你們自己換，要不然換我走人也可以。最後因沒證據，自動結案。

北醫有一年董事會選出本職為美國大學教授的校長人選，不符教育人員任用條例規定，須先有當過大學一級主管的資格，此人大概三級以下，名單送教育部後，校內仍有糾紛。

北醫董事會急了，前來磋商，其中一位董事氣勢很旺，一來就表示不滿，說教育部不支持。我說你先認定我們不支持，那今天還要再談嗎？混亂一陣後終於知道前後大概，覺得應該支持。

為了給未來就任校長有個尊嚴，就請吳聰能主祕（時兼高教司長）召開所有醫學校院長諮詢會議，來認可這件事。事後北醫原創辦人之一仍然告進監察院，約談了幾位高教司同仁，但因有通過該一程序，基本上沒什麼問題。北醫已被教育部接管重組董事會二十餘年，後來在杜正勝部長任上，重組董事會，新任校長與新董事會之間磨合得並不順利，那是後話。

私校接管訴訟

我一到教育部馬上成為五十幾案職務型被告，大部分與接管私校有關。私校法精神是捐資興學而非投資辦學（這是早期傾向社會主義式，強調私校公共性的立法，一直沒改過），但私校原董事會成員一狀告進行政法院，好像認定政府侵佔民間財產一樣。下來的判決主文經常說，你教育部其實不該這樣做，但若說你不對，並不符社會公益，原訴駁回。類此判決，讓人腦袋更加混亂。

以前不是沒被告過，年輕時當過消基會董事，並擔任《消費者報導》雜誌社社長，後來因為報導白金寶石不實廣告事跡，被一狀告到地院，雜誌社發行人白省三、總編輯章樂綺與我三人都被告「加重誹謗」，訴訟程序開始後，李伸一及林世華兩位大律師建議我暫不出庭，看是否會來拘提，以研判官司進行方向。判決下來，先說找屢傳不到、藐視法庭，但因係屬可受公評之事，判我們無罪。這種法律訴訟清清楚楚。

教育部官司大部分很複雜又糾纏不休，如桃園永平工商在民國八十四年、九十年改選董事會後，送省教育廳（精省前）與教育部核備的糾紛（同一件事）。赴任時，已經纏訟多年，一直未能核定。檢調單位曾到我辦公室播放監聽多次後的混合長錄音，內容都是一些中辦同仁與永平工商之間的對話，我說聽出不法嗎？他們花了大精神監聽，但找不到違法線索，也不說沒事；私校諮詢委員會及政風處亦未能做出結論，就這樣僵在那邊。

立法院與監察院為了這件事，一直有人在找教育部給個交代，最後幾位立委揪了個小團，出了一個爛招，凍結高教經費，剛開始時差點挾持了整個立法院。

永平工商案與高教經費解凍

立法院少數幾位無黨籍委員，藉永平工商案凍結高教經費一百七十多億，將這兩個全無關聯的事情煮成一鍋，用凍結來逼教育部就範，想藉此解決七年未能搞定的大案，又連累到無關此案的高教，真是豈有此理，應先脫鉤，因此提出解凍案。

立院黨團總召及立法院長都很頭痛，擔心若我們這個案子（有兩個凍結案）到時被卡，會連累到其他十五項解凍案，要求不要提出，但我職責所在，仍與幾位帶頭大學校長聯合遊說，並透過表決解凍。後來這兩案過關，有一案差一票就全票通過，另一案全票通過，亦即連提案委員自己都同意解凍。

本案若再拖延留給下任，一定成為更爛的爛尾樓，最好離部時將它解決掉。因此在高教經費問題脫鉤解決後，即請中辦承辦人提出永平工商董事會的合法處理方式，我在離開教育部前一天下午批出（下午歡送，隔天早上交接），讓相關人等至少在這兩天來不及到高層告狀攻防，也替國家公務人員解套。

嗣後檢查署要求到署裡去約詢作證，這還了得，剛離任部長就進檢察署！另請法規會林淑真參事協助，改約到仁愛路福華喝咖啡（變成由檢察署付錢）。作證之後，學校開始正常運作，這案子仍有一些殘餘法律攻防，但大體結束了。

跳脫困境與荒謬向前看

全國教育事務困境不少，荒謬不斷，但不能老被一些沒道理的負面說詞與情緒綁架，應該經常跳出來向前看。

建立平台尋求共識與願景

回顧當時，教育部為尋求共識與建立願景，召開過不少重要會議，如全國科學教育會議、全國技職教育會議、全國高職會議、全國高中教育發展會議與全國教育發展會議，並依優先順序，規劃出第二期五年教育促進方案。

全國教育發展會議在功能上，取代了過去不定期舉辦但有屆數的全國教育會議。一九九四年在四一〇行動後，曾舉辦第七次全國教育會議（郭為藩時任部長），二〇一〇年才再度舉辦第八次，在這中間，為部分回應十年教改、九年一貫課程、研議推動十二年國教在內的國民教育改革、高教精進及其他議題，更為了向前看，另行在SARS仍然肆虐下，於二〇〇三年九月十三～十四日，召開具規模的全國教育發展會議，不特別使用全國教育會議大費周章的形式與籌備方式，而強調其功能性。丁肇中院士剛好回國，前來祝賀，他母親曾在台大心理系任教過，我也因此在徐遐生校長邀請下，出席清華大學頒授他榮譽博士的典禮。

部外館團台堂所的全盛時期

我一向喜好博物館與美術館，范巽綠政次熱衷文化事務，周燦德與劉奕權是先後任社教司長，我們合力將分散各地的部外教科文展演機構整合起來。

首先要先找到適格且聲望卓著的館長（curator）。我與李家維及顏鴻森不熟，李家維是傑出的細胞生物學家，應是最能傳承光大漢寶德精神的科博館館長人選；顏鴻森則是研究機構設計與古機械復原及古銅鎖的專家，當科工館館長最合適了。因此就費勁請他們過來，並給予全力支持。海生館已有富創意的海洋生物學家方力行，他後來與我一起到立法院遊說修法，讓熱門的海生館內，得以與東華大學合辦兩個可修碩士學位的研究所。徐國士與柯正峰是前後任科教館館長，這裡是台灣中小學科展與競賽的發源地，正經歷困難的遷建與轉型過程。

還有幾位聲名在外的首長，黃光男任史博館館長，是一位連住院也要在傍晚溜出來，主持國際知名博物館大展的拚命三郎；設在南島語族原鄉之地的史前博物館，則由知名考古人類學家臧振華慘澹經營；張瑞濱坐鎮最富傳統聲名的國父紀念館；曾坤地負責經常要因應陳抗的中正紀念堂；朱宗慶正在將兩廳院與NSO（國家交響樂團）轉型，成為中央政府第一個行政法人；圖書館學家莊芳榮經營國家圖書館；揚名國際的國光劇團由陳兆虎擔綱；陳克允治理分台及廣播站遍設全台及外島的教育廣播電台；早期發掘過不少藝術與音樂人才的藝術教育館由陳篤正負責；黃世昌則仍在籌建一波三折的海科館。教育部還有一個很特殊、唯一的專業研究所，陳介甫已在中國醫藥研究所那邊，當了十幾年所長。

館團台堂所皆屬分立的文化預算，全部加起來年度經費約五十億上下，包含人事與業務費，因此只能做常規小整修，在累積性的營養不良下，需要有大修的額外經費，才能符應每年千萬人次的參訪、學習及演出。他們在我主持開完會後，就聯合提出專案，由顏鴻森彙總，向經建會申請三年期總數三十億的「國立社教機構服務升級計畫」，張景森時任經建會副主委，在計畫審議過程中曾來電詢問，經過說明後大力支持。

那段期間可能是教育部館團台堂所的全盛時期，現在已有不少館團台堂所改隸，人事滄桑莫此為甚，心中時有懷念。

我在過去二十年內，曾在幾本書內談論教育部與若干高教及大學議題*，請參閱。

台灣教改的多元面向

二〇〇三年總統選戰開打，在野黨宣稱要追究大學變多的責任，要求停止九年一貫課程與建構式數學，並恢復傳統聯招與教科書統編。這是老問題發作，我職責所在，聯絡國民黨智庫負責教育事務的楊朝祥前部長，先討論大學變多是誰的責任。

這幾件事被一些人指稱是十年教改所造成的後果，已如前文所述，但這是公允之論嗎？

大學變多的究責問題

先看兩個不同問題：(1)大專（也就是高教）總量何時變多？(2)大學（包括學院，但不含專科）何時變多？圖17可看出，大專總量於一九九〇年時約一二五間，一九九九年約一五〇間，二〇〇〇年約一五五間，二〇一〇年約一六〇間。所以急速升格改制大學變多之前，大專總量已到一五〇間，大學（含學院）於一九九九～二〇〇〇年變多後，大專總量並無顯著變化，但不少專科急速被升格成學院，再改名為大學。

台灣出生人口於民國八十七年呈現比較「明顯」下降，大學卻在民國八十八年（一九九九），大量從私立專科變成學院，增加了快四十間，民國八十九年（二〇〇〇）第一次政黨輪替後，又多了十來間，台灣的大學數量就是這樣被急速撐出來的（但大專總校數基本上沒變）。

從此以後，高教淨在學率（計算基礎為不含五專前三年的大專生）已逾七〇％，增幅至少兩三倍，主要係大學數目增多後容量又擴增之故。

＊黃榮村（二〇〇五）。《在槍聲中且歌且走：教育的格局與遠見》。台北市：天下文化。
黃榮村（二〇一四）。《大學的教養與反叛》。新北市：印刻。
黃榮村（二〇一八）。《從沒停止過的思念》。新北市：印刻。
黃榮村（二〇一八）。《在困境與危機中做決策》。新北市：印刻。

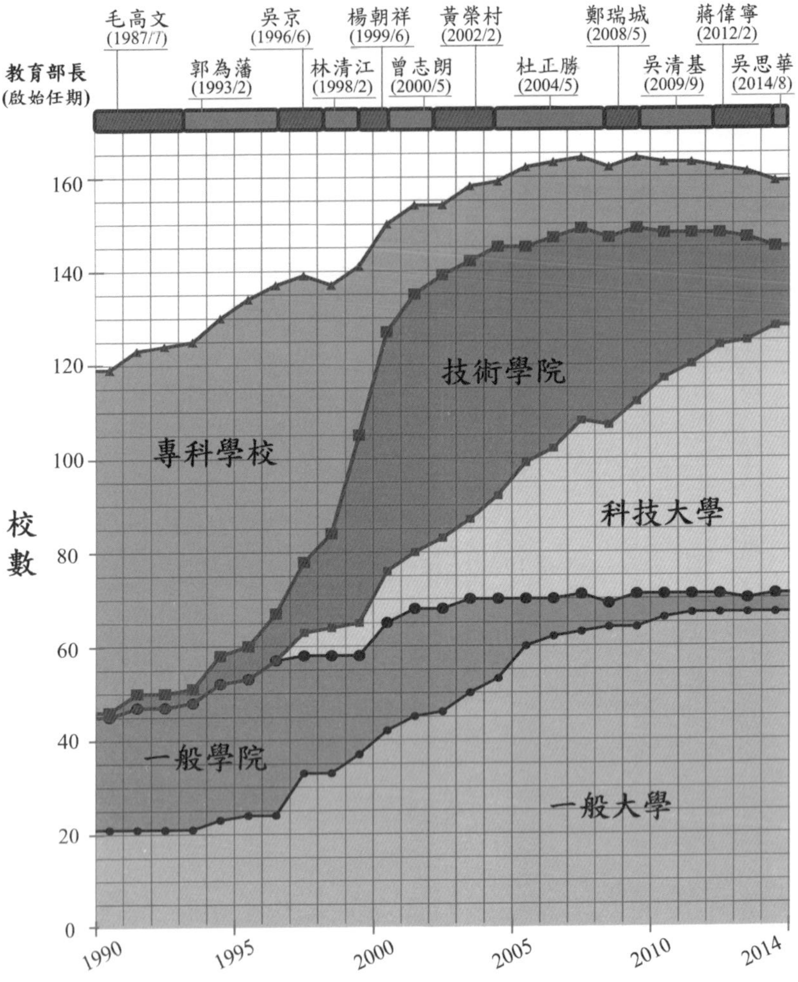

圖17　大專校院校數變動趨勢圖（1990-2014）

（各類別學校累加數。資料來源：教育部統計處）

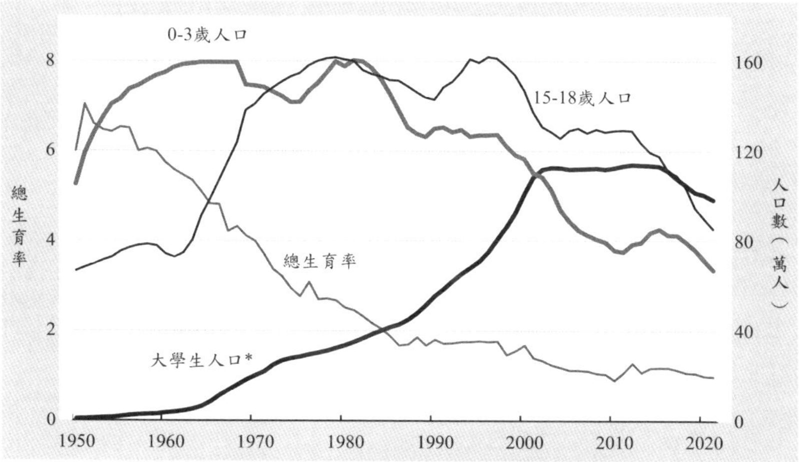

圖18　生育轉型及大學生人口的變動趨勢
（*所有專科及大學部學生，不含研究生）（來源：江東亮教授）

很多人對造成這個現象的原因大惑不解，說一九九九年出生人口開始明顯下降，為什麼沒警覺到要緩升緩設？

這是事後看問題，道行加三級。一九九九、二〇〇〇年時很多專科提出升格申請，那時是大選年，無人曾以有充分數據的模式明確示警（包括經建會、內政部、教育部、人口學家及教育學者，以及後來一直想要究責的人），指出中小學與大專預期會出現的招生風險。行政院教改會曾專案討論人口數變化與國教之間的關係，一九九六年底提出教改總諮議報告書，在那段期間想要提前抓到這些警訊應該更為困難。

圖18可看出，總生育率在一九六〇～一九八五期間持續下滑，十五～十八歲人

口及〇～三歲人口一九九八年後也有下降趨勢。因此人口逐漸下滑的趨勢不難理解，問題在於沒有看到非連續性的大幅降落，而且在一九九九年之前，大學總量尚處於供不應求狀態，雖有人曾就人口的長期下降表達過憂慮，但很難提出具體警告，也沒人當真，高教政策上亦未有相對應調整。等到人口大幅降落又大量增加大學後，當然很快就知道了。

在大選壓力下違反行政慣例

真正嚴重的問題是，為何短短一九九九一年內，升格那麼多學校？而且升格是有嚴格條件的，如校地要更大，何以私校能在短短時間內就達成要求？

若慢慢升格幾間再做滾動修正，應該可以在來不及之前，看到漸趨明顯的少子女化，並將大學容量納入政策考量。台北工專於一九九四年升格改制為國立台北技術學院（郭為藩部長期間），以及吳京部長一九九六年開始倡議第二教育國道，鼓勵績優專科改制為技術學院，開始政策性讓專科升格，在時間上都早於教改會所提出之總諮議報告書（一九九六年底），兩者皆採少數緩慢升格改制，所以沒出什麼問題。

一九九九年這種急速通過數十校升格改制的做法，顯然不符行政常規！大概是急著要兌現大選前後所做承諾，而產生爆炸性中辦案件與刻意壓縮的審議流程。以前專科改制為技術學院，後查確有年度限額六間之審議慣例，但卻在一九九九～二〇〇〇年大選期間，橫遭破壞。

陳明印另告訴我，一九九九年經濟部在立委強大壓力下，通過經濟部所屬國有土地（如台糖地）租賃要點予以開放，亦可供專科提出升格改制學院者，儘速補足所需擴增校地。這件事亦可視為協助促成，在短期間內大量升格改制的背後推手。

很多好事者關心，國民黨與民進黨應各負多少責任？這是個無聊問題，因為都在大選壓力下，偏離行政常規，真是哥倆好，所以各打五十大板後，還是快速因應善後比較重要。

我與楊前部長討論之後，對如何處理上述濫情的教育主張建立起共識，感謝仍有明理之人協助踩了剎車，沒讓教育被端上政治祭壇。不過看起來，這是一個日後會來反覆糾纏的不祥徵兆。

後來離開教育部，應邀到國科會在台北主辦的科學及數學教育各國代表會議做主題演講，代表們都很羡慕台灣的國民教育、建構數學與高等教育，居然都能成為總統大選主題。我比較悲觀，政治愛介入不是個好兆頭。

日後承台大社會系薛承泰教授告知，我曾在二〇〇三～二〇〇四年間，請他到教育部做了兩次演講，談少子女化與高教發展問題，雖然那時趨勢仍未明顯。離部後我到台師大與其他大學演講，提出民一〇五年以後要開始小心招生問題（因為一九九八年出生的小孩，十八年後要考大學，而且接下來考大學的年輕人會逐年再減），當時很多人還不以為然，國立大學更沒放在心上，不過也很快都弄懂了。

行政院教改會如何呼應廣設大學的主張

惟仍有人強烈認為大學數目在短期間內不當增多，與一九九四年民間四一〇行動的「廣設高中大學」主張有關，教改會與李遠哲予以背書，也應該負起責任！

「廣設高中大學」的主張應為公立之意，旨在提升低下的大學淨在學率（特指不含專科在內的大學淨在學率，一九六〇年代不到一〇%，三十年後應仍低於三〇%），並補充國家長期不足之教育投入。

教改會係行政院為回應四一〇行動而設，教改總諮議報告書上與高教容量有關的文字，在綜合建議部分，有一小段由教改會高教小組研擬，孫震校長執筆，呼應四一〇廣設大學主張的細節文字：「從社會整體及個人需要觀察，我國高等教育都應繼續擴充，最好做法是由政府掌握公立學校部分，加以規劃，而讓私立學校部分自由調節，以適應社會需求。」（頁30）另有相關的「高等教育的鬆綁，包括高等教育容量應繼續增加（研究型大學除外）……」（頁摘7）、「宜在擴增數量的過程中，彰顯各類學府的獨特功能：為滿足高等教育需求，高等教育容量的適度擴充允宜持續；其中公立學校的成長宜減緩，私立學校則可以較大幅度擴增。」（頁60）等文字。

因此，教改會確實建議高等教育容量應繼續擴張，不過與四一〇認為應以公立學校成長為優先的主張，並不相符。但從這些僅有的文字，難以認定後來大學數目的急速增加，係單獨受到教改會主張的影響。教改會與李遠哲長久以來被單一究責，應有其他理由或來自誤解。

我對教改的一些看法

四一〇是台灣第一個大型的民間教改行動，惟四一〇並不等於台灣教改，台灣教改也不能等同於台灣的教育。

四一〇、行政院教改會與教育部的辯證關係

一九九四年四月十日，台大黃武雄教授結合民間團體（包括澄社，我時任社長），發動四一〇教改行動，提出四大具體訴求「小班小校、教育現代化、廣設高中大學、制訂教育基本法」。一九九四同年舉辦第七次全國教育會議，郭為藩部長建議行政院成立教改會，由剛出任中研院院長的李遠哲擔任召集人，參考十年前日本首相辦公室成立臨教審之經驗，提出現代化、鬆綁、教育中立、建立新價值為核心概念，在一九九六年底提出「教改總諮議報告書」。這些作為都有向社會說明政府要回應四一〇的意思在。

台灣在一九五四年開辦考招合一的大學聯考，一九六八年開始全面推動九年國民義務教育。台灣的大學入學方式不管考招合一，與後來的考招分離、多元入學，標舉的都是「公平」；九年國教與現在的十二年國教則凸顯「正義」。因這些努力，「公平與正義」已成為台灣招牌，但以前教育經費相當有限，難以小班小校，又因為將教育視為「精神國防」，使得中小學教育階段衍生出管理主義及不夠現代化的問題，而成為四一〇大力批判的對象。

以今視昔，若將台灣各級教育的分階段演進，粗分為：公平／正義↓鬆綁／現代化

↓多元卓越↓國際化，則四一〇與教改會時，應係處於鬆綁／現代化的第二階段，因此兩者特別針對中小學，適時提出鬆綁及現代化（包括教育中立）的主張，可謂符合時代進程。

四一〇是草根運動式、大遊行提大主張、以學生與家長為核心，強烈認定政府應從結構面做出具體的體制及政策改革。四一〇就像滾雪球般擴大影響面，啟動建置社區大學與實驗學校，打開教育自由化風潮。

教改會則是傾向體制內、論壇式、結合學界政府與企業界、尋訪教師與家長意見，以出版諮議書方式回應四一〇，並提出改革主張，三十一位審議委員可說大部分居於廟堂之上，能在不少面向上聲援四一〇，相當不容易。

教改會與總諮議報告書，主要以諮詢建議與揭示理念為主，是台灣教育史上接續四一〇教改的一個重要事件，但其中所揭示的若干理念，並無充分對應的教育實務措施配合推動，因此難以評估是否像四一〇一樣，已經發揮過具體的教育效應。

四一〇的發起人及參與團體在評價教改會時，心情想必是複雜的，教改會理應協助四一〇落實體制改革，惟因各種因素，難以做好這個角色，甚至有些提議方向與四一〇原先主張不符。

至於延續教改會的行政院教改推動小組，與教育部所推出的教改行動方案，亦未能針對體制的結構性缺失，就國家總體立場提出有效解方，如協助跨部會整合，增加各級教育經費或以特別預算支應，以及提供國家級誘因讓產業進來協助。

四一〇倏忽三十年有感

台灣教改是逢人萬面僧，人人各有體會。二〇二四年是四一〇教改行動三十周年，在這三十年中，社會上仍是各執己見，難有通說。江東亮用關鍵字「教改」去查Google Trends，若將二〇〇四年初（一九九四年四一〇後之教改十年爭議）的教改搜尋熱度，也就是我在教育部任上時，訂為一〇〇，則發現往後的搜尋熱度以負指數函數方式急速下降，再過十年到二〇一三年，熱度已降到不及十分之一，最近因教改三十年稍微炒熱一點，之後回歸五%以下。這意思大概是社會已不再糾纏於過去的教改，而是另有更切身的教育關切。

底下是我三點小小感想：

（一）四一〇教改行動是具有活力的民間思維，與教改會之體制內思維當然不同，而且教改會獨立性高，並未與四一〇全面對接，行政院與教育部也難以解放結構問題，四一〇朋友應該不會高興。教改會在提出總諮議報告書後，幾乎就停止運作，不過四一〇草根力量大，持續在台灣社會中衝出一片大局面。

（二）四一〇是多年來推動教改的主體，教改會是輔助性角色，教育部應做好政策與執行，行政院則應協助跨部會整合，並提供國家級誘因讓產業進來協助，各就各位。可惜台灣一再錯失這些機會，又卡得太緊未能鬆綁，行政院與教育部確實要在這些結構因素上再多做努力。

（三）四一〇之後台灣教改三十年，累積了不少歷史迷霧，以及互相之間的不滿意，再要去一一釐清，大概費時傷神、於事無補，只希望大家體認到，經由各方努力後，台灣的教育雖因時代變化，困境從未少過，但進步的軌跡歷歷在目，吵歸吵，又何必妄自菲薄呢！

回看教改路

教改十年爭議時，教育部常安排記者會或去縣市座談與說明。但這類解釋溝通的賞味期，大約只有兩個星期，之後就回歸既有成見固定點，這是思考與推論的盲點，大部分人不願意去了解這十年中，是否已發生了什麼變化。

教改會討論重心大部分放在教育體制與中小學。四一〇過後十年，焦點仍在中小學（如九年一貫、建構數學），惟已非原來教改項目。現在則離當年教改內容更遠，如十二年國教、一〇八課綱、素養教育、製作學習歷程檔案、學習ChatGPT（一種可以對話互動的生成式AI）之類；還有科學界與產業界所最關心的，就讀大學理工科系學生是否已逐年減少，以及新課綱修訂後，進入理工科系學生的數學與科學能力是否變差。這些都是大問題，但已非從前所談論的教改議題。

教改與教育一樣，是一直在演進的，不能用成功或失敗這種煽情語言，來輕率概括論定。就我接觸到的指標與資料（非指主觀感覺），應該大部分已經做出改進，如四一〇的四大具體主張、中小學的學習成效與國際比較、大學教育品質與學術表現的提升、教育制度與教學現場的彈性多元及現代化，以及民間社區大學與實驗教育蓬勃發展，這些項目都有實際指標可供評估。喜歡講教改失敗的人一直沒少過，但總該在討論平台上正負表列，講個清楚，不要輕率用總結式煽情語言，誤導人民的判斷。

每當我這樣想這樣講的時候，總覺得外面那幾個要來究責的人，你愈講這些話，愈想翻過這一頁，他們愈覺得是在卸責。兩邊看法確有落差，要多深入了解這些不滿意，與一直想究責的真正原因。

李遠哲與教改

李回台後最初十多年，在學術領導與科技發展上做出巨大貢獻，也沒什麼爭議，但在社會關懷面（以教改為主）卻常起波瀾。有一小群鍥而不捨的人，就強烈認定他做了三件「不能撇清」的事：⑴大學增多，搞到今天岌岌可危。⑵主張廢高職與減少技職容量，無視社會及產業需求，嚴重傷害高職發展。⑶推動教授治校，以致大學學風沉淪。

這些應都是偏頗之論，李屢被類似言論攻擊，遠因出在台灣第一次政黨輪替前後，明確表態靠邊，很多人佩服他，但也違反了另外一些人對李的既定期待，而無法釋懷。

產業界對第二點尤其在意，十來年前我與吳東亮董事長談起來，發現這件事已被扭曲到一定程度。李遠哲確曾說過廢高職之類的話，引起高職專科生家長及老師大反彈，後來大家（包括幾位教改會委員）覺得，台美國情確有不同，台灣在人力規劃概念下所做的高中職提前分流，尚有其時代與社會必要性，不宜輕言廢止。所以這類講法純為一句話，從未寫入教改總諮議報告書，教育部也未因此形成政策，高職當然也還在。

以當時情況，縱使寫入也無作用，因行政院並未正式核定總諮議報告書，李登輝在時任總統府祕書長黃昆輝建議下，亦未表認同，教育部長吳京更主張教育部就是教改部，教改會的建議當參考即可。

後來劉兆玄以行政院副院長身分，在一九九七年九月後，接替徐立德所主持的教改推動小組（曾憲政加入前期，我加入後期，我們與劉兆玄都是前教改會委員），研議教改總諮議報告書的後續工作，教育部林清江部長在吳京之後，負責提出具體方案，來呼應後期小組會議中所研擬出來的十二大教改行動，其中前十個與四一〇主張及行政院教改會諮議報告書有關，但大部分是教育部本來已在執行的連續性方案，所有提出的行動方案中，皆未提及要改變高職現狀。

就第三點而言，教授治校會導致學風沉淪？隨意指控的人太沒常識。何況這僅是校園民主化中一個主張，李在此過程亦未扮演特殊角色，若硬要說他講了一兩句話，全國大學都會聽其號令，以致一起沉淪，那就太可笑也太不瞭解大學校園的氛圍了。而且現在大學內，學生的主張與校務行政團隊的治理角色愈形強勢，豈有教授治校這回事！

至於最重要的第一點，我已做詳細析論，再做一點補充。一九九九～二〇〇〇年大學增加過於快速，確實是政府在大選期間未依行政慣例處理所致，與教改會及李遠哲又有何干？已看過本書這一章的人，應該瞭然於心。惟就連這點粗淺了解，及其產生的後果，我在碰到十年教改爭議的教育部任上，其實還無法釐清，是後來才慢慢弄清楚的。

李遠哲在二〇二四年出版的口述傳記《返鄉記》中，怪我在教育部長任上，沒有把廣設大學與建構數學這兩件與教改會不相干的事講清楚。在這裡坦白做一交代，我那時真的還無能力亦無足夠遠見，來清楚說明其中的關鍵點，真是一筆糊塗帳，慚愧慚愧！

但也不能以今天的觀點說，當時不應增加大學，因為台灣的大學淨在學率那時仍低於先進國家，且社會上更急切要求擴大大學容量，縱使已知二十年後就讀人學人口將大幅減少，也不可能此時就凍結大學數量與容量吧！這種狀況與交通或住宅需求是一樣的，不可能因二十年後人口會大量減少，而凍結現在已經不足之交通與住宅的擴建工作。

時至今日，日本、南韓與不少國家，一樣都有嚴重少子女化問題，因此高教經營也是搖搖欲墜，嚴重程度不下於台灣。日韓社會難道會自以為是，四處尋找替罪羔羊，出獵日韓的「李遠哲」？政府與大學當然有責任解決衍生的問題，但社會繼續獵狐？免了吧！有些是時代變化下不可避免的結構困境，還是多花點時間找出路，才是正辦。

台灣的教改為何這麼困難？

台灣教改存在不少互相拉扯的對立理念，就像零和遊戲，如既要量的解放又要質的提升、多元入學下開始懷念傳統式聯招、既要學力提升又要降低學習壓力。這些互相衝突的期望，深藏在系統裡面，是一個不穩定的動態系統，很難找到均衡解。看起來教改最好是先求局部均衡，局部的改，若什麼都要衡平考量，大概很難吧。

以前國中有能力編班問題，尤其在中南部。主張與反對全校能力分班的家長，分別來自不同社會經濟階層，很難達成全面均衡。一個合理的局部均衡方式，是小規模針對有學習落差，或受城鄉及社會經濟影響的學科，如數學與英文，在常態編班下，採用小規模能力分組（如兩三班混合分組，而非整個年級或全校）進行補強。

台灣中小學生在TIMSS、PISA、國際奧林匹亞競賽等客觀指標，尤其數學與科學能力表現，一直高居世界排行前五名或前三名，但主觀指標卻很不理想，包括對教改不滿、學習壓力過大、城鄉落差等。

台灣教改大部分是在民意及國際比較下，想改正缺失而提出的改革芻議，但若時機未到，一旦實施常有爭議。很多當年的紛爭，現在已無多少爭議（如鬆綁與政治中立；推甄、申請、繁星所涉及之公平正義問題），因為家長及社會的主觀心態已隨時代調整。

與沈君山的對話

台灣教改在社會共識下推動，客觀成果良好，但後來一說到教改實務，對一些人來說，卻好像在宣洩「受害經驗」，亦即雖有優秀的總體平均指標，仍然無法避免出現這類主觀的不滿心情與受苦反應。這中間究竟發生了什麼事？

沈君山二〇〇三年給我一封信，講他所碰到的困境：「……我的小兒子今年剛讀完國一，受建構數學之害頗深，每次受罪，就指著我說都是爸爸害的。這次收到兄和弟都簽名其上的教改諮議報告書，想起當年李院長帶著我們連開了36＋15＝51次會，三十六次委員會議每次他必親自到，從頭坐到尾，一絲不苟，我們也跟著流汗，而今卻被兒子指著鼻子罵，真是感慨萬千。」

我在回信中說：「聽到世兄嘟嘟嚷嚷說都是你害的，令人動容！建構數學還有不能學九九乘法這件事，實非教改總諮議報告書的主張，弟在二〇〇二年底即已大幅促其調整，而且也改掉九年一貫課綱課程的若干重大缺失，但已經是滿頭大汗。大學多元入學方案更要與各大學折衝往返，不勝疲累，方有今日的略有改進。十年教改我們都是八方風雨會中州下的受害者。」

我們兩人都自稱是受害者，其實是不對的，再怎麼講我們都是上一代人，談不上受不受害，該關切該解套的是不能讓下一代受害。

非意圖性後果

英文有一句常用的話「遠離原意」（defeat the purpose），意指有違初衷，所作所為打敗了原意。台灣教改想要解除過去的教育受害經驗，凝聚共識推動改革，國際指標續有改進，但卻在一些人身上產生了另一種主觀受害經驗，因此有人開始嚴厲批判過去的教改有違初衷，或者稱為「非意圖性後果」（unintended consequences）。

後面這種說法，首先來自我的老同事黃光國，他已經用這個詞拿來批判過幾位國家領導人與公共決策，我有時也會拿來警惕自己，但認為不宜套用到內容複雜的教改上，說台灣教改已經產生一堆負面的非意圖性後果，尤其當整個立論是建立在「教改失敗」這個錯誤的假設之上時。

惟過去推動教改的人，還是應該放下身段，好好面對身在局中的家長。教改爭議經常有情緒因素，如根深柢固的公平正義觀、希望自己子女不要輸在起跑點等類，都與社會文化、家庭、自身的價值及下一代的未來有關。這些都是家長對子女的關心與擔憂，我們必須好好的對待與溝通。

總體而言，台灣的教育體制與教育素質，確實已有很大進步，不應用「教改失敗」這類煽情語言，來模糊事實真相。但另一方面，當心急的父母認為教改對自家子女可能不利時，情緒就上來了。

此時，抽象的、冷冰冰的、被誤解成是粉飾太平的良好總體平均數據，豈能澆熄當事人或旁觀者心急如焚的火氣！唯一能做的，大概就是要有同理心，好好聽聽父母、老師、學生們的想法，大家一起耐煩的談出下一步改進方案。

再見教育部

我一向認定政黨政治下政務官的任用及離職，與常任文官套路完全不同，上台應有條件與認同，還要機會，但下台其實不需什麼理由。在這種認識下，就不容易有受創倉皇的下台樣子。老友王健壯常調侃說我是他所知道教育部長中，唯一全身而退的，也有幾位政府與學界友人說我下台身段優雅，這些善意評論，應該與我那時的輕鬆以對有關吧。其實還在台上時，經常會上演慘烈戲碼的。

兩顆子彈

二〇〇四年三月總統大選前一天，發生兩顆子彈事件。台大張慶瑞前副校長（時任物理系主任）回憶說，為了承辦二〇〇五年四月十九日世界各國紀念愛因斯坦逝世五十周年的「物理一〇〇年」（World Year of Physics 2005，紀念愛因斯坦在一九〇五年連續發表五篇論文，震撼世界的一年，包括狹義相對論、質能等價、光電效應、布朗運動等在內），並接引從普林斯頓（Princeton）發出的光線，在台北一〇一大樓外牆上打出質能互換公式（$E = mc^2$），特別安排在二〇〇四年三月十九日下午，到教育部作簡報並尋求協助。

此時忽遞過來一張紙條，寫著「總統被槍擊」。陽明大學梁賡義校長（時任國衛院副院長）說，那天下午他也在場。我不動聲色，繼續開完會議，作了支持決議，事後才告知有這件事，大家都嚇一大跳。

阿扁再度當選後，引發嚴重的兩顆子彈真假爭議，一群人跑到中正紀念堂「大中至正」（現在改為「自由廣場」）大牌匾下靜坐。四月五日早上請呂木琳次長代表去看看，我則公出到苗栗好幾所學校巡走一圈，沒想游院長看到昨晚毛高文前部長去了，來電要我回來後，傍晚一定去走一趟。

現場這批人由張亞中代表，要我轉交請願書給總統，回程還被狂熱分子撞，被深愛黨國的老人噴飛沫。這下子麻煩了，那批人跑到中正紀念堂靜坐，行政院已經在怪部裡沒及時擋住，如今又不得已上簽行政院代轉請願書！杜正勝隔天從故宮傳真一張紙條過來，說當有人（用右手背）打你右臉，把左臉也讓給他們吧，不必跟這些無理之人計較了。

離部之前，出席APEC教育部長會議

二〇〇四年四月到智利出席APEC教育部長會議，先路過華府，在程建人大使安排下，拜會美國教育部長，並與幾位大學校長餐敘。晚上十一點多，游院長來電說要換部長，我說謝謝提前告知，其實已在出國前提出換屆總辭，會馬上交代同仁準備。太太問誰這麼晚打電話來，回說是游錫堃，她沒多問，我依慣例一轉頭就睡著。隔天早上下著小雨，華盛頓特區櫻花盛開，花瓣在風雨中紛飛飄落，四處走走，路過都是歷史建築，真是一個全球矚目風格獨具的政治城市。

到智利首都聖地牙哥，開APEC教育部長會議，並安排與各國部長聊聊。有一天與智利教育部長塞爾吉奧・畢塔爾（Sergio Bitar）聊天時，中途另來訪客，主人說請稍等

一下，二十多分鐘後才過去。駐智利代表孫大成大使說，訪客是智利副總統，但塞爾吉奧是革命及政治前輩，所以讓副總統等等在智利是可以的。

會議後參訪在半山腰聶魯達（Pablo Neruda）居住過的一間房子（La Chascona故居），走訪智利大學時，發現在那裡教過書的米斯特拉爾（Gabriela Mistral）曾對聶魯達有深遠影響，兩人都獲頒諾貝爾文學獎，可見不只學術重傳承，文學創作也得益於此類優良傳統。

返國安排交接與離任

返台後去故宮見杜正勝，安排交接事宜，到立法院參加最後一次教育文化委員會，他／她們主動協助解凍一筆七十億經費。王拓等委員五月六日開記者會，痛批自己執政黨政府，趁我到國外代表國家開會時換人，文建會主委陳郁秀則在不知情下，被記者路上攔住問，實在不禮貌之至也非用人之道。

游院長找我聊聊，希望同意出任有給職國策顧問，回說謝謝，但教育部長不宜如此做，走了就走了，會公開表示謝意。

傍晚回到辦公室，同仁說總統府林德訓來電，就請辦公室轉告下星期開完主管會報後回電。在最後一次部務會報上說：「以前我們大部分時間花在處理中小學問題，但以後高教問題將逐漸浮現，請多費心。」接著說長官好意要我接任有給職國策顧問，但政務官離職要有禮有節，而且教育部長象徵意義大，不方便接受，非常感謝長官好意。會後回電德訓說，已在部務會報感謝長官好意，他說啊那就算了，本來總統一直想找你聊聊的。

從人生舞台走下來，另有一種悲壯令人感動的告別方式，如蘇格拉底被指控不敬神與敗壞青年，拒絕認罪而遭雅典市民陪審團公審判死時，臨終所做的辯護：「……幾位控訴者提出的罪名都毫無根據，假如我仍被判處有罪，那麼只能是源於眾人的偏見……分別的時刻來到了，我們會各走各的路，我去死，而你們繼續活著，哪一條路更好，只有神才知道。」以前有少數幾位我很敬佩的政務首長，為理念而戰，也是以類似方式離場，雖然還不到生死之間，仍然是在抗辯之後悲壯離別。

但我與這類義行沾不上邊，就只是政黨政治下的換屆離開而已。想起李白兩行詩「卻顧所來徑，蒼蒼橫翠微」，是該回去打掃打掃家裡灰塵，隔天就轉個彎去看看初升的太陽吧。

附篇

SARS與COVID-19防治平議

SARS忽然在二〇〇三年三月出現，九月就消失不見，那時我剛好在教育部。時隔十七年，碰到了對全球影響更大的COVID-19，幾乎讓世界延緩了三年，此時我在考試院。

SARS期間的教育決策

SARS爆發時，台灣未設統一窗口指揮中心，大部會常要自己想辦法、訂規矩。我曾代表行政院長到澎湖，致送馬公高中校長林亨華兒子林重威醫師慰悼金，林醫師在台北市和平醫院當第一年住院醫師，值班時染疫過世。離開教育部後去參加林校長母親告別式，林校長說他母親直到過世前，一直在問重威狀況，不知摯愛的孫子已經死亡。

在此期間，部內吳聰能主祕兼高教司長，他曾當過衛生署檢疫總所（衛福部疾管署CDC前身）總所長，與九二一重建會副執行長，黃崑巖院長是醫教會常委，楊泮池校長時任顧問室主任，在幾位居間協調下，與旁邊台大醫學院陳定信院長及台大醫院李源德院長緊密合作，協處防疫與醫學教育問題。

疫情爆發時，醫學生家長群起要求讓在醫院實習的學生回家，教育部邀集全國醫學校院長緊急研商，都認為實習醫學生不應在危難之際棄守醫院現場，因此在各界了解下，守住醫學教育的底線。教育部並特別協助建置WiFi及筆電，減少急診及病房間之病毒傳播與感染機會，以保護醫事人員及醫學生。

接著出動教官到各級學校實地查訪共五千人次、校安中心全天值班、制訂停班停課標準，並將防護延伸至國中小與補習教育。另外則透過駐外教育部同仁蒐購N95口罩及耳溫槍，買到貨送抵LA機場，華航都在第一時間免費運送，估計至少買了二十萬枚N95口罩與耳溫槍萬餘支，分送各級學校師生使用。

SARS給全國教育事務帶來很多危機，約有底下幾項。

是否全國停課？

當年三、四月期間，香港及新加坡中小學都全國停課，但世界衛生組織（WHO）一直到五月下旬，才提出十八歲以下很少感染SARS、以及只有在發燒後才具感染力的說法。因此立法院、媒體、家長、甚至衛生署，在資訊未明下，都曾強力要求教育部宣布全國停課。

但因不知何時為台灣的高峰疫情，一旦停課說不定要停很久，且社會上各行各業亦未停業停工，停課後中小學生四處趴趴走說不定更危險，實不宜在此時做出全國停課的決定。之後擬訂「一班若有一人為疑似病例，全班停課；一校有兩人以上疑似病例，則全校停課」的規定，還擬訂了行政區及全國停課判準。

事後證實這是正確決定，但當時各方壓力很大，一路上抱持著「心懷最壞打算，做最周全準備」的心情，走過這一大段。

居家隔離考生可否應考？

台灣有一百多位疑似SARS病例，幾百位「居家隔離」個案。適逢技職體系二技及四技二專共三十六萬多人要參加考試，教育與衛生單位對於居家隔離考生是否可以應考，看法大為不同。

教育部擬議居家隔離考生不得入試場應考，至於事後如何補救，可再研議解決，這類學生很少，容易處理。衛生署卻認為應維護學生考試權利，可由衛生單位出具安全無慮證明，另設隔離考場以維護考生權益，看起來好像是兩個部署換了立場在講話。

由於世界衛生組織尚未提出只有發燒後才有感染力之說法，所以萬事穩當為先，就儘快與涂醒哲署長研究，他也認為不恰當，因為若衛生單位真能開立安全無虞這類證明，何必居家隔離？討論之後，仍維持教育部原議。

事實上那時並無考生在考試期間被居家隔離，這項考試終得順利進行。

國中基測延期

國中應屆畢業生三十一萬多人基本學力測驗（基測）延期，是另一項困難決定。這項考試與大學入學考試不同，係由教育部主辦，原訂五月三十一日及六月一日舉行，但五月上旬正值SARS肆虐，因此在五月初即宣布延後三個星期到六月二十一、二十二兩日舉行，唯一須再議的是發燒及居家隔離考生可否應考，與上述技職考試問題類似，但又不同，因為五月下旬世界衛生組織已公布，SARS患者發燒超過攝氏三十八度才具感染力的判準。

另由國內統計資料，每天發燒超過攝氏三十八度的人有一定比例（但不一定都是SARS病例），國中應屆畢業生在考試當天至少會有幾百位發燒，若不讓這幾百位很可能不是SARS疑似病例考生應考，縱使另採補救措施，也難以周全。假若安排發燒考生到備用考場應考，事後再到發燒篩檢點確認，則居家隔離考生若未發燒，亦應准予在備用考場應考才對。依此原則，本次基測就安排應考當天約兩百個考區學校量體溫，加上陪考人員，兩天至少量上六十幾萬人次，這是我國考試史上絕無僅有的大事。

大學指考風波

並非每件事都能在爭議中順利解決。五月二十日當SARS仍居高不下之際，因擔心七月一日到三日大學指考，即有十二萬多考生，特別邀大學招生委員會聯合會（招聯會）十五位常委校長一敘，聯合工作小組提出，因擔心考後人工閱卷萬一發生感染，須找另一群人批改，難以避免評量不一致所產生之公平性爭議，而且將延後發布成績，則下一學期開學勢必延後。招聯會幾位常委校長都在場，討論之後，決定將人工閱卷非選擇題（包括國、英文的作文），改以選擇題電腦閱卷方式命題。

五月二十二日早上與招聯會召集人陳維昭校長及大考中心劉兆漢主任，對外宣布大學指考試務籌備狀況。發布之後，很多人紛紛對取消作文一事提出不同看法。五月二十三日決定緊急邀招聯會常委校長，在中午開臨時會議因應。

當天開臨時會時，前衛生署長李明亮前來協助說明。招聯會決定恢復國、英文作文，其他非選擇題部分仍維持原議，以選擇題電腦閱卷方式出題。招聯會校長們原先傾向依照五月二十日決議，不再改變，但也擔心七月若真的風平浪靜，恐引發更大爭議，才勉強做了上述改變。我請校長們不必顧慮「政策反覆」問題，會支持大家的最終決定。當晚掛電話給游院長，表示已做好離職準備。

後來立法院教育及文化委員會想找招聯會與大考中心來釐清責任歸屬，但大考中心依法不必到立法院，招聯會為集體決策，而且試務是大學自主事項，就跟他們說不用來，我來處理就好。委員會看出我用的「合法」招數，就笑著說：「那只好罵你算數啦！」

COVID-19的疫情防治

SARS之後十七年發生新冠疫情，因SARS的前車之鑑，很快調整為一級開設，設置統一窗口中央疫情指揮中心，初期表現廣受國內外讚賞。

此次疫情長達三年，未頒布緊急命令，但已制訂「嚴重特殊傳染性肺炎防治及紓困振興特別條例」，中央疫情指揮中心及時將COVID-19定為第五類法定傳染病，且為一級開設，與九二一及八八約屬同等級處理，比SARS治理進步很多。

疫情防治的公共決策

惟長期疫病不祇救災、預防、優先設置醫療及公衛專業小組，另須做好安置、紓困、振興等緊要重建工作，包括列管的重大工程、管理與採購，涉及中央幾十個部會署及地方政府，所以不能祇用「傳染病防治法」，更須放在「災害防救法」大架構上去做。陳振川（負責八八救災及重建）、陳錦煌（督導九二一重建社區總體營造，接續負責過九二一重建工作）與我（負責九二一重建及桃芝救災）都有類似看法。簡單一句話，不能將大規模疫病災害，縮窄成衛福部觀點，須以公私協力精神來處理全國性大事。

在特別條例中為因應COVID所編列的特別預算，匡列額度八千三百億，大部分用於紓困振興，以間接損失非實質建設補助為主，比九二一編列的直接損失總體重建經費三千來億更多。至於二〇二三年編列三千八百億疫後特別預算，雖以疫情為名，但與真正疫情紓解無關。此外還有限制人民移動自由，與邊境管制緊急措施。這些事務皆非衛生主管機關法定行使公權力範圍，中央指揮中心交由衛福部主導，並不合適，惟若交由經濟部或內政部主導，會有去脈絡化的風險，所以須建置好協調及跨部會決策機制。

最好在特別條例有效期限內，採單一窗口授權機制（中央疫情指揮中心），透過暫行編制做決策，等到特別條例到期，則回歸原來分權運作，這是過去九二一與八八所遵循，在重大災變下的常規做法。這段期間應讓跨部會專業小組，實質參與規劃執行，以真正做好超前部署。有些緊急問題如政府與民間及產業到國際上採買疫苗、快篩、醫材，若儘快授權由經濟部去會同產業界，籌組國際採購能手組成團隊，衛福部參與其中而非全權主導，可避掉很多不必要糾紛。

在國際疫苗採購上，鴻海、台積電與慈濟共計購買捐贈一千五百萬劑BNT疫苗的速度，就比政府部門快很多，因為政府的國際疫苗採購，更會受到難以預料的政治及遊說因素干擾。

又例如保單及保費調整，若預先由專業小組診斷出來提前部署，就不必事發後再由金管會收拾殘局。至於安排邊境管制及開放、研議如何保障染疫者選舉投票權，更須先做全面性考量。這些複雜事務最好讓專業文官在功能性小組內，提前研議各種可行方案再做決策。

另就中央疫情指揮中心編制而言，確有分組辦事，但除了疫情監測、醫療應變及社區防疫，皆為衛福部固有業務且指揮鏈清楚外，其他各組如物資、邊境管制，與上述未明確列入分組業務的重大措施，應有相關部會全職調兼文官辦事的組織，以發揮統一窗口功能。

指定衛福部長擔任中央指揮官，疫情單純時應無問題，但在一級開設後須處理諸多跨部會權責問題，宜由行政院副院長或政務委員層級，在總統授權與院長領導下，擔任指揮官工作，疫情改類降級、指揮中心降編後，即回歸衛福部主政。該做法落實在地方層級時亦同，當一級開設時指揮官為縣市首長，降編後業務回歸衛生局處。

COVID的收尾

因應COVID-19的防治及紓困振興特別條例，二〇二三年到期，運作三年多（一一九七天）的中央指揮中心，於二〇二三年五月一日降級解編，回歸政府常規運作，以尊重權力分立原則。過去大型天然災害的救災復原，在起始階段總是被罵得很慘，但大部分總能「善終」，此次防疫也有被罵得很慘的時候，但應能善終收尾才對。

如二〇二二年十月邊境解封之後，同意高端疫苗施打者可補追加一～三劑其他經認可之國際疫苗（估計已施打三劑高端疫苗者約三十萬人，加上施打一劑或二劑者約一百萬人），在選舉期間引發很大爭議。另由於不符國際慣例，所引發之緊急使用授權（EUA）程序之政治政策課責，也在選戰期間引發政黨攻防。甚至在二〇二四年總統大選期間，再度爆發公開高端疫苗採購合約之爭議。

持平而論，假若不去刻意強調這些問題，台灣防疫總體成果（尤其在前期）確實受到國內外好評，只是在嚴重疫情真正來到時，出現了一些決策困境。不管如何，在共同努力下，終於一起走出疫病陰影，真是天佑台灣！

8 來到中國醫藥大學

教育部長卸任，到淡江當講座教授，在風光明媚的淡水小鎮，過了一整年校園生活，之後吳聰能建議參與他母校的校長遴選，轉赴中國醫藥大學（CMU）當校長，運氣好，碰到正在規劃宏圖力謀發展的蔡長海董事長。

這所大學尚無一流名聲，離卓越也有一段距離，但有醫學院與附設醫院。我曾長期在台大待過，若能在掌理全國教育事務之後，找間有潛力的大學，胸懷理想好好來辦學，發展出良好的辦學策略，說不定可以幫上一點忙。

二〇〇五年校長交接，董事會請高教司長陳德華致詞，他說CMU是國內黑函最多的大學，會後陳偉德副校長來說為求互相信任，給看一些寫他的黑函，我看完後謝謝他，說從此以後我們都歸零忘掉這些事。

剛好一流大學五年五百億計畫開始審議，審查時因為有中醫大案件，先行迴避，回來時召集人李遠哲跟我這個副召集人說，因為想留你在委員會，所以就不讓中醫大進來了。這當然是場面話，學術卓越時間還沒到，不能強求。

建立辦學新共識

CMU董事會希望能將學校推進世界五百大，我先託吳聰能副校長去台大請教黃慕萱教授，估計看看CMU現在的位置，大約一千二百多名吧。我們擬了一個不須花大錢，做一些經費項目調整後，即可先行推動的七年計畫，認為若循序漸進，約能攻進前五百大，且可避免發生負面效應。

接著，吳聰能負責申辦教學卓越計畫，全校在我主持下開了十七次範疇界定（scoping）會議，並且在董事會支持下，另編列二千三百萬先用來改善基本教學設備，才進入狀況，又花了三年時間，才獲得教育部「教學卓越計畫」全國第一名，這是一段艱苦的攀爬階梯過程。CMU的阿信沈戊忠，當過教務長與醫學院院長，是一位謙遜誠懇的放射科大老，他說以前心中只有醫學院及醫院，現在才知道什麼是大學！沈院長的自白，提醒我須更深入了解，像CMU這樣一間學校，最好發展出什麼樣的「大學概念」！

要成為一所好排名的大學應該相對簡單，但一所好大學是要追求多元卓越的。唯有這樣看，才能提升看待教育及學術事務的眼界與格局。

辦個不一樣的研究型大學

大家先凝聚共識要辦一所「強調大學部教育品質的研究型大學」，因為很多優秀學生大學部畢業後，就去當醫師、牙醫師、中醫師、藥師、護理師或其他醫事人員，所以一定要強調大學部教育（不只教學）品質；又因醫藥領域一向走在科學前沿，更須將學校辦成研究型大學。這兩件事辦好了，自然就有機會成為國際一流大學。

經過六年努力，終於進了ARWU前五百大，與THE前四百大，董事會與學校在對面公園內中山堂，好好辦了一個盛大慶祝晚會。至於後來國際排名更有精進，已非在我任內，不好沾光，祝福更上一層樓。

自由的風在吹

十六世紀初期馬丁．路德（Martin Luther）提出九五論綱，否認教宗有權力豁免任何生前或死後的刑罰，並主張人之獲得救恩，唯有依靠基督、憑藉上帝的恩典、唯有信心、唯有聖經，嗣後成為新教信仰的要旨，也是因信稱義論的核心。天主教會代表集會，判決馬丁．路德的辯論與宗教改革主張為異端，人文學者烏爾里希．馮．胡滕（Ulrich von Hutten）支持馬丁．路德，並為他的宗教改革做強力辯護，說了一句流傳甚廣的話：Die Luft der Freiheit weht（The wind of freedom blows，自由的風在吹）。史丹福大學將這句話當為校訓，是歐美國家難得一見非拉丁文的德文校訓。

馬丁．路德的改革聲音聽起來非常熟悉，那就是現代講法的「回歸基本面」，教育改革目的在回歸教育基本面，宗教改革也是要回歸宗教基本面，回歸耶穌基督回歸聖經。

我將這段故事當為在中國醫藥大學辦學時的參考座標，希望校園內與師生心中所吹的，無非自由之風，唯有自由，才能回歸治學與辦學的本質，建立起有理念能實踐的良好學風。

大學的目標設定與演進

我們逐步提出一些關鍵性變革措施，而且與董事會密切互動，共謀發展。

結構性的改變：三年百師與五六九條款

首先推動三年百師計畫來調整不理想的生師比，增聘新人及增加研究獎勵，調整校內原有預算，減少保留比例，由附設醫院支付共聘專任醫師之教師薪資。經過這些調整後，支出經費仍在原預算範圍，但新人戰鬥力強，到外面競爭研究計畫本領也高，學雜費佔學校決算比率由六一%降為不到五〇%，沖銷掉原來因為增人而多支出的成本，董事會原來同意編列赤字預算，後來也沒用到。

接著實施全面性（包括新人與老將）「五六九升等條款」，意指講師五年內要升助理教授、助理教授六年內升副教授、副教授九年內升教授。該措施本意在於提升各級教師水準，而非藉機不續聘教師，因此於屆期兩年前，儘量協助升等教師踢出臨門一腳，但確有困難時，會協助辦理教師資遣，安排部分教師以專案、技術教師等方式，轉軌繼續擔任學校教學或行政工作。

二〇一四年我卸任校長時，新任師資已佔全體專任教師總數六成以上，而且聘任及升等之學術條件愈趨嚴格，學校已成為一所不算全新，至少也是六成新的高水準大學。

在擬議五六九升等條款時，須廣為周知，有一天傍晚我在校園晃晃時，一位醫學系基礎學科老師過來與我聊天，她說當年在台大拿到博士學位到學校來，一直被期許以教好醫學生為主要職責，沒想一夕之間，被要求以研究為最主要考量，又無時間可供緩衝與轉型，心情很不好。

我聽完後深有所感，覺得一個學習機構的改革，確實應有人性化的考量在內，我們這些身負改革要務的外來人，不應有那麼大權力，在尚未獲得大約共識下，就來任意大幅變動校內同仁的生涯路徑。所以我就以此為基調，與同仁們一起，啟動了這所學校從未做過的制度與升等路徑改革。

鷹派要有人性，鴿派要有進取心

在私立大學推動結構性改革，若董事會太過急躁或校務會議溫情先行，則事必不成且日後必惹來心結，所以如何讓鷹派有鴿派心腸，鴿派有鷹派志向，須多做穿針引線之事，才能落實。

首先，學校一定要加入具競爭性新血，以稀釋舊陣容，依此優先檢討每年招收兩百多位優秀學生的藥學系，其生師比竟是四六：一，比教育部規定的二五：一差太多，要求藥學院找來國內專家一起研議改進，沒想過了半年幾無進度，新教師老聘不進來，我看情況不對就找老師們座談，所有老大與大老們都來了。

座談到了中午時間，我就說來講個故事，當年毛澤東在北京大學當過圖書館員，但看得出他能耐的人大概不多。文革前夕北大學生點名批判包括翦伯贊在內的北大教授：「廟小神靈大，池淺王八多」，老毛殘恨未消下說，應該是池深王八多吧。這句話傳到台灣後，好事之徒把它改說成「廟小妖風大，池淺王八多」。底下笑成一團，我也笑著說散會吧，大家吃飯好胃口（bon appetit），走到門口，兩位年輕老師跟過來說「校長，你剛才是在罵我們嗎」，我笑著說「沒事沒事，快吃飯去吧」。從此以後就逐漸順利了，大概一年內新進的優秀人才，補足了大部分缺額。

二〇〇六年十一月校務會議上，提出教師升等新舊適用的五六九條款。少數推動這類措施的學校，還僅敢用在新進人員身上，我們則認為以新舊都適用為宜，可兼顧品質及公平性，但推動此一制度時必須哀矜勿喜，不應存找麻煩與幸災樂禍心態，要先把學校弄好（所以少數不得已離開的老師，仍會受到別校歡迎），以較高標準聘進新人（進來後比較容易經由努力來符合升等標準），更須在升等期限前兩年，安排學術導師（mentor）及給予經費，協助其踢出臨門一腳，以滿足門檻通過升等，而非為五六九而五六九。

討論過程中，滿頭白髮的張賢哲老師站起來說，他副教授已當了八年，若隔年沒通過就不續聘嗎？我說好問題，制度規劃時沒講清楚，對舊人而言應歸零起算。張老師屈指一算說「喔，那我已退休了」，就坐下來，該案順利通過，並正式寫入聘約中。張老師是替同事講話，他隔年就用舊制送教育部升等成功。

五六九升等條款中，其中一項規定升等正教授之前，須累積半年以上國際學術資歷（國外拿學位時間也算），該一要求係為了提升教學研究視野與品質。這時已是正教授的洪寶蓮老師站起來，替女性同事發聲，她說升正教授前要半年國外經驗，對大部分女性教師是「拋夫別子」，很不理想吧。我覺得也有道理，就說那分兩次或三次補足也可以，就算「小別勝新婚」，她不再多說，該案就通過了。

策略與行動方案

吳聰能副校長會同李英雄、鍾景光、蔡輔仁、徐媛曼等幾位教務及研發主管，配合擬定「新兵加老將」、「基礎配臨床」與「本校院結合外校院」三大策略，就學校與附設醫院專長領域，組成有行動力的研究團隊，並建立研究平台。另將螞蟻雄兵及學術明星比例，設定為七比三到八比二，主因是明星級教授本來就不多，若勉強提得太高，會吃掉很多應給戰鬥力強之螞蟻雄兵的資源。明星級教授依定義是能在學界發揮影響力的人，應該去證明自己確實能拿到外界學術資源，而且能當為學術領導人，校內資源則配合其擴大規模與影響力。後來清楚發現，戰鬥力強的螞蟻雄兵確實做出很大學術貢獻。

研究型大學需研究生能量，所以取得董事會同意後，將四百名大學生名額移轉去增加研究生名額（原來只佔全校學生數十二分之一），少收一些學費來墊高研究生比例，惟研究生佔比仍只約七分之一，與台清交成及中字輩大學約二分之一相比，還落後很多。

在國際合作上，先由校院同仁在洪明奇協助下，與美國安德森癌症中心（MD Anderson Cancer Center）及休斯頓德州大學結為姊妹機構；繼而藥學院與北醫高醫聯合，發展出堅強的UCSD-USC-UCSF-OSU實習連線（聖地牙哥加州大學、南加大、舊金山加州大學、俄亥俄州立大學），藥學院吳介信及林香汶花了最大心力；暑期時則商請西雅圖華盛頓大學、加州州立大學、馬里蘭大學、北卡洛萊納大學、南達科塔大學、多倫多大學、麥克馬斯特大學、英屬哥倫比亞大學（UBC）、維多利亞大學、布洛克大學、奧地利格拉茲大學等校，特別為CMU大學部學生設計教學工作坊或進入實驗室，每年學生出國研修約有二百多人；另在教卓計畫資助下，於台灣開暑期班，讓國外簽約學校學生與CMU學生共同研討專題，建立跨國友情；並安排與喬治亞州立大學、南卡洛萊納大學、杜蘭大學、西敏寺大學、倫敦大學大學院（UCL）及瑞士洛桑大學成立雙聯學位。同仁們在此過程中，結識了不少以後常來往的大學主管及同行，對大學校園國際化有很大幫助。眼尖的人會問說為何沒有美國東岸常春藤盟校，這並非我們不熟或沒去過，而是配合學校現況，暫緩花時間好高騖遠也。

CMU也與中研院及國家衛生研究院合辦博士學位學程，再與台大醫學院及其他大學合作。其他措施包括擴大大學部學生參與國科會研究計畫、赴國外實驗室研修；並在附醫協助與投入下，規劃設置能表現校院級特色的分子醫學、中醫藥研究、癌症轉譯醫學研究與神經精神醫學等研究中心。

學校附設醫院扮演了特殊角色，附醫是醫學中心規模，必須以臨床工作與臨床研究為主，但學校與附設單位都是大學總體表現的一環，附醫在配合提升研究能量與臨床醫學教育的投入過程中，有通盤性的卓越貢獻。

要擴增研究能量，須包括上述所有做法，這是無法速成的點滴工程，並非單純花錢找人即可成事，應該要像一個學習型機構，互相學習，共謀發展，做該做的事。

設置校務諮詢委員會

教育部二〇〇二年開始推動七所研究型大學與邁向國際一流大學計畫之後，國內號稱一流大學的，莫不紛紛設立校務諮詢委員會，學校二〇〇九年請李遠哲院長擔任諮詢委員會召集人。在董事會支持下，我們一起從生醫、人文及科學方向，研擬出幾位委員名單，包括彭旭明、陳建仁、王汎森、李文雄、陳定信、陳垣崇、錢煦、伍焜玉、洪明奇（後任校長）等人。

諮詢委員會研議了不少校務發展重大方向：什麼是一流大學、如何設立具特色研究中心、中醫藥與針灸之學術及人才培育、優秀教師之聘任與升等協助策略、如何做好一所醫藥大學的基礎科學及人文通識教育、如何在國內外競爭的高教環境下擬定階段性卓越發展目標、對國際排名及尋找國際指標大學之態度與做法、積極規劃推動教育及課程改革等項。這些改進方向，都儘量納入未來規劃之中。

大學的警覺心比什麼都重要

學校一直要保持警覺心，追求世界排名階段性目標達成後，應即回歸到以學風與傳統為依歸的人性化校園，以免發生「功能獨立」（functional autonomy）現象，意指本係僅為滿足某種功能而做的行為，經過一段時間後竟樂在其中，不再保有初衷，而忘掉原來努力工作之本意。

我們的階段性做法，是先將學校「體質」調理好，接著提升「氣質」。體質是基礎，氣質是高度，缺一不可，須在醫學教育與醫學人文上，來落實推動這些理念。

醫學教育與醫學人文

台灣的醫學教育向來重視醫學人文，另在獲頒以偏鄉奉獻為主的醫療奉獻獎歷屆得主中，高醫、台大與北醫都有長長獲獎的校友或同仁名單。這些都是須花較長時間才能建立的傳統，我們因此啟動了一系列規劃。

先從大體解剖切入

首先，大體解剖課程是連接醫療專業與人文關懷，當為成醫禮的第一關。先讓學生在學習前走訪大體老師親人，了解大體老師一生；啟用時舉辦儀式；學習過程中製作解剖影片，以配合數位、模型與實體教學；學習後進行縫合及火化儀式，並繳交學習心得。

我在將近九年校長任期中，每年都全程參加這些儀式及心得報告，當成一種學校的莊嚴宣告，希望學習者當真，永懷敬謹之心。

釐清先學做人再做醫生的本意

黃崑巖教授在推動台灣醫學院評鑑委員會（TMAC）運作時，以落實台灣醫學院博雅教育（醫學人文）、先學做人再做醫生、建立CFD（教師發展中心）、提倡PBL（以問題為基的學習）與模組教學、重視床邊教學等項為主。CMU在CFD與PBL的建置部分，主要由關超然協助建立。

「先學做人，再做醫生」主張，最早來自*Flexner Report*（一九一〇年出版的美國與加拿大第一本醫學教育改革報告）、奧斯勒醫師（William Osler，約翰霍普金斯醫學院及醫院創始人之一）與台灣總督府醫學校高木友枝校長，但在當代台灣的提倡及落實，應歸功於黃崑巖院長。我們辦學時，另引申其義，提出「先當大學生，再做醫學生」，以利於在校園中推動醫學教育。

至於「醫學人文與教養」，需透過人文與典範的學習來培養，其中「不忍人之心」，應是教養中最基本的元素。十八世紀康德道德律提說「在任何情形下，無論對待自己或對待別人，總是要把人當作目的，而不要把人當作工具」，可視為醫者不忍人之心的基礎理念，但須找到具體的實踐例子放入醫學教育中。

黃崑巖院長在教育部負責醫教會時，我們合作推動TMAC與發布醫學教育白皮書。當我們同在CMU時，他在醫學系一年級課堂上發問：「何以基督教及天主教醫院終身奉獻服務醫療者多？為何來台行醫者不少來自蘇格蘭，且以長老教會為主？」他為此寫了一封信給我，建議醫學生應多見識醫療典範與言行，多做積極的實踐。這封信與後來學校推動四年「重返史懷哲之路」，有些關聯在。

教養的剛性與軟性實例

教養須透過長期實踐，醫學教育過程中不難找到正反實例，底下先提出幾個剛性的負面例子：

（一）學校老師有一次參與洩漏市長候選人病歷的記者會，是醫者最不好的示範，我在校院聯合演講中痛批，認為給醫學生做了最不好的示範。

（二）犯錯犯罪應做懲處，不應是非不明。一位中醫學院雙修實習醫學生，涉入謀殺命案，這件嚴重違反醫學倫理令人驚嚇的案子，已經進入司法程序，但另有明確自白，須送學生懲戒委員會議處。第一次會議居然未作處分，要求再議，涉案學生找了律師隨時準備反告學校違反程序。最後退學結案，雖然後續仍有一些法律訴訟。

我當過台大獎懲委員會主席，醫學院黃伯超院長曾提出醫學生考試作弊案，表示醫學生以後要當醫生，又是台大訓練出來的，應有最嚴格要求，請委員會同意依醫學院會議共識，予以退學。但因已有全校一致的基本規範在，最後採用比原來規定更嚴格的留校察看方式結案（留校察看處分比記三大過嚴重，期間再有任何違犯立即退學）。所以我難以理解，學生懲戒委員會對上述嚴重百倍的案例，竟以「好不容易受完醫學生教育」理由，爭取同情，而未做處分，只好要求再議。

（三）RIKEN（日本理化研究所）一位年輕博士小保方晴子（Haruko Obokata），於二〇一四年一月在*Nature*同一期上發表兩篇論文，主張體細胞可經由外界誘發（如放入低pH值的微酸液體，就像把體細胞放入柳丁汁中一樣），表現出類似胚胎幹細胞的諸多功能（簡稱STAP），簡單到令人驚訝，但很快有人舉證說該系列論文作假。這是世界矚目的Obokata事件。

RIKEN發現無法複驗，理事長野依良治（Ryoji Noyori，二〇〇一年諾貝爾化學獎）在三月十四日出面正式道歉，我那時剛好人在京都，十五日一早就上了日本報紙頭條。這兩篇論文旋即在七月二日撤下，當年八月，小保方晴子導師與論文合著人笹井芳樹（Yoshiki Sasai）在神戶自殺，另一位合作者哈佛大學幹細胞研究團隊領導人維坎提（Charles Vacanti）被哈佛及附屬醫院停權。之後，小保方晴子博士學位被早稻田大學撤銷，學位指導教授被停權；隔年二〇一五年三月底，還是擋不住，野依良治辭去了RIKEN理事長職務。

日本學術界面對榮譽及失德的緊要關頭，一點都不含糊，整個過程相當慘烈，這是一個知恥、懂得自律及自我了斷的學術社群。

我另提出兩個比較軟性的正面教養實例，藉供參考：

（一）二〇〇三年初教育部任上帶團去日本，順道京都島津製造所拜訪剛獲頒諾貝爾化學獎的傳奇人物，只有學士學位、不在化學領域、也非教授的田中耕一。座談聊天完畢去田中實驗室參訪前，先照個像留念，田中禮貌安靜的站到後面一排，島津社長也不以為意。我趕緊拜託社長，請他坐到前排中間來。若真讓田中站立而我們坐著，照出這樣一張相片流傳出去，我是會懊惱一輩子的。

（二）擔任校長期間，到聖地牙哥加州大學（UCSD）簽約訪談後，錢煦院士安排聚餐，與清華大學徐遐生前校長好久沒見相談甚歡，但合照時沒注意，竟讓莊明哲院士站到後面去了。他們都是我一向尊敬的學界前輩，本來要有個照片登上CMU電子報的，但照成這樣那是絕對不行了，所以就將這張唯一的合照給存檔了。

想在學校中形塑優良學風，建立良好傳統，不能只用講的，須長期努力實踐，學生們或可從這些剛性與軟性的教養實例獲得啟發。

人文藝術特色課程

我與蔡順美教授會同大眾教育基金會簡明仁董事長，先於校內籌辦「台灣農民運動特展：簡吉與李應章的農運路」（二〇一一年三月七日），並請蕭新煌教授協助共同規劃「社會運動：台灣歷史回顧與展望」課程（二〇一一年二月二十一日～六月二十日），演講主題依序包括有：農社運動、原住民社會運動、婦女運動、環保運動、醫療人權運動、司法改革運動、國會監督、教改、學運等。

這些課題都是當代人記憶猶新、有重大社會影響的事件，學校邀請有現場參與經驗的代表性學者專家現身說法，當為校園通識教育一個特色。

聘請駐校作家及音樂家

二〇一二年聘請平路當駐校作家，另請呂紹嘉與NSO（國家交響樂團）當駐校音樂家。是學校有史以來，文學家及音樂家來來往往水準最高的一年。

平路是我學生，她後來從統計學家轉行，出版知名小說集《玉米田之死》與《五印封緘》。她在蔡順美主任協助下，主催出台灣第一次「醫學與文學營」的三天研習，頗受好評。

她從不放棄機會觀察詮釋台灣經驗與生命之各個面向，日後甚至在身體非常不好時，仍不停下腳步不放棄寫作，作品中表達對苦痛的抵抗意志與反省。類似這種精神的實踐與討論，在她擔任駐校作家與做公開演講時，對學生有很大啟發。她後來去中央廣播電台當董事長，二〇二〇年出版《間隙——寫給受折磨的你》，坦誠面對了生命的考驗，新作《夢魂之地》是她出名台灣三部曲的終章，書寫如何從早期台灣一起走過同島一命收驚收魂的旅程。

呂紹嘉是我台大心理系導生，以前傅雷要傅聰「先學做人，再學做藝術家，之後當鋼琴家」，紹嘉先是鋼琴，進台大念書，後學指揮，很早就是國際上頂尖華人指揮家。我到柏林公出時，駐德代表胡為真大使在週末晚上邀了承襲柏林大學精神的洪博大學（Humboldt University）與自由大學（Freie Universität Berlin）校長，到他寓所一起餐敘，本想也另邀呂紹嘉見面，但他時任漢諾威歌劇院音樂總監，怕他忙就沒安排，一直到他二〇一〇年回來接NSO音樂總監之後，才再相見。這時兩廳院已在過去朱宗慶主任及NSO音樂總監簡文彬努力下，成功轉型為行政法人。

紹嘉在十年之後卸任音樂總監當榮譽指揮，二〇一九年擔任北藝大特聘講座教授，花了不少心思培育下一代指揮家，而且親自訓練北藝大管弦樂團，這是一門北藝大音樂系大學部學生很吃重的必修課，紹嘉帶領團員於二〇二二年到衛武營、二〇二四年上國家音樂廳演出，展現了職業樂團級的氣勢，更是學生一生中第一個高峰。他雖以詮釋德奧傳統音樂著稱，卸任後在二〇二二與二〇二三年，特別為命運坎坷的江文也舉辦兩次音樂會，指揮兼做樂曲解說，令人感佩。

二〇二二年，呂紹嘉獲頒行政院文化獎，平路也於同年獲國藝會國家文藝獎，我很高興前往祝賀，並想辦法轉告給以前那段期間的師生們。兩人的傑出表現，也都受到母校台大的肯定，紹嘉於二〇〇七年榮獲傑出校友，平路於二〇二四年獲頒台大理學院第一屆人文藝術類傑出院友。

典範學習與重返史懷哲之路

高中生典範人物愛因斯坦、居里夫人、史懷哲與南丁格爾之中，史懷哲（一八七五～一九六五）最寂寞，學生進入醫學院後，難以讀到史懷哲的醫學學術，因為他在行醫上是偏遠地區實踐派，大部頭著作則以世界文明、巴哈音樂及神學為主。

二〇〇七年四月二十八日，恩格爾（Christiane Engel）醫師到學校演講「我的祖父史懷哲」，講堂上坐滿師生。

事後請醫學系吳錫金主任與醫學院沈戊忠院長，規劃一趟史懷哲學習之旅，並請通識教育中心蔡順美主任（她是一位對巴哈及管風琴有深入了解的音樂史家）負責，在吳聰能副校長主持的教卓計畫下推動。

行前培訓瞭解史懷哲

申請學生一年多前即依選定的國內醫療典範人物（或團體）撰寫研究心得，典範包括有蘭大衛與蘭大弼父子、賴和、薄柔纜與門諾、潘永謙、徐賓諾與紀歐惠夫婦、島阿鳳、蔡深河、蔡孔雀、羅慧夫、王金河、李秀綢以及台灣路竹會等。在此過程中同時進行台灣中部醫療人物之調查研究及訪談，彙整成《台灣中部醫療人物誌》，並提供學校過去偏遠地區及國際志工醫療服務紀錄，供申請學生研習。

最後選出二十五位學生參與培訓，邀請專家講授史懷哲及那個時代的醫學發展、非洲現況及醫療、史懷哲其人其事等主題。我們出發前共同決定，將這一系列學習實踐之旅，定名為「重返史懷哲之路」（Revisiting Dr. Albert Schweitzer's Trail）。從二〇一〇～二〇一二連續前往三年，後兩年的第二團與第三團，另安排由泌尿外科陳汶吉、牙科涂明君、胸腔內科杭良文幾位教授帶領，包括見實習及義診在內。不管哪一團，都募集相關藥品、設備與一定額度捐款前往。

訓練完成後，二〇一〇年六月二十六日到七月八日組團二十三人，包括醫師兩位（一為神經科李正淳教授；另一為中醫部吳振華醫師，非洲行醫十四年，曾任聖多美台灣醫療團團長）與蔡順美主任、學生十七人，造訪位於西非加彭共和國蘭巴倫（Lambaréné）地區的史懷哲醫院，以及聖多美普林西比，為亞洲首次具規模醫藥護理公衛學生團，也是台灣第一次大團學生造訪。兒子自費參與全程，順便當助教，他正面臨人生選擇的苦惱，就讓他來看看史懷哲吧！

史懷哲的傳奇與啟蒙

同學們進入加彭第一印象就是手機斷訊，睡覺掛蚊帳噴防蚊液，一般醫院裡沒有CT、MRI，甚至連X光機、血庫都沒有，出生嬰兒的保溫箱已經不太能用，須放入熱水瓶用輻射熱來保溫，同學們很快就知道全球醫療落差（global disparity）是什麼意思。這裡很多疾病像TB、AIDS、瘧疾、河盲症、感染性皮膚病，與台灣的醫院有很大不同，好在學生有先做功課，否則很難理解。史懷哲醫院兼有社區與學校功能，有時病人家人會一起住過來，就像在醫院做社區總體營造一樣。

我們也到醫院歐格威河邊植樹，去看看史懷哲及家人在醫院內的墓園（圖19），這是他與家人一生的認同。

回程時順道去法國史懷哲生長、求學、當牧師及習醫之處，去弄清楚為何史懷哲到加彭時，會被當為德國人而遭拘禁一年。同學們開始想理解為何史懷哲會選擇去非洲服務，而且到三十歲才開始讀史特拉斯堡（Strasbourg）大學醫學院。

原來他在年少求學時，經常路過阿爾薩斯省科爾馬市（Colmar）一處公園，看到公

圖19　史懷哲與家人在醫院內的墓園

圖20　影響史懷哲到非洲行醫的Bartholdi黑人雕像

園內巴托爾迪（Auguste Bartholdi，美國自由女神雕像作者）所雕刻的各大洲代表人物（圖20），被一座非洲年輕人雕像臉上悲苦表情所深深感動，立志去非洲盡一己之力，這就是史懷哲的初心。

回來後在學校開心得發表會，之後問去見實習的醫院部門，部門同仁說這些學生確有不同，看待病人與家屬的眼光及對話，都帶有關懷與笑容。再問賞味期多久，同仁說大約撐個半年吧，我笑說這已經不錯了，可再繼續提醒學生，只要有心，哪裡不是心中的蘭巴倫？

當年參與的洪上凱，目前是林口長庚醫院急診醫學部主治醫師，先加入無國界醫生組織，並於二〇二三年七月到加薩走廊執行人道醫療任務，十月遭遇哈瑪斯與以色列的慘酷戰爭，須在危險之地從事緊急醫療與人道救援工作，回來後將日記整理出版*，是第一本華文的第一線實錄，值得細細閱讀體會。上凱告訴我，這件事與當年一起去非洲史懷哲之行有關，多年前的火苗燃起了他心中一點光。

後續兩年的二團及三團更進一步展開義診，先做牙齒保健示範與義診，另外則從台灣帶去電燒線與麻醉藥品，幫在地小孩割包皮，以預防很多疾病如ＡＩＤＳ。在地人知道這項消息很高興，第一天門庭若市，第二天卻乏人問津，詢問以後才知道當地人仍有部落習俗，認為小孩在割包皮時不應上麻醉，忍痛才能讓小孩長大成人。這是社會文化差異，同學們先要學習怎麼尊重差異，再去想如何找出更好更可接受的方式。由於二團

*洪上凱（二〇二四）。《加薩日記》。台北市：玉山社。

與三團的努力，還安排史懷哲醫院醫師到學校附設醫院來進修交流。

紀念史懷哲非洲行醫一百周年

到加彭、普林西比聖多美與法國的史懷哲之旅，連續舉辦三年之後，二〇一三年適逢史懷哲博士非洲行醫一百年紀念，學校在史懷哲國際基金會的期許下，充當亞洲窗口。之後於二月二十六日在中榮神經外科江明哲醫師熱心協助下，於藝術中心舉辦史懷哲非洲行醫百年紀念特展。

三月十二日則與誠品（吳清友捐一萬美金）、台大哲學系、台南神學院、蔡長海文教基金會，合辦「典範與傳承——史懷哲非洲行醫百年紀念研討會」，邀請史懷哲國際基金會董事長福羅（Dr. Lachlan Forrow，哈佛大學醫學院教授），前來作一主題演講。

在正式研討會之前，特別邀請國內醫界與學界大老、曾受啟蒙人士，聯合撰文闡述史懷哲關懷弱勢的大愛精神，出版專輯當為暖身，來鼓勵年輕有遠大志向的年輕人。

十月二十四日再度邀請恩格爾醫師（史懷哲外孫女），來校參與「史懷哲非洲行醫百年紀念音樂會」，並擔綱協奏曲鋼琴獨奏。這場音樂會在台中中興堂客滿演出，事前由蔡順美主任規劃，南藝大陳樹熙教授與NSO首席吳庭毓，都來協助學生樂團的指揮以及演奏指導。在此過程中獲閱讀文化基金會廖祿立董事長與幾位董事老友協助，共同募集十萬美元捐送史懷哲國際基金會，另有兩萬美元捐助學校管絃樂團供後續訓練活動之用。史懷哲外孫女接著去日本，她說要告訴日本友人，台灣單獨一所大學如何系統性的舉辦她祖父非洲行醫百年紀念活動。

已故成大校長黃煌輝在評鑑該項計畫時說，用這麼有限的教卓經費，做出這樣有意義的一系列成果，是教育部教學卓越計畫推動以來，最有特色最划算的投資。看到這一系列活動的校友很多都表達支持之意，覺得很有榮譽感。台大醫院謝長堯教授跟我太太說，現在更了解黃教授去CMU當校長的理由了。

中醫的特色與學術

中國醫藥大學西醫體系龐大，但一九五八年是由三位中醫師（覃勤、陳固、陳恭炎）提出「中國醫藥學院」（原先提「中國醫政學院」）設校計畫，在醫教會杜聰明等人支持通過後設立。後來因校務經營問題被教育部接管，謝東閔與楊肇嘉都先後當過董事長，之後安排由美國回來的CC派頭人陳立夫出任董事長近三十年。

中醫大校歌中有「上醫醫國，其次醫人」歌詞，這是中醫傳統所懸最高目標，上醫要能治未病，不只醫人，更要醫國。CMU中醫立校的傳統應予尊重，我因此協助做了幾件與中醫有關的事。

中醫教育的改革與推動

（一）設校早期已確立中西醫一元化（中醫系甲組雙修中醫及西醫學位）與中醫現代化（中醫系乙組及學士後中醫系須中醫學位）原則，因此中醫系甲組在西醫部分，理應接受與醫學系一樣的TMAC評鑑；至於中醫系乙組及學士後中醫系，只須中醫學位，理應有相同訓練方式，以兼顧傳統中醫與當代醫學訓練。前者尚未取得共識，後者已在蔡輔仁院長配合推動下完成。

（二）中醫特考已落日不再舉辦，以前開放非受正規中醫教育者（不需大學學位），經過檢定考試及格後參加特考，考上後循例交由CMU代訓一年八個月，才算通過國考，後來執業者有不少表現傑出人士。但學校係標舉正規中醫醫學教育的大學，實不宜太長時間為特考辦理代訓工作。經行政會議討論，大家同意解除多年代訓工作，由考選部另行處理。

（三）在高尚德擔任中醫學院院長時，由蘇奕彰協助籌組中醫學術交流訪問團，遍訪德荷英，並到瑞士與洛桑大學校長簽訂雙聯學位培育協議。團員除我們三位外，尚有林昭庚、張永勳、馬培德與鐵雲等人。

（四）出任台灣中醫教育學會創會理事長，卸任後就由原擬議創會者蘇奕彰教授繼續領導推動。

（五）建議開設有中醫系與後中系的四校五系（陽明交大於二〇二四年開辦中醫系，現在已是五校六系），仿醫學校院長會議，舉辦半年一次的中醫校院長會議，各校輪流，至今尚稱運作良好。

二〇二〇年初十幾位中醫界同仁到考試院來訪，提出中醫師國考宜仿醫師及醫事人員專技國考，不必再考國文。我敬表理解，但建議循正規程序，經中醫校院長會議通過後，再案送考選部辦理。二〇二二年依此程序，取消國文考試。

日治時期的漢醫

1 黃玉階——中西醫結合的起承轉合者

衛福部國家中醫藥研究所蘇奕彰所長，想讓大家多認識黃玉階，他當然是日治時期排名第一的漢醫，但若侷限在此，就是小看他了。

若將黃玉階（一八五〇～一九一八）放到林獻堂、蔣渭水、杜聰明與黃信介這條線上做比較，他們都在其專業領域及社會擔當了粽掛與桶箍角色，惟黃玉階最不為人知。他真正影響力來自參與宗教及慈善事務，所領導的改革如解放纏足與斷髮不換裝，都是當時舉足輕重大事。他當過大稻埕區長，由於我太太祖父也當過這類職務，所以特別想了解一位漢醫如何做好這件事。

他從行醫及宗教入世濟世，與兒玉源太郎、後藤新平，以及台灣知名家族成員如林烈堂、林獻堂、林熊徵、辜顯堂、蔡蓮舫等人，都有接觸。他可能是協助中西醫過渡，以及日後主張中西醫結合的起承轉合者。

一九二一年成立臺灣文化協會時，黃玉階與這些主流人物及思想未能合流，因已於一九一八年過世，設若他仍活在文化協會或黨外時代，大概會像林獻堂或黃信介一樣被拱出頭；另外在戒斷吸食鴉片惡習上，或能與蔣渭水、杜聰明等人合作出一番局面。黃玉階剛好不在那個節骨眼上，不過該走的路他已走過，而且走得很精彩，不應該被遺忘！

2 杜聰明——主張中藥西藥化及針灸學價值

杜聰明一九一四年從總督府醫學校畢業，在日治時期已是台灣醫界第一人，一向奉黃玉階為父執輩。一九二九年杜先生提出整合中西醫學的研究規劃。一九四六年在台大醫院提出成立漢藥治療科，但未獲同意，一九五〇年代創設高醫與附醫時，擬成立中醫治療科亦未能成功。一九五六年三月，立法院通過中醫藥教育法案，咨請政府創辦中醫學校及中醫藥研究機構，杜先生時任教育部醫教會委員，大力支持設立國立中國醫藥研究所（教育部於一九五六年通過籌設，一九六三年設立，為教育部正式編制之研究所；於二〇一三年改隸衛福部並改名為「國家中醫藥研究所」）以及中國醫藥學院（一九五八年教育部准予籌設，同年立案招生）。

杜聰明院長排斥參雜偽作的黃帝內經、陰陽五行、五運六氣之類理論，獨尊《傷寒論》與《金匱要略》、不理溫病學、主張中藥西藥化，認為應將中醫過去的生理、病理理論予以廢除，改以西醫理論代替。

杜先生開始探究中醫藥療法之初，漏掉針灸學，較晚接觸針灸後，主張針灸學價值如同《傷寒論》，係屬於經驗的、實際操作的醫學，重點在其臨床實效，而非其機轉或理論。他認為經絡理論可能是古人混淆了神經、血管功能，所形成的粗糙理論。

經脈與針灸的大腦機制

我曾與學校同仁及校院內中醫要角，討論過幾個可供驗證的經脈圖與針灸之大腦處理機制等課題，底下是幾個我提出的初探。

1 經脈傳統與現代解剖

傳統理論所擬議之經脈走向，以身體同側為原則（但有例外，如百會、人中；或另在對側下針補強療效），若氣之運行乃搭架在神經系統上，則人體經脈圖如何與當代所知的感覺神經系統做一對應？

就中醫文獻及教學實務，人體經脈運行路線以同側為原則，但當代科學所了解的感覺神經系統，係以交叉且透過視丘聯往大腦形成迴路為原則（嗅覺例外）。若是觸覺（針刺應與觸覺有關）有關通路，則在上行通路到了延髓之後，交叉往上傳導。在身體不同穴位進行針刺之後，學界依不同想法，分別主張針刺之後會作用於神經系統（傳導速度最快）、血管血流（局部性之流體律動）或內分泌系統（與大腦及身體功能調控之關係密切）之上。現代科學研究者也許大多數依直覺認定，應該是作用在運作速度最快的神經系統之上。針灸研究討論安全深度及得氣深度時，也有人傾向認同神經傳導說法。但針灸引發觸覺及痛覺背後之經脈運行機制，所採之同側方式（原則如此，有很多變形）說法，並非當代所知之感覺神經系統的交叉運作方式。

在發現感官神經系統係上行後交叉往上傳之前，古代經脈圖早已標定畫就，因此可以考量在現代科學成果之上，重新修正繪製經脈圖。或者另行驗證針灸所引發之經脈走向，確認並非搭建於神經系統之上，並負責任提出合理又符現代醫學原理的運作機制。

中醫針灸常用的傳統經脈觀念，應早於東漢張仲景撰述《傷寒論》之前，史家判斷約秦漢之際，已歷兩千年，我問過針灸名家張永賢，他對出現時間的判斷大約相同。傳統經脈圖（圖21）在軀體上運行方式，絕大部分為同側走向，從左側或右側手腳直接通往同側腦部，全身百脈交於頭部頂端百會穴，稱為「諸陽之會」。該一講法與近代「神經交叉」觀念（首見於十八世紀），以及十九世紀發現觸覺通路在延髓以後交叉，往異側上傳的神經解剖結果大不相同。

這種古今不相容現象，應有一個簡單可能性，亦即經脈非交叉走向是錯的，因為這是神經交叉被發現之前，想當然耳的主張。

校內幾位中醫專家對經脈是否須與神經系統緊密相連，持較模糊看法。比較敢清楚認定係搭於神經系統上運作的，是中醫出身的神經科醫師謝慶良教授。有一次與老同學電神經生理學家王裕（以前中國科學院韓濟生院士，曾在他的神經傳導物質實驗室待過），去聽謝教授講了快兩個小時的研究簡報，最後問他，你認為針灸是透過什麼系統產生作用，他馬上說是神經系統，但他這種毫無懸念的認定，顯然並非常見之模糊觀點。

2 針灸、經脈與CNS

韓國慶熙大學李惠貞教授，在韓國BK21計畫支援下設置針灸研究中心，她以前在中國醫藥學院時期來台留學，並在解剖及神經生理學家哈鴻潛教授指導下獲碩士學位。她曾與韓醫界同仁及爾灣加州大學神經影像學家，以功能性核磁共振（fMRI）技術，探討針灸點及相應大腦皮質部之間的關聯性，結果發表於一九九八年《美國國家科學院院刊》（Cho et al., 1998, *PNAS*, 95, 2670-2673）。她／他們文中仍遵循傳統經脈圖示取針灸點，但其中心思考卻可能認定針灸效應係搭架於中樞神經系統（CNS）上運作，所以才會去探討針刺與大腦視覺皮質部之間的關聯。

這是一種在取點上相信傳統經脈，功能上卻相信CNS之混雜模糊觀點，因此難以釐清作者們對經脈與神經交叉之間的關係，究竟持何種看法。亦即，經脈走向若搭在神經系統上運作，最後影響到視覺皮質部激發，則針刺應通過觸覺神經傳遞路線的神經交叉，去影響視覺皮質部；假設先不通過神經系統傳遞（亦即不必通過神經交叉），也可透過其他方式去激發視覺皮質部，下文再做說明。總而言之，作者們在這些問題上並無明確觀點。

二〇〇五年碰到李惠貞教授，向她提起這篇論文一些疑點供參。該文業已於二〇〇六年七月五日*PNAS*一〇三期一〇五二七頁上，聲明撤銷刊登，李教授後來說，因為作者群中多人認為實驗結果確實難獲複驗，主張撤登，並且很好奇為何我會事先知道？

傳統觀點認為在有效針灸點扎針，可直接影響到末端器官，現代觀點則想了解針灸點扎針後，是否透過大腦，經過中樞神經系統當為中介而影響到末端器官。該文使用針灸點在足太陽膀胱經（見圖21內的右圖，腳掌外側），針刺可

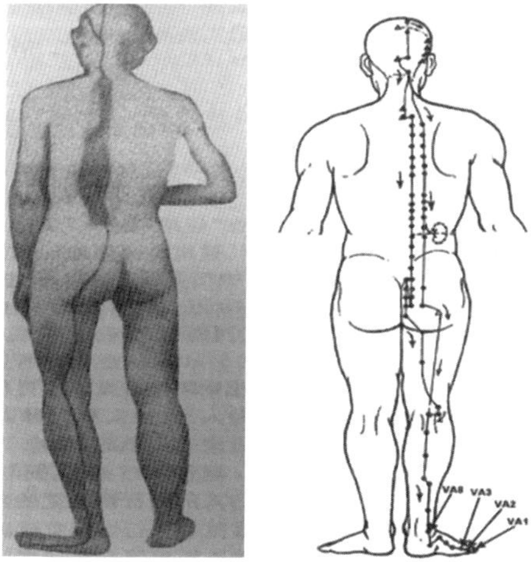

圖21　傳統經脈示意圖

（來源：左圖取自劉澄中與張永賢，2007；右圖取自Cho et al., 1998）

治眼疾如夜視、近視眼、目生白翳（白內障）等。距離針灸點二～三公分同一腳掌內側為非針灸點，亦即將不應產生針灸效應的穴道，當為控制組。針對這些針灸點及非針灸點，取大腦fMRI影像並予以相減後，發現大腦枕葉視覺區有特殊激發，亦即跟用光照打在眼睛上，會在枕葉視覺皮質部第一區V1產生神經活動情形一樣。實驗結果好像是說扎針穴道真的跟中樞視覺有關，只不過這類研究製造的問題恐怕比回答的還多。

首先，扎針之處並無視覺感光細胞，所以扎針應屬觸覺，照理講是上傳通過延髓神經交叉後，激發大腦主身體感覺皮質部（somatosensory cortex, S1）才對，何以會跑到V1（主視覺腦區）去？由於扎針是觸覺，正常人並非天生盲人，應直接反應在大腦的S1，而非V1。過去曾有研究（Sadato, et al., 1996, *Nature*, 380, 526-528）指出，若讓天生盲人右手主動刷讀Braille點字版，應可激發兩側視覺皮質部，但明眼人只會激發S1，不會在兩側V1有任何反應。

另一機制為透過Ach（acetylcholine，乙醯膽鹼）神經傳導物，去驅動視丘（thalamus），但必須先證實足部扎針可以改變內分泌系統，然後連帶影響跟視覺有關，位於視丘的側膝核（LGN）區域，再傳到V1去。看了李惠貞教授她們那篇文章，只說針刺下去後V1就會有激發，邏輯上其實不具可能性。

假設真有V1激發，也難以依此判定可治療眼疾（夜視、近視眼、白內障等）。依據大腦神經生理機制，V1區神經激發後很難下傳到側膝核，從側膝核再往下傳到網膜上則幾近不可能，這是視神經生理反應的特性，也是視神經科學界的通說。當V1被針刺激發，就保證能治療眼疾，是一個很奇怪的推論。另外，若眼睛現在已有眼疾，則光很難有效率傳遞出去，加拿大UBC神經科學研究中心王玉田教授，向我提出一個講法（二〇一三年十一月一日），假設V1還是被激發了，此時雖然網膜上接受的刺激不足，但因V1已有激發，故仍有機會在V1，放大網膜所傳送過來刺激訊號之效率，看起來就好像能治療眼疾一樣。問題是，必須先確認V1會被激發，但依前述，這應該是不可能的。

作者們在難以複驗下，已於二〇〇六年聲明撤登該篇論文，距原來刊登時間已歷八年矣。我的看法是，該一結果違反了很多感官與視覺神經生理學的常識觀點，不應得到類此實驗結果，一定是出了什麼問題。海峽兩岸的中醫及針灸研究群，應有使命感來作出有系統的探討，針對這些重要問題給出真正答案。

儒醫傳統與醫派

中醫學生授袍典禮時，總會標舉孫思邈在《大醫精誠》中所說的一段話：「凡大醫治病，必當安神定志，無欲無求，先發大慈惻隱之心，誓願普救含靈之苦。若有疾厄來求救者，不得問其貴賤貧富，長幼妍媸，怨親善友，華夷愚智，普同一等，皆如至親之想，亦不得瞻前顧後，自慮吉凶，護惜身命。見彼苦惱，若己有之，深心凄愴，勿避險巇、晝夜、寒暑、飢渴、疲勞，一心赴救，無作功夫形跡之心。如此可為蒼生大醫，反此則是含靈巨賊。」

以古希臘希波克拉底（Hippocrates）為基礎之現代版醫師誓詞中，有一段意義相當接近：「我將不容許有任何宗教、國籍、種族、政見或地位的考慮，介乎我的職責和病人之間；我將要最高地維護人的生命，自從受胎時起；即使在威脅之下，我將不運用我的醫業知識去違反人道。我鄭重地、自主地並且以我的人格宣誓以上的約言。」

因為兩人一前一後相隔近千年，若要論版權，當然希波克拉底優先，但論內容，應不分軒輊。

另外在中醫過去長期發展過程中，形成不同醫派或學派，想建立相關循證醫學（evidence-based medicine）則是近代的事。中醫既強調醫學又重視文化層面，若走循證醫學路線，可補中醫學術國際化之不足，並依此寫出符合當代科學取向的標準教科書，但如此一來，過去被珍視之學派醫派，將匯聚成循證醫學派，在共通科學平台上運作，學派醫派在此趨勢中勢必成為註腳。

將中醫放在當代醫學領域中討論，仍有很多值得辯論議題，如西醫重病灶之清除，中醫重視病灶周圍環境之調理及共存，兩者取向大有不同，是否能夠得兼，如何得兼？醫學為廣義科學一部分，遵循標準知識發現過程，要如何去考量，並將歷史文化思想放入中醫之中，這些問題顯然都還沒有簡單答案。

中醫有清楚的雙元面向，一面是循證醫學，另一面為文化與儒醫傳統，不只看病還看人，強調歷史文化的見解及涵養。現代西醫人才培育，在理念上應屬相似路線，搭配醫學人文教育，與專業循證醫學的學習及成醫之路。中西醫兩者雖有不同，但相似之處不少，以前曾倡議多辦一些有關中西醫會通及交換不同觀點的論壇，惟成效不彰，大概是雙方醫界領導人並無急迫性來做這些會談。

二〇二二年林昭庚教授因為他過去利用遺體解剖及活體斷層掃描，在碩士及博士論文中所進行的針刺安全深度與得氣研究，獲選為中研院院士。這表示經脈、針灸作用機轉之基本問題，以及如何在台灣建立儒醫傳統，應該可再做重新檢討，特別祝福出現這樣一個機會！

至於秦漢之際所繪製的經脈，應可再依據現有神經生理知識及針灸臨床證據重新繪製。但我是一位探究知覺與感覺歷程的科學家，並非中醫針灸學界中人，能講的都已講過，就請該領域專家自行研判，並啟動重繪計畫才是正辦。

五月怒辭，非關個人

二〇一三年五月二日一位民進黨女性立委在立法院開記者會，火花四射，中間有一段說，中國醫藥大學能拿到教育部教學卓越計畫獎助第一名，乃因前部長當校長之故。我在成大剛要演講，傍晚回到學校，先以個人身分發出聲明及辭職新聞稿，折騰下來，請太太出外晚餐祝賀她生日時，都已八點多，才致電蔡長海董事長，說明因擔心讓董事會左右為難，所以未事先商量，謹表示最大歉意。

老友蘇貞昌當晚新聞發布後來電說，這件事鬧這麼大，你都沒告訴我，我說真歹勢，不過你現在知道了。那時他擔任民進黨黨主席。

發表辭職聲明，卸下校長職務

選擇以個人名義發表辭職聲明，係因這種事必須在個人部分先做了斷，才能把話講清楚，才能有效維護學校辛苦建立的聲名，因此發了底下條列式的個人聲明（節錄）：

（一）近幾年，中國醫藥大學先是教學卓越計畫在國內奪標，繼而二〇一二年榮獲世界大學學術排名（ARWU）前五百大……。這是學校辛苦攀爬「強調大學部教育品質的研究型大學」、「世界前五百大學」到「國際一流大學」階梯的一環。

（二）二〇〇五年教育部推出教卓計畫時，學校連第一關都進不了，本人親自召開十七次相關會議溝通，設定策略性目標和行動方案……，才得以擠入獲得獎助門檻。

（三）立法委員身居國家重要職位……，豈可率爾汙蔑任意搆陷，個人事小，對我校師生員工之長期努力，實屬不公不義之至。

（四）身為大學校長不能受辱……，本人將立即向學校董事會辭去校長一職，以示抗議及負責之意。

（五）至於軍公教退休後是否可再做專任職務及領薪給一事……，只要政府明令施行，無有不遵從之理。立法院及委員要做何類監督，為其固有職責，一概尊重。

那天晚上九點多開始，學校同學徹夜未眠透過網路紛紛留言，訴求堅定，上千留言立場一致。隔天深夜我回了一封電郵給關心的歷史系老同學群組，說明「國家需要能帶領進步的民進黨，民進黨也需要正直與進步的大學當其後盾，若未見及此，會是個災難。現在不得已做出大動作權當遙遠的示警，實是我這個過去在民進黨大開大闔時期做過四年政務官閣員者，所應盡之責任。」

開始連續兩天，都上了報紙頭版頭條，電子媒體也加入大戰，被密集報導及評論了整整一個星期。一直到學校畢業典禮，時間從五月二日到六月九日，那段時間除了學界與校友紛表支持外，去高鐵買票等車、到台北坐捷運及飯店餐敘，都有不認識的人用表情手勢支持，工作人員則奉送一句加油。

有一次搭電梯，一位以前不認識的附醫醫師說：「校長，假如沒發生這種事，你大概不會知道師生這麼喜歡你吧。」我回說：「是啊，謝謝大家，若沒發生，更好。」

二〇一四年二月終於可以卸任校長，由李文華院士接任。

卸任後去台中監獄見阿扁

校長卸任後，想去看看被關在台中監獄的老長官阿扁敘敘舊，透過監獄醫院楊美都教授聯絡，安排在張典獄長退休前一天九月三十日下午過去，還就近邀了心臟科洪瑞松教授與周昌弘院士一併前往。昌弘兄一見阿扁面，就說曾與他一起去過奈及利亞，沒想阿扁馬上說奈及利亞又不是邦交國，怎麼可能！他十幾秒後說話了：「啊，是塞內加爾啦！」

見面期間，阿扁坦承監獄方對他不錯，但從總統淪落為獄中人，心情鬱悶不堪。在會談中，他右手一直抖動、口吃、尿失禁，談了一個多小時下來，底下一灘水，但一說到政治與選舉，就口語清晰反應迅速。這種對比，在神經退化性疾病或失憶者身上也可看到，當病人情緒亢奮時，認知功能或記憶或語言，都有短暫顯著改善現象。

隔年他保外就醫，多年後這些症狀與鬱悶，應該都已經不見了吧。

出任高教評鑑中心董事長

離任校長後，當了六整年（二〇一四年八月～二〇二〇年七月）財團法人高等教育評鑑中心基金會（HEEACT）的志工董事長。

教育部在二〇〇二～二〇〇四年間即已啟動技職校院系所的等第制評鑑，另於二〇〇四年委託台評會，完成第一次各類型一般大學校務評鑑工作，是台灣一般大學系所及校務評鑑之始。

那段期間幾個高教品保（QA）機構紛紛建立，如台灣醫學院評鑑委員會（TMAC）

二〇〇〇年設立，二〇〇二年經美國教育部認可台灣醫學教育內容與美國相容（compatible），於二〇〇六年改隸HEEACT。台灣評鑑協會（台評會）與中華工程教育學會（IEET），皆於二〇〇三年設立。

二〇〇五年十二月修訂「大學法」第五條第二項，明定主管機關有評鑑大學與公布之責。HEEACT在我教育部任上即已做好規劃，「大學法」的修訂更讓HEEACT有了法源，同步於二〇〇五年十二月成立。

高評中心以評鑑與認證為核心

我請台大公衛學院前院長江東亮來當執行長，他更有興趣了解教改與健保改革的得失比較。我曾對比過教改及司法改革，知道這類比較判準既多元又困難*，就開江玩笑說健改是算術題，教改是在解微積分啦。他兩年借調期滿回台大，另找高教評鑑專家侯永琪教授接任，並請林劭仁教授協助。

HEEACT與Springer Nature合作，由侯永琪、江東亮及詹盛如在其世界高教系列中，出面主編一本台灣高教專書，我與徐媛曼老師也合寫一篇在書中✢。

不過高評中心一向的大事，還是在做大學校務與系所評鑑，評鑑委員的來源選定、訓練、程序（包括迴避原則）之精進，為最花時間之處。大學評鑑一直被批評為用同樣一把尺，量遍各種不同類型大學，後來採更簡單方式，將系所評鑑改由大學自主辦理，教育部資助大學所需經費，HEEACT則當為系所評鑑之最終認可單位。

大學系所評鑑及認證的評鑑機構，需要得到國際專業組織認可，也要讓其他國家來認可國內評鑑機構所做的評鑑結果，如馬來西亞認可台灣所做之部分系所評鑑，就得益於該一過程的努力。

中華工程教育學會（IEET）於二〇〇七年即成功加入華盛頓協定（Washington Accord）；接著TMAC於二〇一九年首次通過「世界醫學教育聯盟」（WFME）認可；最後HEEACT在二〇二〇年通過INQAAHE（高教品質保證機構國際網絡）認可。

執行長侯永琪在HEEACT推薦下，擔任了INQAAHE與其他國際組織（如APQN，亞太品質網絡）的理事及副理事長。在教育部支持下，我們分年到美英日比荷澳

＊黃榮村（一九九九）。〈司改與教改的比較分析〉。《全國律師》，第三卷第八期，頁六～一一。

✣Huang, J. T., & Hsu, Y. M. Challenges and prospects for Taiwan's higher education. In Hou, A. Y. C. Chiang, T. L., & Chan, S. J. (Eds.) (2021). *Higher education in Taiwan: Global, political, and social challenges and future trends*, Ch. 14 (pp. 249-268). Singapore: Springer Nature.

紐等地QA機構參訪、觀察日本東京藝術大學等地現場評鑑、與幾個國家評鑑機構及大學簽約做境外評鑑。至於在台北舉辦國際會議，邀請他／她們來交換經驗、實習、合作研究，那是更多了。

侯執行長因為這些努力與累積性貢獻，於二〇二三年獲頒國科會傑出研究獎，我們都為她高興。

QA與IR攜手前行

QA係指利用外部高教評鑑來提升教育品質保證的過程，IR則為機構本身自行辦理校務研究，以找出校內辦學、招生與內部治理問題。高教評鑑中心在高教司支持下，在二〇一六年籌設台灣校務研究專業協會（TAIR，或稱Taiwan-AIR），我當了創會理事長，成立後月月有活動，選定大學輪流主持。IR辦公室現在已成為大學的標準配置，其間周懷樸、林博文、江東亮、侯永琪、吳聰能，與高教司黃雯玲司長、李政翰科長、傅遠智、古雅軒等人，用力最多。Taiwan-AIR很快在二〇一八年，經美國校務研究協會（AIR）認可為國際聯盟組織，高碩泰大使並協助在代表處內召開評鑑諮詢會議。

現在則更將QA（從外面做評估的品質保證）與IR（從裡面查問題之校務研究）結合，以協助進行有效的大學治理，由於這幾年的努力，台灣在QA與IR之聯合運作上，已經完全國際同步。

以前當校長時，就須全力因應這類校務與系所評鑑（包括TMAC醫學院評鑑，與TNAC護理系所評鑑），有一次全校總動員，評鑑第一天晚上，系所趕寫待釐清問題的回覆，我與陳偉德副校長徹夜沒睡巡查各系所。學士後中醫系在拚命三郎陳立德主任監控下，隔天早上擺在評鑑委員桌上的「待釐清事項Q&A」，竟長達六百頁，足可放入中醫藥展示館典藏。這類問得太過回得太多的過度演出，實在走火入魔，必須簡化。

CMU與TMAC的爭議

CMU在接受二〇一二年TMAC評鑑時發生爭端，提出申訴，但對之後的回覆更不滿意，這中間又發生學校方與評鑑方不愉快又沒水準的互槓情事，我事後才知道，還為此找評鑑召集人賴其萬教授了解，並徵詢陳定信院長意見。林正介時任醫學院院長，還與李正淳教授一起北上了解狀況。

那時大學醫學院評鑑尚不具強制性，且醫學生畢業後到美國執醫，不須以通過TMAC為前提，所以新校長上任後，於二〇一四年中向教育部提出訴願，不受理後轉提行政訴訟，北高行與最高行皆在初審及終審以同樣理由駁回，應可另聲請裁判違憲案，但是否受理仍須審查違憲主張之合理性。

「大學法」以前做剛性規範，評鑑結果可當為調整學校規模（如招生）與補助教育經費之參考，有可能干涉到大學自主範圍，或實質傷害學校利益，但後來二〇一五年底立院三讀修掉，改為僅公告結果，作為學校調整發展之參考，如此更難以構成違憲之主張，行政法院也是用類似理由駁回前述訴訟案。就實務而言，聲請案件提送憲法法庭裁定者太多，大部分經審查後皆不予受理。

另外則是人民與法人聲請違憲裁定，法定可受理期限是半年。所以這件糾紛可說已經結束，不必再提。

事後客觀來看，因為美國「外國醫學院畢業生教育委員會」（ECFMG）開始要求，世界各國（包括台灣、日本、中國等地）醫學系畢業生所就讀的醫學院，必須經過WFME（世界醫學教育聯盟）認可通過的評鑑機構認證後，才具有在美國醫院行醫的資格。TMAC在二〇〇六年改隸HEEACT（之前主要由黃崑巖院長擔綱推動，之後由賴其萬教授、林其和院長、以迄現在的張上淳副校長繼任主委），於二〇一九年通過WFME之認證，因此台灣的評鑑認證機構，只有TMAC符合ECFMG的要求。既然如此，CMU醫學院為了學生權益考量，若再打違憲裁定官司，不只難以受理成案，更會與本意相違，反正氣已經出了就好。

我去HEEACT擔任董事長之前，已寫了一個簡短看法，附在學校送出的申訴總說明書之中，旨在說明董事會運作及校務治理，依「大學法」與「私校法」各有分工，學校治理團隊若對治校分寸無法有效掌握，豈有今日之榮景。而且校園內自由之風盛行，教養課程、典範學習、志工活動深受師生認同，這些校務進展更不應說成是因為董事會插手做細節管理所致。私立大學辦學，學校與董事會互相敬重，本為大家應盡之責任，也應存在有健康的緊張關係，惟一切皆以學校之良好發展為依歸。

這次不愉快事件的發生，主要係參與評鑑的委員自信滿滿，將聽聞之部分批判言詞擴大引申，認定董事會與董事長意志已凌駕到校園各項事務或醫學教育之上，且模糊論列在校長訪談項目下，讓閱讀者以為諸多言詞可能係來自校長的意思，以致造成諸多困擾，實在很不理想。

大部分委員很可能沒弄清楚，中醫大董事會早從陳立夫時代，就無創辦人與主要捐資人在內，可說已轉型為公益董事會，委員若未見及此，自然就容易想東想西，又惹出這類無謂爭議。

一流國立大學設後醫

台灣的醫學院教育有兩個不容易理解的特色，一是訂定每年招收一千三百名醫學生的嚴格門檻，幾十年來未因社會變動而調整，另一是以前條件不好的私校都可設立醫學系，現在一流國立大學變多了，反而長期以來無法新設。

但忽然之間，教育部在二〇二一與二〇二二年，竟一口氣核准三所國立大學（清華、中山、中興大學）成立學士後醫學系，各招收二十三名公費醫學生，令人出乎意料。核定之後，全國公私立醫學校院長會議竟於二〇二二年六月十四日發表聲明，表達遺憾，提出三項主張：(1)台灣目前沒有新增設立醫學系的需求。(2)增設醫學系無法改善台灣偏鄉離島醫療資源的不足，發展智慧醫療不應以新設公費生醫學系為手段。(3)台灣新設醫學系的審核機制，應接軌國際審查認證標準。

就大學而非純祇醫療觀點而論，美日辦學績效良好的公立大學，大都設有醫學院，如加州大學系統的十所研究型大學，就有八間醫學院。日本帝國大學等級的國立大學，皆設有醫學院。台灣在辦學傳統上，國立大學一向優於私立大學，卻反而在當前已有之十三所醫學院校中（不含國防醫學院）只佔三所，而且其中兩所在台北市。因此讓若干跨區域的國立一流大學投入辦理醫學院，只要好好把關，應該是一件值得做的事。

不過三所後醫系設立前後，皆以一流大學、培養醫師科學家、發展智慧醫療等項當為號召，但畢業完成專科醫師訓練後，須依教育部與衛福部原先規劃，後醫公費生要下偏鄉八年，依慣例難以再留在醫學中心或進入醫學研究機構，如何調節這類期望與實際之間的落差？擬議中的調整方案為再給予次專科訓練兩年，由八年中等量扣除，剩下的六年，也可讓下鄉的公費生醫師採分期方式返回醫學中心，或留在原來醫院採分期支援方式補滿六年。但這些考量並非全無爭議，而且還有一般公費醫學生的比照問題，都需另由衛福部與教育部在偏鄉醫療政策下，再予研議確定。

9 前進考試院

CMU校長卸任後當講座教授，三年之後滿七十歲（二〇一七）提出正式退休，並改為榮譽講座，台北台中兩邊跑。沒想到再過三年（二〇二〇），竟然在離開政府十六年後，又進政府擔任公職了，這真的是一個沒預料到的職務。

陳建仁剛從副總統卸任回中研院，來電代詢是否願意被提名為考試院院長，他說府方想找一位在教育學術界資深有名望、有行政與折衝協調經驗、以及無黨派色彩人士，之後蘇貞昌也表達支持之意，這件事就由總統拍板確定了。

立法院行使同意權

二〇二〇年總統提名出任考試院院長，須到立法院詢答，再投票行使同意權。有立委問說：「既已知道要廢考監，何以還同意被提名？你贊不贊成？會不會是末代院長？」我說，廢考監須修改憲法條文，權責在貴院，高門檻出了立院後（四分之三以上出席，四分之三以上同意），還須通過公民投票門檻（具投票權人總數一半）。

事實上若退而求其次，要在功能上凍結考監，也有可以參考的前例，如臺灣省政府一九九八年虛級化後，在二〇一八年將機關預算歸零，員額及業務由中央政府相關部會承接，因省政府是憲政機關，未經修憲不得廢除，因此「臺灣省政府」名銜尚存，但已不再派任省主席。真想廢考監回歸三權的政黨與立院，自己要多努力啊，不要老是虛擲光陰重複講些沒有效果又煩人的空話。

至於個人贊不贊成的問題，當然不必表態，我就要去考試院，如何公開講出贊成廢除，那豈不成了白目院長？

考試院縱使解散整併，所需處理的問題本質並未改變。所以修憲雖然很困難，但最好先要有當末代院長的心理準備，在國家考試、文官制度與退撫基金處理上，預擬配合轉型方案。

考試院與司法院及監察院一樣，院長不必到立法院備詢，因此這是半天換四年，我也很難再與立委們交換這類意見。

進考試院後的強烈感覺

從學校正式退休後再任公職，就全數辭掉公益基金會董事與大學校務諮詢兼職。最後一個問題，考試委員兼課須院長同意，那院長兼榮譽性講座課，是否簽請總統核定？我說別搞笑了，就自行上網註明不支薪，每學期兼一門合授課結案。

既陌生又熟悉

初進考試院，感覺既陌生又熟悉，熟悉是這裡負責畢業後學生的專技與文官考試，同時是行政機關；陌生則這裡的組織文化不同以往，又是五權分立的憲法機關。

依據憲法與增修條文意旨，也是周副院長最常引用的說法，考試院為國家最高考試機關，憲定職掌五大五小。五大是考試以及公務人員的銓敘、保障、撫卹、退休；五小為公務人員任免、考績、級俸、陞遷、褒獎之法制事項。

考試院雖是個相對陌生的機關，但有相似改革要點，如很多法令及做法都須鬆綁與現代化，加速解除不當管制，讓用人機關得以多元選才，公私得以交流，並落實公務與教研分離。

副院長周弘憲以前當過行政院人事行政局局長、保訓會主委與銓敘部部長，可說是考銓保訓業務的活字典，我常請教他。考試委員則從十九人減為九人（依錄令順序：陳錦生、吳新興、楊雅惠、王秀紅、周蓮香、姚立德、伊萬．納威、何怡澄、陳慈陽），學經歷俱優，若干人且有相當行政經驗；祕書長劉建忻以前當過總統府副祕書長，並代理過三次祕書長；部會首長中，考選部許舒翔部長及保訓會郝培芝主委都是老將，銓敘部長由人事及行政法令專業的周志宏出任，退撫基金依慣例由專業人員負責操作，看起來都各就各位。

台灣文官體系建置過程中，中央地方各用人機關很少實質參與選才，形成由考試院在考選分發上負全責之大一統局面，而國家文官考試高普初特考，大部分既無面試，也無相關的心理與性向測驗，僅靠筆試一試定江山（特考則較為多元），揆諸國際做法，是個大例外，就像在憲政時期行訓政之事，國際上亦難以理解為何進步的台灣，還在這樣做！與國內大學多元招選學生入學方式相比較，也落後了二十餘年。

有人認為這是受限於憲法意旨，並遵從公平正義原則之故。但這類說法似是而非，五權體制中考試院負責公務人員（中央與地方）考試分發，而且人民有應考試服公職權利，但在考選過程中要怎麼做，應有很大彈性。採多元取才方式，只要精心設計，並不會違反公平正義原則，二十幾年來大學入學多元取才已經充分證實這一點。

以考選專技與文官為要務

考試院統一辦理國考，規模龐大，還有非常特殊的原住民、身（心）障與地方三類特考，舉世罕見。全國公務人力逾五十八萬（不含教師及軍人；包括有公務人員，以及聘用約僱三萬一千人、聘任三千多人在內之廣義公務員，與駐衛警、臨時人力、工友、駕駛等類），其中逾三十六萬統計為狹義的公務人員（民選首長與政務人員亦納入本項統計，年約七百人左右。主要包括有經公職國考分發、公立機構機關依據「醫事人員人事條例」或「專技人員轉任條例」任用、國營事業與公立學校等類公職；在行政機關之文官約二十五萬人，其中含警消人員近九萬人，為政府文官結構主要成分）。

另有兩種比較特殊的公務人力，是派用人員與「公兼勞」。派用人員是為了臨時機關遴補專任職務之用，現在尚有一千三百多名現職派用人員，其退撫條件與公務人員大約相同。

進用派用人員有其歷史背景，民國五十年代中期，政府正逐步規劃十大建設（一九七四～一九七九年興建），當時進大學就讀之淨在學率不到一〇%，且很多大學畢業生都選擇出國留學，政府部門經由高普考等國家考試任用人員也少，不到千人，甚至有國考後沒分發的。為了延攬人才進入公部門服務，尤其是工程專業與留學生，以解決臨時機關需才孔急問題，因此於正式管道尚未能發揮功能之時，權宜性規劃了派用人員這套制度。

至於「公兼勞」，係指依公務員人事法令任用、派用、聘用、遴用等，又在「勞基法」所適用之各業從事工作獲致薪資之人員，等於同時具有公務員與勞工身分，其中經銓敘部審定，得選擇在兩者之中採取較優惠之薪資、勞動、權益、退輔等條件，這類人在民一一一年時，大約還有一七六〇人左右（台鐵局資位人員佔多數，在台鐵局一一三年公司化後，已顯著減少）。

公職人員國考為任用考（通過後分發），通過率低，歷年來平均一〇%以下；專技人員國考為資格考，平均通過率較高，約二〇%之內。應考人大學畢業後約花五～七年平均準備時間，以最近幾年大學畢業生最多人考的高考三級為例，平均考了二．七次才及格。總之，都很難。

專技及公職考試每年應考總人數約三十萬上下，報考者更多常逾四十萬，但近年有顯著減少趨勢。國考公職人員考試報考人數，於二〇〇八年金融危機以及之後歐債危機、五都改制下，撐高了報考公職人員考試人數，之後市場回溫人數開始下降，二〇一七年年改後，再降一波。未來更要面對少子女化問題，大學生源減少問題從民國一〇五年開始嚴重，國家考試報考人數在一〇九年後，應該也開始受到影響，會在往後十幾年中逐步下滑。

一定要搞得這麼複雜？

台灣社會常認為大學聯招（包括現在的多元入學）與考試院的國家考試，為台灣實踐公平正義促成垂直流動的兩大機制，廣受信任。可見考試制度所代表之公平正義觀念，已深植民間。公平（透過統一考試）及正義（窮人能夠翻身）係一種富含感性的不確定概念，若要修正過去做法，須先建立共識。

這一點可另從文官考任與專技轉任多元化所碰到的困難看出。在專技（資格考）與文官公職（分發考）兩大類國考之間做轉換時，以前有「技術人員任用條例」調節，廢除後另立「醫事人員人事條例」，讓有醫事專技證照及執照者，得依一定程序轉入公職。其他專技人員如土木工程、建築等類，則另訂轉任機制。

搞得這麼複雜，侷限在原來已經穿好的衣服上做專業修裁，就是因為一直將公平正義掛念在心，但在時代演進下，顯然過度缺乏彈性，須好好調整。

考試院每年要舉辦約二十次大規模專技及公職國考，以及維持文官體系穩定與效能、監督公務人員行政中立、管理逾兆公保及軍公教退撫基金等項。這些事項的執行皆需謹小慎微，不能出錯，特別講究法秩序及文官制度安定性，與在第一線以推動業務及改革興利為重點的機關特質，大不相同。

在尊重院際分寸下做改革

考試院院長副院長與考試委員的任期及人數，並未寫入憲法，而是在考試院組織法中規定，過去是六年一任，考試委員十九位。民國一〇九年初將任期從六年改為四年，與總統屆期一致，考試委員人數則從十九位下修為七～九人。民國一〇九年九月開始的第十三屆考試院，剛好適用該一新法，考試委員共九人。考試院是採合議制的行政機關，職員工逾千人，假若在合議制下想獨立行使職權的考委太多，不免會卡住行政機關效能。所以，這是具有進步觀念的修法。

我看過國史館民國一一二年解密的一份文件，是一九九一年王作榮任考選部長時，呈請李登輝總統鑒察有關當前考政情形的報告，中間有一段，建議在一九九二年修憲完成後，適時修改「考試院組織法」，將考試院回歸為採首長制的行政機關，考試委員最多不超過五人，若考銓兩部部長由考試委員兼，則考委最多不超過七人。可見二〇二〇年修改「考試院組織法」的方向，三十多年前就有類似見解。

考試院過去屆別六年一任，政黨輪替後，有時任期會跨不同執政黨，不免有緊張關係。在關係緊張時，朝大野小（或朝小野大）的立法院在預算審查時，可能趁機通過一些奇怪的附帶決議，如考試委員參加多少次會議、到哪裡去，都須做紀錄彙報，將考試委員當小學生做報復性管理。我到院不久發現這種怪事，就不管如何把它廢了。

還有監察院，用監委名義來院要求回覆一些諸如警察特考之類的政策規劃問題，但監察院為事後糾彈，其權力不及於政策形成過程，就在釐清後解決了這個問題。

另外，用人機關大部分在行政院，很希望能多點彈性，考銓機關則強調制度穩定性，不輕言調整。因此須多溝通，建立共識後，事情才能比較容易推動。

考銓業務也有敏感性議題

考試院內考銓業務有些敏感議題，如文言文多寡與國文存廢、聘僱人員比例與首長雙軌制、警消組工會等項。

專技人員國考祇剩很少數七、八個類科考國文，而且全部是作文，不含古文。中醫師國文考科除作文之外，還有二〇%醫古文翻譯，已從二〇二三年起停考國文。

文官考試高普初特考都考國文，但已取消其中的公文考試。現在國文配分八〇%作文，二〇%測驗，測驗內容中有三分之一古文及國學常識，另三分之二為以白話文出題的測驗。所以綜合來講，文言文在文官國考中所佔比例是十五分之一（1/3×0.2=1/15），尚稱微小。

外界常關心聘用人員比率可否大幅增多，以及在某些專業範圍內，可否擴大三級機關採雙軌制比率，增加由政務人員來出任一向由文官擔任的首長職？這些政策上的修改或調整，很容易被想成是特定政黨執政後走後門的行為，吵過一陣後偃旗休兵。最近的相關事例，則為二〇二二年設置數位發展部後引起的爭議。

民國一一一年通過的「數位發展部組織法」，本部訂有聘用一百人限額，另在次級機關資通安全署與數位產業署的組織法中，也各設有聘用一百人的限額，若全聘滿，則聘用總數就佔了部署總員額的五〇%。依據立法當時，行政機關合計平均聘用（薦任級）或雇用（委任級）名額，各以不超過機關總名額五%的原則，假設只看聘用部分，在數發部署組織法中明定可聘用員額比，是現況容許比率十倍以上。

惟在通過組織法正式設數發部之後，卻在二〇二二年九合一選舉期間爆發爭議，認為雖有限額，但無法接受如此高比率破壞文官體制之舉。前後比對看來，這件在立法及執行之間產生的重大爭議，來自兩個原因：一為立法院審議時，並未真正參酌所有現況資料；另一為碰到選舉就以政黨利益為依歸，忘了當初跨越黨派為國舉才的美意。不管是哪個原因，都不應該發生啊。

聘用人員其實缺乏制度性保障，政府機關中除少數聘任人員（約三千多人，包括中央研究院研究人員）得以比照公務人員福利、保險、退撫條件外，更多的聘用與雇用（約三萬一千多人）雖久任廣義公務員，但各項就業及退撫條件相差太遠，這是未來須與行政院人事總處合作，提出總體配套調整的大案子。至於數逾十萬的臨時人員，更須研議相關的制度性保障。

最近一個敏感性議題，則是警消組工會之訴求。先看教師訴求組工會之前例，教師團體於二〇一〇年在「工會法」中，爭取納入「教師得依本法組織及加入」條文，隔年旋即成立全國教師工會總聯合會（全教總），但仍保留原來全國教師會的名稱（全教會）與運作，可謂同一間房子兩套招牌。二〇一二年成立高教公會，二〇一四年另成立全國教育產業總工會（全教產）。教師雖能組工會，但不得組織以學校為單位的工會，而且明定教師不得罷工。

各級政府機關及公立學校公務人員之結社組織，在「工會法」中仍明訂「依其他法律規定」，也就是要依已有之「公務人員協會法」組織之，由於警消係屬正規公務人員之一環，所以一直適用該法之運作與規範。

二〇二三年九月屏東科技產業園區明揚公司廠房大火爆炸，四位年輕英勇的消防人員喪生火場，引發社會上對消防人員職場安全與權益保障的高度重視，並有強烈要求消防人員得以組工會的呼聲。

其中有關組工會一事，行政院已協同考試院大幅修訂「公務人員協會法」（不是工會），會銜送立法院審議，以放寬及強化結社權與協商權，並另大幅提升警消同仁的出勤安全與權益保障，惟仍未有共識，在屆期不續審後，需再研議送出。

針對上述諸項做了總體性了解後，要點就是要想辦法在衡平考量下力創新局。我很快發現，這裡最喜歡講「衡平考量」，對「力創新局」最為戒慎恐懼！看起來，考試院應該是個可以探索各種可能性的有趣機關。

制度建置、修法與釋憲

當社會仍深陷年改爭議時，立法院於一〇六年八月三讀通過「中華民國一百十二年七月一日以後初任公務人員者，其退撫制度由主管機關重行建立，並另以法律定之。」我在立法院行使同意權時，就清楚說「將依法提出適用於一一二年七月以後新進公務人員的退撫制度」。進考試院後，先找專家來院講評各國退撫做法，銓敘部則開始籌劃一一二年新進公務人員退撫制度。

一一二退撫個人專戶制

台灣軍公教退撫制度首先為「恩給制」，由政府編列預算支付退休金。民國八十四年六月三十日以前所採行的，即為恩給制，是一種低薪下的高福利政策，由政府單獨提供退休給付。

之後採「確定給付制」（defined benefit, DB），由政府（六五%）與在職人員（三五%）共同撥繳退休撫卹基金，費率剛開始為本（年功）俸兩倍之八%，年改前逐步提高到一二%。一一二年一月一日起已提高到一五%。該一「退撫DB新制」由公教軍於民八十四年到八十六年間，依序採行。

惟該制度實施後，並未量入為出，而是在退休時除依退休基數計算退休金外，尚有公保、優惠存款十八趴利息及其他優惠給與，以致每月可領金額與退休前薪資過度接近，使得退撫基金於一定年限內，就會出現提前用罄而須政府撥補等嚴重問題，因此而啟動制度性修法。嗣後因在所得替代率、溯及既往及信賴保護等議題上難有共識，引發了非常激烈的年改爭議，現在雖已大致底定執行中，但每逢大選仍有餘波。二〇二四年新國會三黨不過半，在野黨部分立委提出修法，要求中止調降退休公教的所得替代率，讓已實施漸趨穩定的年改方案橫生變數，除需另作修法攻防外，對即將進行的勞保改革，不是一個好的示範。

為讓民一一二年七月以後新進公務人員得以採「確定提撥制」（defined contribution, DC），以確保財務永續，先在民一一一年十二月十六日立法院三讀通過「公務人員個人專戶制退休資遺撫卹法」，確定民一一二年七月一日起新任公務人員的退撫制度（一一二個人專戶ＤＣ制），並規劃公保與職業雙層年金新制，將第一層社會保險的公保養老給付年金化，係採確定給付制的保險基礎年金。第二層職業年金部分，則改採確定提撥與可攜式「個人專戶ＤＣ制」，按月撥繳的強制提撥費率為本（年功）俸兩倍的一五％，採個人三五％政府六五％方式分擔，個人尚可增額自提本（年功）俸兩倍的五．二五％（上限），兩者皆不計入提繳年度薪資收入課稅。個人可在自己帳戶中，選擇採取積極、穩健、保守或人生週期等投資方式，由退撫基金管理機關（構）代為操作，若擇定風險最低選項，政府保證其最低收益不低於當地銀行二年期定期存款利率，如有不足由國庫補足。

確保基金的永續運用

因應後續一一二新制，考試院在銓敘部設置第一個「公務人員退休撫卹基金管理局」，並代管軍教退撫基金，以替代原來的管理委員會，原設在院下與部會平行的監理會，則改併入銓敘部新設之監理司。

民國一一二年七月一日開始，新進公務人員不再加入現行退撫基金（係指民八十四年七月一日以後不再採用恩給制，改採就本俸或年功俸兩倍的一五％，個人三五％政府六五％共同提撥之共同儲金制，慣稱「退撫DB新制」），會因此導致原退撫基金提前用罄，造成財務缺口問題，因此另修「公務人員退休資遺撫卹法」，規定政府應就現行退撫基金用罄年度提前之財務缺口，由政府自一一二個人專戶DC制實施之日起，分年編列預算撥款補助之。政府依前項規定完成撥補後，應依精算結果，接續分年編列預算撥補現行退撫基金（或「退撫DB新制」），以健全基金財務。這兩個財務缺口一小一大，皆須依法先後分年撥補。

政府依法本就應針對軍公教退撫負最後支付保證責任，現在除了將午改之後，各級政府調降退休所得及優惠存款利息所節省出來經費，全數挹注到現行退撫基金，不得挪作他用之外，還將分年撥補現行基金方式明確入法。二〇一八年開始調降退休給付後，所撙節之給付與政府針對財務缺口之依法挹注，迄二〇二四年已逾二千六百億，全數撥入退撫基金，延長基金之永續運用。

公立學校教職員亦適用上述規範，已寫入「公立學校教職員退休資遺撫卹條例」中，個人專戶制則另立新法。

新進人員一一二個人專戶新制，避免了支出大於收入之潛藏債務問題，現行退撫基金的明確化撥補機制，則確保了基金財務衡平永續，亦大幅降低軍公教對二度年改的疑慮。在整個規劃及修法的漫長過程中，院部會幾乎全員參與，貢獻良多，到了二〇二二年底立法院臨門一腳時，由劉建忻祕書長與銓敘部周志宏部長領軍，備極辛勞，勤於溝通化解歧異，終於在最佳狀態下通過，真是不容易。

任何改革必須有配套措施，如修訂後之「公務人員退休資遣撫卹法」，規定公務人員退休後所領月退休金，在消費者物價指數（CPI）累計成長率達正負百分之五，或至少每四年CPI超過一定比率後，應檢討調整退休金，其調整比率由考試院會同行政院定之。依此在二〇二四年已調漲軍公教退休給付四%，另亦調漲現職人員的本薪及加給，這些都是因應退休金年改新局的配套措施。

一方面廢止十八趴優存、參考國際慣例調整退休給付的所得替代率，另一方面則依法適時調高退休給與，兩軌並進，這是一種兼顧改革理念與社會安全的做法。希望這些配套能不間斷穩健的做下去。

大幅提升退撫基金與公保準備金運用績效

社會上屢有要求提高基金收益的呼聲，二〇二三年國內外股市上揚，由考試院負責的退撫基金與公保準備金操作，盈餘逾一千六百億，因此在二〇二四年中可供利用或投資的運用規模，已逾一．五兆規模（包括繳費、挹注、撥補與盈餘等項收入，扣除給付之後的數額。退撫基金部分近兆，公保準備金部分約五千七百億，公保依法由台銀代為操作）。

退撫基金合計公保準備金，二〇二四年前兩季（迄六月底）已獲利逾二千二百億，期中收益率大於一六％，合計二〇二三年的一千六百多億盈餘，逾三千八百億。該一年半的盈餘數值，已超過民一〇七年以來年改所撙節與政府挹注進入基金的二千六百來億，這是一種成功的雙軌並行，是退撫基金永續經營的良好示範。

不過，公保準備金的運作與盈餘採平準費率做法，會依盈餘或虧損調整納保人繳交應降應升的費率，最後則是收支平衡，所以不會產生退撫基金在財務上可能用罄的問題，這種方式與退輔基金的運作及盈餘處理完全不同。兩者雖皆由銓敘部經管與監理，但兩者切開不相流通。

故若單純只看退撫基金，則二〇二三年運用規模為八一四八億，收益九九七億；二〇二四年上半年運用規模九八六二億，收益一二七六億。退撫基金這一年半的收益盈餘約達二二七四億，已接近民一〇七年以來年改撙節與政府挹注進入退撫基金的數額。由於最近的經營收益，使得退撫基金自從一九九五年開辦以來，二十年平均年度收益率已高於四％。

考試院雖是五權分立下的憲法機關，但因人事、主計、警政與政風一條鞭的體制，每年預算都須經過行政院主計處匡列，又由於歷年自我設限的保守編列，因此連國考如此重要的工作，都處處在經費上卡關，相較於同樣負責考務的教育部（還不是主要業務），可說天差地遠，連我都難以理解主計處與考選部之間的互動，究竟出了什麼問題，一直到現在才堪稱略有改進。

在一個財務編列處處受限的大機關中，好在有一個手上掌握一．五兆可用資產，與國內外金融市場及資產配置連動的基金管理局與銓敘部監理司，而且這兩三年來縱橫捭闔，創造出每年逾千億的大筆盈餘，可說無所不利，也算是對軍公教退撫的永續發展做出重大貢獻。不過股市是個不確定性特高的地方，面對美國大選與世界地緣政治以及台灣本身安全的各項風險因素，我們還是要戒慎恐懼步步為營，做好資產配置為要。

八十三年後才重修「公務員服務法」

「公務員服務法」於民國二十八年公布施行（正處八年抗戰，台灣仍在日治時期），歷經八十三年未全面修正。國家與公務員之間早已不再是特別權力關係，趁這次全面修法，適度鬆綁公務員在經商（公務員仍不得經營商業，但在程序及項目上做適度調整增減）以及兼職上的重重限制（如法定工作時間之外，可從事社會公益性質活動或非經常性工作；依個人才藝、智財權與肖像授權，獲取合理對價等項），並讓公務員以個人身分得享有適度言論自由。

惟公務員（包括已兼行政職之中央研究院研究人員及研究技術人員，與兼行政職之公立學校教師）未經機關（構）同意，仍不得以代表機關（構）名義或使用職稱，發表與其職務或服務機關（構）業務職掌有關之言論。

該法修正後另一新增特色，是將中央研究院未兼行政職務之研究人員及研究技術人員，視同與未兼行政職公立學校教師一樣，另依適當法令處理，不受「公務員服務法」規範。但中央研究院性質比較特殊，兼行政職研究人員及研究技術人員，掌握較大資源，故仍受整部「公務員服務法」規範。

未兼行政職公立學校教師之行為，以前已於教育部掌理之教育法令中另予規範，此次再將兼行政職部分亦予移出，在經商及兼職上，不受「公務員服務法」限制（但言論部分仍受規範），另由主管機關（教育部）訂定相關規範，更落實公教分離原則。

考績丁等懲處修法與釋憲

二〇二二年台北高等行政法院與當事人，就公務人員考績丁等、功過相抵後累計兩大過得以免職之行政懲處，違反公務人員懲戒權屬於司法院的憲法規定，提出「公務人員考績法」與「警察人員人事條例」違憲，聲請釋憲。

該一聲請，係希望釐清在政府與公務人員之間久已不採行特別權力關係下，若以公務人員考績丁等及其他不適任事由免職，因涉及剝奪公務人員身分，究竟應屬行政機關或懲戒法院權責？行政院與考試院立場一致，認為該一聲請嚴重挑戰行政機關基本人事權與行政效能，須好好釐清。

憲法法庭就考績丁等免職裁定不違憲，認為制憲以來（民國三十五年底，中共與民主黨派未參加），司法懲戒及行政懲處一向併行（懲處免職後尚可轉任其他公務機關，司法懲戒則不能再任公務人員，性質顯有不同），任命及免職是行政權人事權核心，司法當為救濟機關應尊重行政機關人事權，以符憲法權力分立原則。行政懲處乃在現場就懲處與公共利益之間做衡平考量，汰除不良公務員為提升行政效能之固有權責，在手段及目的之間具有實質關聯，並未違反憲法保障人民服公職之意旨。

考試院當為國家人力資源部門

來院赴任前，向徐旭東董事長請辭基金會董事職，他說上網查看，發現考試院一大部分與企業人資部門很像。同樣都是選人留才，考試院確實應該要做好國家人力資源部門的角色，但受到的限制遠超過大企業人資部門。

釐清公務人力需求後調整國考方式

公職人員需有良好的常識、教養、服務態度，以及職務上需要的外語及數位能力。目前國考方式很難滿足這些基本需求，因此需想辦法調降筆試科目、增加面試及測驗、用人機關高階文官多參與實質甄選、調高高考英文佔比（原先佔比竟低於普考）、擴大兼採英檢、加強涉外專業科目英文比重等項。在考後分發之前與升官等訓練上，則繼續強調英語及數位能力的終身學習。

這些調整都很明確，可逐項進行，鬆綁長期以筆試為主的選才方式。

以謹慎與專業方式鬆綁並推動公私交流

工程師、土木技師、建築師、律師與資訊資安人才等類，除以高考公職考試任用外，可另採會議專業審查方式（外部專家委員不少於二分之一）進用，依資歷從薦任七職等或八職等開始進用（大學畢業生通過高考三級後，以薦任六等任用，碩士通過高考二級，從薦任七等任用，博士可報考高考一級，通過後以薦任九職等任用，薦任九職等之上為簡任十職等）。新修的專技人員轉任公務人員機制，可讓轉任名額不再受限於須國考公職特定技術類科錄取不足額後，才能以缺額來進用專技人員的規定。

「專技人員轉任公務人員條例修正草案」已於二〇二二年十二月九日三讀通過，該法與公職專技人員國考，以及行之有年的「醫事人員人事條例」合併推動後，將可大幅度回復過去「技術人員任用條例」所曾發揮過的正面功能，讓政府機關得以有更大彈性多元取才。

至於推動公私交流，首須排除外界對政商連結之疑慮，考試院先由國家文官學院在辦理高階文官（簡任十～十四職等）半年訓練計畫時，另聘產業界及各行業傑出業師，安排學員到業界做短期蹲點，並於赴國外研習時，委託知名之民間文官訓練機構代訓（如英國與芬蘭文官學院）。依上述做法混合進行之後，確可發揮公私互動成效，以後應可擴大辦理，並延長蹲點時間。

試務須做改革

中學及大學的基測（會考）、學測或指考，每年考一次且考試科目未超過十科，每科考生人數夠多，所以容易建立考試結果常模、從原始分數改成級分、做試題難易度分析與試題信效度檢驗。

反觀全國性專技及文官國考，每年約舉行二十次，類科近七百，考試科目逾二千四百，每年報名考生約四十萬上下（應考數目每年浮動，約三十萬上下；近年開始顯著減少，尤其是在應屆畢業生應考公職高普考上），但因為國考類別切割瑣細，出題、審題、閱卷都比較複雜，難易度問題及信效度分析很難做好，須設置必要題庫、更新擴大出題人才資料庫，以資調節，另外要想辦法讓更多高階文官來出題，或參與考選過程中的口試及審查，以直接改善傳統式的出題方式。

我們安排與大考中心、心測中心及專家們合辦工作坊，評估試題品質與各項試務工作之調整，並討論如何使用心理測驗及各類性向（一般＋特殊）測驗、還有高普考各類別究竟應考幾科才算充分。若高考三級慣用的一般科目二科加上專業科目六科（2＋6）過多，則該如何調整（如改為2＋4，已有逾八〇%用人機關同意朝此方向修改）？同理，普考進行同樣修改（由2＋4改為2＋3）的支持度更高，超過九〇%。高普考減科業已於二〇二四年，就其中大部分已經協商同意之類科開始實施。

二〇二三年另確定將地特五等併入初考選才（兩者皆以委任一等任用），又屬於同一職系不同類科，如何整併以減少總數，也是試務改革核心，必須與用人機關及專業界再好好協調。高普考減科已先起步且獲支持，其他的應可一棒一棒接力完成。

前已述及國考特別重視公平正義，惟並未限制考選方式，應可不必在法令與政策上自我設限，但什麼叫做滿足公平（如筆試、口試、審查、多元考選，皆須符合公平之判準）與正義（如國考中的地方特考、原民特考、身心障礙特考，都是在正義概念下所發展出來的特殊國考），並不容易獲得共識，若能仿已經建置好的考銓資料研究中心，籌設一個更具有實體功能的測驗發展中心來超前部署，一定可以做出根本性的貢獻，就像大考中心一樣。做好國考的各項測驗與評量工作，可說是國考各項改革得以成功的基礎，測驗發展中心已在籌劃之中，預期三、五年內應可設置與運作。

推動試務改革中，更在多所大學中學支持下，普及設置電腦化考場，對以測驗題為主的類科（如醫師、護理師、醫事人員、專技人員，並規劃納入部分公職國考）幫助甚大，是國考電腦化的基礎工作，二〇二五年應可超過一萬五千台電腦，足敷單次最多考生之需（如護理師國考）。

另外，大學系所院常詢問如何在社會需求下，於國考中新增考試類科，考選部通常會建議循制定職業法、找出相關科系、並確認職業需求或機關開缺等方向，來逐步完成申請，如近期開始招考的公共衛生師，即依此程序進行，另有生態技師之議，則尚在討論建立共識中。不過這不是一件簡單事，因不同領域看法與不同專業定見，過去常有功敗垂成者，如整脊師、中藥師、藥妝師等項。

缺乏國際互動有深層理由

考試院很少有國際學者專家及政府人員前來參訪，進行考銓業務交流，顯然與台灣目前深受國際矚目的地位大不相稱。

考試院令人驚訝欠缺國際互動的現象（公職人員訓練及考試技術例外），有更深層理由。五權分立體制及憲定職掌，規範所有公務人員不分中央地方，原則上都須經由考試院在大一統考選制度下分發任用，國際先進國家則係由中央與地方用人機關分別主導考選，兩種做法可說大相逕庭，難以比較。

文官任用上，我國採官職等併立制，官等為簡薦委，共十四職等，各類高普初特文官國考，大體皆有對應職等。美國及OECD國家，容許有不受官等職等及俸表結構限制的高階文官（或高級行政主管，SES）制度，進用高階文官時，容許有非公務體系內的外部高級人才參與競爭後任用。但對台灣政府機關而言，這乃是一種介於文官及政務官員之間的管道，也許以前在台灣實施過的甲等特考有類似之處，但因反對者眾，早已廢止。在憲法規範及當前社會氛圍下，應該是更難設計出來。

由此可見，依據五權分立原則發展出來的考銓方式，相較美英歐澳紐日及其他亞洲國家，確實有難以互相援引之處，以致出去參訪的多，過來取經互動的少，而且參訪回來後常因體制轉換困難，不容易據此作出重大改革。但這種結論還可以再樂觀一點，如下所述。

我在二〇二三年九月初，與劉祕書長、郝培芝主委及幾位同仁到英國參訪，英國是最早建立文官傳統來進行有效帝國管理的地方，也是我最早學到政務官與文官應該做到「你謙卑順從的僕人」（your humble and obedient servant）這個概念的地方。英國國勢雖已大不如前，但面對時代變化，在行政與文官體系的革新以及公私協力彈性做法上，一向積極求變，值得學習。

透過駐英代表處謝武樵大使的安排，與上議院幾位勳爵女爵餐敘，前議長D'Souza女爵一碰面就問考試院是什麼？因為考試院有關文官的考選，在英國皆由內閣與各政府機關分別辦理，甚至有時就委辦給民間辦理，政府機關會將中下級文官之聘用，外包給SSCL（Shared Services Centre Ltd.）之類的公司甄選，但須遵循內閣辦公室所設定之框架，甄選後訂優先次序，送機關任命。高階文官與中高階文官之選任，以及英國政府甚為自豪的，從內外部各級專業菁英中（包括剛畢業的優秀大學生）所採行相當成功之快速甄選（fast stream），皆可由內閣辦公室辦理。假若部會機關不辭辛勞，想要自行甄選人才進公務部門，也是可以的。由此可看出英國政府的彈性，至於地方機關的人才甄選，則是另行處理。

我另在二〇二四年六月底七月初，與銓敘部法規司雷諶司長及退撫基金管理局陳銘賢局長還有局裡同仁，一起到美國華盛頓DC與紐約市，拜會俞大濤大使與李光章處長，並在代表處與基金委外機構協助下，安排參訪聯邦人事管理局（Office of Personnel Management, OPM）、聯邦退休儲蓄投資委員會（FRTIB）下的儲蓄計畫（Thrift Savings Plan, TSP；為全球最大的確定提撥制計畫），實地了解美國聯邦員工的人事管理體制、職位分類與俸級、高級行政主管（SES）之運作方式，以及TSP儲蓄計畫如何在確定提撥制下，讓聯邦員工與軍人作自主投資組合。另外並安排與我們管理局及美國聯邦TSP的委外機構，包括貝萊德（Blackrock）與摩根大通（JP Morgan），商談它們如何研判全球經濟市場走向與私募市場前景，並擬定投資計畫。這兩個機構都是世界級的資產管理大公司，在世界各地設置資料中心與智庫，一向密切關注可能影響投資與資產配置利益之地緣政治與美國大選因素，可說隨時與世界政經社會現況連動，我們得與這些在世界第一線工作的菁英交換意見，受益良多。

美國的各項規模當然大很多，但同樣的，在人事選才與公務員退休上都是走彈性路線，尊重自主選擇的運作機制。

台灣在憲法上並未限制中央與地方應如何選才，法律上亦未明確授權或禁止，卻在政策上發展出一種容易管理的中央集權式考選及分發方式，而非英美式甚至日本式之彈性多元做法。台灣源自歐陸法系的底子雖然與英美法系不同，但台灣的憲法與法律，其實並沒有把文官考選這件事綁得這麼死，我們在比較與釐清之後，應該還有再度調整、取法乎上的空間。

應在國內外彰顯台灣國考與文官體系特色

台灣在五權體制底下，仍然培養出為數眾多的優秀文官，而且有不少亮點。

台灣除了有大規模國考，依報缺統一分發的文官任用制度外，還有幾項深具特色的文官特考，如原民特考、地方特考（分區報名、分區考試、分區分發；二〇二四年又啟動離島特考，增加一個選擇）、身（心）障特考，皆已有相當人數進入公務體系。另外在女性參與公職部分，以二〇二三年資料而言，若計入警察人力，約佔公務人員總數四二・八％，不計警察人力則約佔五二・五％，至於警察人員中之女性佔比，近十年亦已加倍。若只看高階簡任（派）公務人員，女性亦佔三九・一四％。總體而言，本國在公務部門中所推動的女性平權概念，應已獲致相當成果。

這些運作方式及特色舉世罕見，有些則進步明顯，但卻未能於國際及專業圈中獲得彰顯，比較本國各項政務如醫療、人口與內政、財稅財政、經濟產業、教科文等項，可謂被嚴重低估。

台灣的文官體系及政府運作，其實有很多值得國內外參考比較之處。如台灣文官體系在重大產業與各類重大政策制定的關鍵點上，以及政黨輪替後面臨重大政策應否或如何延續上，都在本國現代化民主化過程中，發揮過特殊角色，亟待做出有系統論述。

這些都是很有意義的問題，但不能躲在同溫層中做結論自己叫好，需要提出有證據的論述！考試院部會這幾年，除了與國科會人文處、國家教育研究院及公共行政界學者，共商如何提升研究能量外，另與人事總處合建考銓資料庫，希望能建立出開放合用之「資料驅動證據為基的決策支援系統」（data-driven, evidence-based decision support system），以提出具有說服力的論述。

不是困難問題不會留這麼久

上述所提改進方案理所當然，剛剛好而已，有那麼困難嗎？但若非困難問題，也不致留這麼久還難以解決。

據說五十多年前，孫運璿、李國鼎及趙耀東遊說留學生返國，進入政府部門及國營企業工作時，流傳過他們講的一段話：「你們如果不進入公部門任職，將來三流人制定政策，你們這些一流人也沒好日子過。」

社會各行各業用更好條件拉走眾多一流人才，政府部門不只薪資偏低規矩更多，想找到足夠的一流人才確有難度。當大學多元取才已歷經二十幾年，這些畢業生就是考公職國考主力，國考卻還在獨沽一味專攻筆試來「選賢與能」，類此太偏知識性，既不考慮性向也無面試的石器時代考試，不應該再繼續下去，以致讓政府更找不到現代一流人才。

推動資格與任用併行，高階文官參與選才

每年經高普初特考分發考試及格公職人員，約有一萬四千名，但用人機關卻極少參與（尤其高普初考部分）。台灣公務人員考選制度從資格考演變成資格及任用併行制，以迄現在的分發任用制，愈走愈不靈活，已逾七十年。

二〇一七年全國司改會議決議「法律專業人員宜採多合一考試之後再分流」，擬將現行分發任用制，改回到早期的資格及任用併行制，讓用人機關在選才之前有更多參與。這相當於將專技人員國考（取得資格）與文官國考分發慣例，合而為「一」之做法，亦即先取得資格再分流，依法官、檢察官、律師、法制職系公務人員等類別，經申請及訓練之後再予分發。這是一種類似「醫事人員人事條例」與「專技人員轉任條例」的做法，須另立專法以取得變更國考方式的法源，並送立法院審議。

有些簡單的試務改革，如高普考減科，既未違憲法五權體制，亦未違背公平正義原則，在考試院權責範圍內即可決定，減科之後就更有空間，讓用人機關高階文官來參與面試、規劃實施性向測驗，以更符國際化，並讓用人機關增多選擇權。

不要讓一流人才進入政府變三流

因為COVID-19之故，全世界驚覺台灣的半導體及晶片產業，已足可左右世界局勢，這種成果有相當一部分應歸功於過去文官體系的貢獻，在政策性設計出科學園區與策略產業推動機制後，有效透過行政院科技顧問組、經建會、科技顧問會議、全國科技會議、科發基金、國科會與經濟部、大學高階人才培育，以及行政院開發基金，結合民間力量投入，才一步一步走到今天這個地步。

其中關鍵在於，政務人員無私與不偏的領導、尊重文官體系的專業權責及升遷、並延續良好政策。台灣四處都是人才，說政府沒辦法找到一流人才，剛開始很多是假議題，但若不用心改進，有些人很快會被逼變成三流，大家真要有所警惕，大大的警惕！

如何做好公共決策？

我從過去的公務經驗，與考試院四年任期的體會下，得出幾個心得供參。

決策類型與不確定性消減

我熟悉的重大公務決策類型，大約有：⑴確定性下做決策（decision under certainty）；如推動雙語學習、培育資通訊與ＡＩ人才、設置半導體學院。⑵風險下做決策（decision under risk，已知機率及後果）；如制訂海平面上升後的西海岸搬遷政策與繪製淹水微分區圖、教育學術機構可否可以經營生技或其他科學園區、國立大學法人化應否取得校地校舍處分權。⑶模糊不明下做決策（decision under ambiguity，機率及後果不明）；如何設計私校法捐資興學精神與私校投資辦學經營不一致下之退場機制、如何推動未涉政商不當連接的公私部門交流。

至於台灣最關心的能源配比、核電政策與兩岸互動，則擺盪於第一與第三種決策類型之間，時好時壞，一般應走「不確定性消減」（uncertainty-reduction）路線，讓模糊不明情境先想辦法降為風險性或確定性，再來考量如何有效解決問題。

不同類型決策難度各有不同，第一種需要執行力；第二種係在已知機率及後果下做好計算，以求損害極小化與利益極大化；第三種則顯然資訊不足不明，富含情緒強度（包括公平正義問題），須在多重指標下尋找共識以求最適化，或延時解決。公職人員有必要了解這些不同類問題，應該如何做才能處理好，並具體落實在公務決策上。

衡平考量或分而治之

考試院的公共及人事決策，常會碰到類似肯尼斯．阿羅（Kenneth Arrow）於一九五一年所提出「不可能定理」的困境，係因為求全，事事想要衡平考量之故。假設在作制度或政策設計時，須同時滿足底下幾項單獨看起來都很合理的要求：「提升政府效能、不違反公平正義、維持公部門穩定性及秩序、維持個人與集體理性、相同發言權、不獨裁、巴雷托效率（所有相關人或團體的福祉都變得更好）」，但大部分狀況下難以設計出滿足所有條件的政策，問題出在各項判準之間有內在矛盾，縱使個別判準本身都具有正當性。若拿掉其中會造成矛盾之判準時，又常順了姑意逆了嫂意，引發爭議，所以常有拖延或停擺情事發生。

一件必行之事若發現無法有完美方案時，就該在限制條件下找出可行方案，否則事事都要求總體衡平，終將一事無成。最好的策略是分而治之（divide and conquer），先簡化及分解複雜問題，分解出一些可能有解的子問題，再依優先順序尋找可接受方案。

政務與文官領導

我參與過求效率之人道重建（九二一）、強調公平正義與政策延續性（教育部）、重視教育品質及學術卓越（國科會、教育部與大學）、力求制度穩定性（國考與文官體系、考試院）等不同對象不同目標的改革，發現要做好這些事，都必須想辦法履現一些共通元素：「不為己謀、公共利益極大化、不受意識形態介入影響、分而治之取代衡平考量、找一流人負分層領導責任。」

要在這些共通元素下做好「領導」，學問更大，人在公門好修行，誰當差誰就扛責，不要急著找替身卸責，也要記得「沒有不會打仗的兵，只有不會帶兵的將領」。以前常聽到「鐵打的衙門流水的官」，不明內情者覺得衙門真無情，好像對政務官無情才是偉大衙門的象徵，後來慢慢體會到，政務官該走的時候不走，沒有流水的官，就護不住鐵打的衙門，當衙門不再是鐵打時，護衛家國的功能便大幅減弱，豈可不慎乎！

在制定及執行公共政策時，要兼聽要接地氣，不能成為一言堂，要讓充滿幹勁與老成謀國同仁，提供兩種力量，有推有拉，推你前進，拉你後退，只要想做好事情，便會在一推一拉之間，開始移動開始展開，就不至於一事無成了。

聽起來有點抽象嗎？不會的，當你深入其中，又用點腦筋，就知道這些都很具體。

揮別四年考試院

過去在中國醫藥大學辦學時，我將「自由的風在吹」這句話懸為目標，希望校園內與師生心中所吹的，無非自由之風。這樣的期許我也同樣用到考試院，考試院部會過去雖然遲到，但這幾年做出了全面性循序漸進的改革，由於不間斷的改革，自由的風持續吹起，歷史通道經過調色重整，已轉型為愈來愈現代化的國家人力資源機關。

從科舉過渡到現代化文官國考

甲午戰敗後（一八九四），康有為、梁啟超力陳八股之害，提廢八股（一八九八、一九〇一），張之洞、袁世凱等人上奏廢科舉（一九〇五）。光緒一九〇五年九月廢掉從隋唐創建到明清共一千三百餘年的科舉，可說是古今中外有史以來最大的教育改革。

科舉取士用人除去了以前主觀、遊走門下、門第成風之弊，促成社會垂直流動，牢籠讀書人與天下人心。因此科舉之弊不在考試取才，而在考試方式與內容（詩賦、經史、策論、八股等）不接地氣，選出的不一定是最優秀文官。若將當代文官國考視為現代化科舉，則兩者所碰到的困境，初無二致。

在文官考銓歷史上，比科舉更早的是銓敘。文官「考績」一詞，首見於《尚書·堯典》：「三載考績，三考黜陟」（每三年打一次考績，考評三次後定升遷）。「銓敘」一詞，意指權衡資歷與功績後排序，見於晉書、南朝書文，應可合理推估秦漢已有類似做法，以維持帝國的有效運作。

我剛進考試院時，就發現有一條無形的歷史通道，首先是外面的大學多元取才已近三十年，一踏進考試院大門，赫然看到內側寫有「選賢與能」四個大字，正式進入民國；接著是國考試務大樓與考選部所辦理的現代化科舉，可上溯隋唐，做的是禮部的工作；再往裡面是銓敘部，辦理文官銓敘，可以追溯到秦漢魏晉之前，好像是吏部再生。保訓會與國家文官學院比較不同，做的是文官訓練（包括分發前、升官等與高階文官）之現代化培訓工作，退撫基金與公保準備金的管理與資產配置，則走國際化路線與世界連動，再加上這幾年考選與銓敘業務及法令的銳意改革，可說一掃考試院的保守形象。

最後一個公職

來到考試院後，慢慢與過去的經驗找到連接。二〇二三年二月六日土耳其強震，回想起九二一震災，土耳其搜救隊前來相助的獨特救災風格，就以院長名義捐了一月所得。同樣在前兩年多之內，也各捐一月所得到花蓮太魯閣號出軌事故、高雄城中城大火，以及俄烏戰火下的烏克蘭。二〇二四年四月三日早上七點五十八分，台灣發生二十五年來與九二一地震規模最接近的一次地震，芮氏規模ML=7.2，好在震央較深又在花蓮離岸海域，但同樣帶來令人不忍的災害，我由於過去的九二一經驗，可說感同身受，代表考試院捐出一月所得，略表心意，祈禱台灣得以離苦得樂。

考試院並非各類災難的主管機關，但因為是國家五院之一，常與國內外重大災難關聯在一起，透過這個憲法機關，得有因緣再做一點過去常做的事。

考試院部會總是在求新求變與穩定現有制度之中擺盪，在國家考試及文官體系變革聲中，尋找出路，希望多找一流人才進入政府，更希望政府內部制度及運作機制得獲改善，以免讓一流人才在進入政府後變成三流。

我常從傳賢樓九樓辦公室往下看，每次都可以看到大門入口內側，仿孫文手書的四

圖22　選賢與能：考試院內與對面的國家考場（來源：朱姿穎）

個大字「選賢與能」（圖22），這是出自《禮記．禮運大同篇》「大道之行也，天下為公，選賢與能，講信修睦」中的一句話。考試院最重要任務，應是為國家選賢與能，協助打造賢能兼具的文官體系，讓文官能講信修睦天下為公，更希望進而影響政治政黨人物，也能成為人民謙卑的僕人。

這四個大字應足可當為考試院的顯眼圖像（icon），所以我不只常與外賓共享這個意義深遠的圖像，在離開最後一個公職時，心中最想與院部會同仁共享共勉的，也正是這四個大字。

考試院第十三屆正副院長與九位委員於八月底任期屆滿，接下來的第十四屆考試院，總統已經提名周弘憲與許舒翔為院長、副院長候選人，並提名七位考試委員，我相信在他們理念清晰經驗豐富的領導下，一定更能體現出選賢與能這四個字的本意。令人遺憾的是，由於政黨意見紛歧，立法院各項人事同意權行使，因之延宕，考試院陷入空窗困境，國考與其他政務嚴重受阻，造成「附帶損害」，希望能儘速回歸正軌。

附篇

點評國家領導人

我兩度出任政府首長公職（未計國科會），一為二〇〇〇年開始的九二一重建會與教育部，另一為二〇二〇年進入考試院，任期各為四年，前後相隔二十年。我的最高長官先是阿扁，接著是小英。回憶錄不應避談當時的國家領導人，惟我並非政黨中人，只是因緣際會出掌政務，因此就做點非典型的浮面點評吧。

我們同代人在成長過程中，常會碰到被二二八與白色恐怖驚嚇到的長輩，前來告誡不要介入政治，但我們的成長動力，卻是來自規模愈來愈大的黨外運動。因此，我們一生都很在意如何終結威權統治，轉往良好的民主治理，是否能毋忘初衷，是否能理順兩岸關係。

以古為鑑可知興替，從歷史的透鏡來觀察，很快作個結論：「台灣終於在二十幾年前，成功結束了威權統治，轉往有效能的民主治理，惟有時忘掉初衷，常有爭議。至於理順兩岸關係，則還遙遙無期。」

阿扁的工具性性格

阿扁出身困苦力求上進，有明顯的工具性格（這是功利型性格之中性講法），常會先設定目標，反向嚴格管考；他劍及履及，主張做事情插香要插前頭，相信頭過身就過。不少人認為他是長久以來，做得最好的台北市長，應非過譽。

政權輪替阿扁上台後，每月至少一次到九二一災區巡訪，我以重建會執行長身分，陪巡二十餘次。阿扁具庶民親民之領袖風格，能聆聽災民所苦，迅速交辦解決問題，這可能是他這輩子最像人民領袖之時。

當十年教改爭議烽火連天時，不祇國民黨，執政黨政府內部也有很多聲音，想要棄守已進行一段時間的改革，但阿扁與我一樣，持改革不能回頭祇能修改轉進的態度，縱有資政、國策顧問與立委強力介入，要求回返原點，他全部忍下來，尊重教育部之處理。

就政權輪替後之前期與後期觀察，前期用人格局恢宏，內閣政務官員用人唯才，文官體系大致可以各就其位。但在後期，兩顆子彈之後的危疑之際，可能不安全感焦慮上揚，原先鋪陳之恢宏氣勢難以維持，打回原點。

阿扁的庶民領袖性格很難被取代，阿扁有一段長時間受人喜愛，應與此有關。阿扁第二任踩到了「當權者不能要錢」這條大紅線，大家都知道他身邊的人要負很大責任，但阿扁是國家領導人理應全面承擔，他還好沒推給別人，這是阿扁不可逆的歷史責任。

阿扁是第一次讓政黨輪替執政的大英雄，但最後卻變成台灣社會愛恨交加的台灣之子，孰令致之？他出事時我已不在任上，聽聞後只覺恍若一夢，我一生中常被高貴之因（noble cause）所驅動，認為自己所作所為無非為國為民，但阿扁事件之後那段時間產生認同危機，開始反省過去所做自覺有意義的國家大事，究竟還值不值得引以為傲。

接下來有幾個帶有超現實氣氛的場景，令人啼笑皆非。大概二〇〇九年吧，有一次搭計程車到喜來登，抵達後司機一轉頭，用台語說「啊，部長，怎麼抓到祇剩你」，我說「你亂講！」再隔不知多久，接到最高檢察署特偵組寄來不起訴處分書，上面列了一堆過去內閣同事，原來是國民黨二〇〇八年輪替拿回政權後，當家又鬧事，把我們一夥一狀告進去，之後到各部會翻箱倒櫃找資料，一直到不起訴處分下來，才知道有這一回事。真是無法評論，祇有一點小小結論：政黨與政治權力，真的讓人抓狂！

阿扁卸任後被關進看守所轉台中監獄，後來保外就醫，四處趴趴走。施明德二〇二四年過世後，阿扁在施曾號召倒扁紅衫軍天下圍攻的難堪經驗下，仍出面悼念：「先知都是寂寞的。一代梟雄施明德永遠的民進黨主席安息吧！」阿扁的「一代梟雄」用語，雖然有點突兀，這種氣度還是讓我深為佩服的。

不同類型的小英

我在阿扁第一任負責的職務，都是緊急而且強度高的國家政務，所以常要與阿扁互動，須上第一線處理事情。之後進考試院，部會仍有不少規模大且要做現場因應的行政業務，惟相對而言，院本身比較偏制度面之改革與建置，比較起來沒有像阿扁時期那麼動態，那麼多爆炸性事務，又是相對獨立的憲政機關，與小英的互動自然偏少。

我與蔡英文都在第一次政權輪替時進內閣四年，游錫堃是後半部分的院長，自稱阿扁的執行長，我們與游的關係馬馬虎虎，這時老同學蘇貞昌在台北縣當縣長，意氣風發。她與蘇在阿扁第二任內閣時，有一段時間分任副院長與院長，非常不對頭，但我在第二度進政府後，發現他們雖不能說意見都一致，但至少是同一戰線。

黃煌雄曾向我轉述過阿扁的評語，認為小英能善用曾有嚴重不合的蘇貞昌，以及並無良好互動的游錫堃，可說業已轉型成為政治家。

我在赴任考試院之前，認為應將我對幾件事的不同看法，讓未來長官先有了解，因此針對台大管案、李遠哲二〇一九年初加入四大老公開信這兩件事，與她交換看法。小英平時為人和善隨意，面對別人認為應嚴肅以對的重大課題，有時會輕鬆以對，以致引發爭議，如李遠哲就在政府應如何積極因應溫室氣體排放的對話上，與小英有過長期的不愉快。

不過蔡英文另有其驍勇善戰的一面，不乏反應迅速針鋒相對之時，我曾在行政院院會上，看過不只一次，她「單挑」馬英九（時任台北市長）的火爆場面。她在公共事務上，以改革或以民意為基調，急著要處理一些困難事情，如同婚與年金改革的大變動，雖然過程中糾紛不斷，對結果的評價也是見仁見智，但基本上是衝撞出一個大局面。惟在若干作為上則偏謹慎、堅忍、延後判斷與維持可控性，可歸類為穩健布局，包括處理兩岸關係在內。至於以天然氣與綠電替代核電，以及所引發的爭議，都仍是現在進行式，本書在其他章節已有評論，不再贅述。從這幾件各有特色的意志力表現看來，小英的性格與忍耐方式，似可依情境與問題性質的不同而調整，不宜簡單論斷。

二〇二三年葉俊榮母親告別式，大概由於處理台大管案時有過不愉快，沒發訃文給政府高層，但小英輾轉得知後仍親往致祭，實在不容易！

到考試院後，蔡英文說尊重五院職權，總統只在真需跨院協調時才邀聚會，但這種會很少，所以來往少。她離開總統職務時，兩岸問題仍是一個全民擔心、不知如何才能有解的最大課題。

幾點期待

我不宜對直接長官做過多點評，不過對今後的國家領導人，尤其是對賴清德總統能在艱難的三黨不過半中，奮力出線擔任領導人，接著應如何大開大闔以國家為念，走出大局面，真的是有幾點期待：

（一）國家領導人不能做小部會首長，首長也應有警覺不能做小自己，在上位的首長像個樣子後，部會的文官體系才能恢復活力，國家的競爭力自然可以提升。

（二）近年來台灣由於在半導體、晶片設計與ＡＩ等項高科技產業的表現，也因位居危險但重要的台灣海峽與太平洋第一島鏈核心，忽然之間發現國際朋友愈來愈多，台灣的國際聲望也跟著水漲船高。這是往外看一片樂觀景象，心中充滿喜樂與希望，但是往內看，卻發現身邊朋友愈來愈少，因為大家都跑出去吵架了，不只在街頭更在國會殿堂。往外擴展與向內牽制，都是一頭熱，但熱的方向卻完全相反，又有利劍環島相逼，種種不一致的混亂狀態，帶來不祥的氛圍，真是國家領導人應該要憂心因應的大問題。

（三）國家領導人最重要的大事，還是在消弭國內歧異的意識形態、恢復社會公平正義、弄好與兩岸及國際互動的大局、帶出有活力的經濟，以及鼓舞國民一起走出有希望的未來。

10
心理學的探索與踐行

我從台大到政府是離職而非借調，而且接下來的九二一重建、全國教育事務，以及後來到CMU辦學等事都很繁雜，全力去做還不一定做得好，豈敢一心二用？所以先停止指導研究生與研究計畫申請，之後才看狀況恢復。

當過台大教授二十幾年，又經歷過約二十年行政首長及大學校長生涯，雙軌人生各走各的，但有一共通的核心，就是心理學。

雙軌路上遊走與定位

一九八〇年前後一直到二〇〇〇年，是在台大專心做知覺心理學及認知科學研究、認真培育人才之時，主協辦多項國際學術會議，曾獲數次研究優良傑出獎項，指導過二十來位分別在台灣與美國拿到博士學位的研究生*。

台大與政府的關係千絲萬縷，離開學校後就碰過幾個台大所遭遇之實際困難，如桃芝風災後溪頭實驗林嚴重受損，我以政務委員身分出面協調農委會（林務局）、教育部、交通部（觀光局），依主管範圍分攤重建經費；台大兒童醫院的經費分攤亦同。其他的像化學系新館經費分攤、供國際奧林匹亞化學競賽使用之理學院思亮館實驗室設備更新、台大物理系協辦二〇〇五國際物理年等項經費，則是在教育部長任上處理的。我因為已經離任台大教職，所以並未因此而衍生利益衝突與迴避問題，得以依理依法處理。

中年從政後接著當校長，選擇性參與幾項重要學術及人文獎項評審（來自教育部、國科會、中研院、台大的獎項審查；總統科學獎與文化獎、行政院文化獎與傑出科技貢獻獎審議），或充當社會獎項推薦人（推薦CMU的李信達、湯智昕、林子堯獲頒青年十傑；推薦林宥欣獲頒

*黃榮村、櫻井正二郎、汪曼穎（二〇一九）。〈台灣實驗認知心理學發展選論：以台大心理學系為框架〉。《中華心理學刊》，六一卷四期，二九五～三一八。

女性十傑），擔任過十大傑出青年評審召集人。曾擔任五屆醫療奉獻獎評審召集人（二〇一五～二〇二〇），星雲教育獎高教組召集人多年。

因為以前當過國科會人文處處長，也替國科會（科技部）召集主持「心智科學研究推動委員會」，這是三個神經影像與認知研究中心的推動監督委員會，密集運作期間從二〇一〇年至二〇一六年，歷經數任人文處（司）長傅仰止、鄧育仁、蕭高彥、洪世章與鄭毓瑜，從一開始神經影像大型儀器尚未買入時，就開始協助三所大學（台大、成大、政大）籌備設立運轉事宜，有問題一起解決，並保持其公共性，而非特定大學或個別實驗室專屬的研究中心。

在這段期間，連續當過三任台大理學院院長遴選委員會主席，擔任過幾次台大校務諮詢委員、中研院評議員（二〇一四～）。曾領過教育部一等教育獎章，獲頒台大傑出校友、中國醫藥大學（傑出）榮譽校友。

出版過二十幾本專書，發表論文逾百篇，大多與心理科學及其應用有關，重心則放在對複雜心智問題的了解上。

以上所述只在留個簡略的靜態紀錄，臚列一些當為心理學家與大學教授，不管人在哪裡都應該做的事，其實能做得好的相當有限。

發展人類知覺研究的互動觀點*

我年輕時發展出一種觀點，認為當人類行為用低層次概念（神經生理或簡單計算機制）即可作成解釋時，一定要優先使用，這是簡約（parsimony）原則，好的科學要能這樣，如馬赫帶（Mach band）、赫曼方格（Hermann grid）與立體視覺現象的闡釋。但有些現象如錯覺及模糊圖形辨識，並非只有低階分析，還有高階及認知因素，應找出低階與高階互動方式，才算抓到問題核心。這是我一九八〇年代在台大心理系建立視覺訊息處理及計算視覺研究領域時，所採取之知覺互動觀點。

認知互動論

在選擇與決策行為研究上，則採取類似的認知互動論，釐清哪些是以理性運作即可解釋（如在資訊充分下的主動高階處理），哪些需要考量情緒與理性互動，或根本被情緒帶著走的決策（如在模糊不清情境下的被動低階因應）。

*參看本書「開始當大學生」章，「建立心智問題研究的互動觀點」一節。

有很長一段時間，我都與學生在做這些分辨，提出實驗及理論模式來解決這些問題。

我在撰寫碩博士論文時，剛好處在條件化研究與行為論末期，正往認知心理學前期快速傾斜，體會到人的被動性（低階）及主動性（高階），都會影響到總體表現，所以透過低階與高階因素互動來影響人類行為，是很自然的一件事，這樣也算替自己的觀點找到一個高尚之因。但還有一個不怎麼高尚的理由，那就是避免「認知失調」，因為採取了互動觀點，讓我在既做人類被動性論文之後，又很快去做人類主動性論文，之間的矛盾行為得以化解，不再互相衝突。

賽利格曼（Martin Seligman）是另一個極端對比，他在一九六七～一九九八年間，所持的人性觀點有了激烈改變。他先發現動物在無法逃避電擊後，無奈下只好被動忍受，由此而發展出「習得無助」（learned helplessness）的知名觀點，後來倡議以人類行為為主動性為主軸之「正向心理學」（positive psychology）蔚為流行，他是明顯靠邊站了，沒有什麼人性互動論之類的講法。當他的合作者為五十年前出版之《習得無助》論文（一九六七）撰寫紀念文章時，以前的主要作者賽利格曼竟未（或不願）列名其上，我看他是真想徹底忘掉這回事，他只選一邊，沒有認知失調問題。

被計算視覺吸引

初任教職後一九八二年到美東進修，當時的哈佛大學心理系是數理心理學及心理物理學大本營，幾位大頭目都在那邊＊，皆為美國國家科學院院士，我對他們的研究有一定了解，也有互動，但隔壁MIT的馬爾（David Marr）、波吉歐（Thomas Poggio）、烏爾曼（Shimon Ullman），以及強大研究群，剛發展出來的計算視覺學派更讓我心動。還特別趁假期赴聖路易，到老同學王裕具規模的電神經生理實驗室（以神經傳導物質研究為主）待了一整個月，去密集了解當時所有重要的電神經生理技術，這是了解一般與計算視覺研究時，不可或缺的一環。王裕很好奇，還問我是否想轉行做電神經生理。

在此期間，發現要從模糊及未知狀態下，找出具有心理意義的結構，常要反過來想。如先將一個3D結構利用正交投影，分解出一系列表面上看不出意義的2D組成成分，之後分別讓這些2D影像快速呈現，就會看到轉動中的完整立體結構（如圓柱體或球體），這是一種利用運動回復3D結構（structure from motion）之驚人展示，也是計算視覺學派之核心進路「反向工程」（reverse engineering）的示範，這類研究開始發展的關鍵

＊參看本書「任教台大」一章。

時間，大約是在一九七〇年代後期。

同理，先將耳朵所收到聲音，利用耳蝸力學原理做傅立葉分解（Fourier decomposition），得到各個頻率成分，或者將視覺影像分解為高、中、低頻各個空間頻率（spatial frequency）成分影像，之後再組合這些不同頻率成分，即可恢復出原來的聲音或影像。這是一種「先分解再聚合」（decomposition-binding）的做法，既可了解外界實體影像，如何在既存的感覺神經通道中，經過初始分析被分解出基本成分，又可觀察出知覺屬性的各個成分（如形狀、色彩、深度、運動），在經過低階處理後，如何送到高階腦區中，以何種方式聚合出物體的整體知覺。

計算學派係理念與示範研究先行，一九八〇年代後期開始出現重要的電神經生理實驗結果，包括李明史東（Margaret Livingstone）與休伯（David Hubel）在內的知覺屬性分解研究，以及辛格（Wolf Singer）與葛雷（Charles Gray）有關視覺特徵整合的關聯激發研究。克里克（Francis Crick）在一九九〇年代初期將此類「聚合問題」（binding problem），視為最重要的知覺歷程研究核心。

依此原理，尚可進一步研究如何利用震波之收錄，求解出地球內部立體構造；最少要用幾支麥克風在不同位置收音，才能恢復出原來音場（sound field）；如何設計出各種隨機點立體圖（random-dot stereogram, RDS），再透過跨眼網膜配對，以回復出原來深藏其內之圖形立體結構。

這幾個問題都是當代知覺研究最重要，也是比較困難的進路，剛在發展之中，還有很多值得深入探討之處，所以一從哈佛回台灣就上工，開設探討視覺訊息處理與計算視覺的課程。

知覺研究經典專書

為了協助研究生形塑其知覺研究學術觀點，除了論文研讀外，我們還陸續深入研讀四本專書，後來視之為知覺研究的舊約聖經，每當研究生甚至自己立場不堅定時，就去看看這群當代聰明人，以前如何建立其低階與高階觀點。現在將這四本值得懷念的老書寫下來*，感謝這幾位引路人，前面幾位作者都已過世，最後一本專書的兩位編者都來

* Cornsweet, T. N. (1970). *Visual perception*. New York: Academic Press.
Marr, D. (1982). *Vision: A computational investigation into the human representation and processing of visual information*. San Francisco: W. H. Freeman and Company.
Rock, I. (1983). *The logic of perception*. Cambridge, MA.: MIT Press.
Spillmann, L., & Werner, J. S. (Eds.)(1989). *Visual perception: The neurophysiological foundations*. San Diego: Academic Press.

過台灣，仍保持密切互動關係。

接下來就是選擇視知覺的基礎問題，進行系統性研究。首先從兩眼外界影像如何進行跨眼網膜配對（retinal matching），與立體視覺基本定理的妥適性開始，做相關測試，得到一些有趣的實驗結果，並測試高階與低階互動觀點之合宜性＊。

決策與選擇行為的認知互動觀點

五十三歲以後公務生涯非常忙碌，難以做自己的事，後來到CMU擔任校長後，邱耀初及林舒予與邱的學生林錦宏就來了，提醒我在一九八七年左右，引進一九七九年康納曼（Daniel Kahneman）與特沃斯基（Amos Tversky）的「展望理論」（Prospect Theory）以後，對他們的長期影響。由於當年研習行為決策學所建立的思考邏輯，讓他們難以認同現在流行的「軀體標記假說」（Somatic Marker Hypothesis, SMH），以及驗證該套理論的「愛荷華賭局作業」（Iowa Gambling Task, IGT）實驗，更不同意研究者認定情緒如何介入決策的思考方式。

講得真有道理，我們便開始一連串合作，尤其聚焦在平均值及輸贏頻率這兩個對立性概念，剛好也是主動性與被動性二元對立，真巧。

邱耀初與林錦宏提出數據，認為人在模糊不確定情境下玩賭局，根本難以掌控全局去好好主動的算出平均值，再來當為決策依據，而係被賭局結構中簡單的輸贏頻率牽著鼻子走。

依他們實驗設計所得出的結果，都支持輸贏頻率才是關鍵變項，但我大概更受到互動觀點影響，認為受試者在模糊情境下，確實是受到輸贏頻率（被動性、短期效應或短視）影響，但隨著時間過去，可以主動找到更多賭局資訊時（如機率與後果），受試者的決策情境有可能受惠於不確定性消滅，從模糊不清情境下，轉為在風險下做決策，也許因此能夠慢慢找出平均趨勢或平均值（主動性、長期效應或遠見），來當為決策依據。

這裡面確實有許多值得討論的觀點及待驗證假說，實驗資料是否足以支持，才是檢驗真理的唯一方式，但面對一個已經很擁擠的戰場，要進去大聲用預測模式及數據講些相反觀點，還是有相當難度。我們第一篇具有針對性而且看法完全不同的文章，被退

＊參閱本書附錄之二「立體視覺基本假設與知覺互動測試」一節。

了十次才刊登，就自己謔稱為辛亥革命，後來卻成為屢被比較測試的論文*。

IGT作業在模糊情境下，且未能在解題過程中獲得不確定性消滅時，應是不可能透過所謂軀體標記（如膚電反應SCR），來獲得正確解題的靈感（hunch）。這種類似特異功能的現象，縱使有些人號稱可以做到，絕非常態，所以我們無法採信這些研究者所獲得的結果，在這點上我完全同意邱耀初與林錦宏的主張及驗證ⱡ。

IGT之類在模糊情境下的決策作業，其實並非人類所碰到之決策常態，真正要處理的還是風險下做決策類型，這才是理性選擇理論與規範性模式的攻堅場域，也是展望理論以認知模式為基礎，發動革命性攻擊之對象。現在越來越重視決策中的情緒介入問題，但展望理論之類的認知模式，已經無法處理情緒的介入機制，必須超越。這個情緒介入決策的大問題，並沒有因為SMH與IGT的出現獲得解決，反而製造出更多問題。看起來，這是一個可以重新審視的重大課題。

心理學會終身成就貢獻獎

五十三歲辭去台大教職進政府後，應該算是轉行了。感謝心理學界沒有忘記我早期的努力，還有之後的心理學踐行工作，在二〇二二年台灣心理學會六十周年時，頒我一個終身成就貢獻獎，由第一屆二〇二〇年獲獎的柯永河老師引言並頒授（與柯老師同屆獲獎的劉英茂老師，已於二〇二三年十一月離世，並列台大心理系三公的楊國樞老師則於二〇一八年過世，他們都是我很親近敬佩的老師）。

推薦理由大約是「由一九八三年開始，在台大心理學系引入計算視覺（computational vision）取向與視覺神經生理學研究，開啟國內現代知覺心理學研究之先，引入相關國際重量級學者交流以及舉辦重要的國際視覺研究會議，並且拓展噪音量測應用領域，為相關理論及應用人才培育奠定了基石，是我國知覺心理學發展最重要推手。」除此之外，還對我雙軌人生所做的心理學踐行，講了一些好話。

接著，換我講一小段話：

謝謝我的學生們聯名推薦，雖然事前並不知道有這件事。回想過去，我們經常互相

*Chiu, Y. C., Lin, C. H., Huang, J. T., Lin, S., Lee, P. L., & Hsieh, J. C. (2008). Immediate gain is long-term loss: Are there foresighted decision makers in the Iowa Gambling Task? *Behavioral and Brain Functions*, 4 (13), 1-10.

✣參見本書附錄之二「決策行為的短視與遠見以及認知互動觀點」一節。

提醒底下幾件事：

（一）以前大家學習統計學、數學、實驗設計及儀器設計，追求統計顯著性（statistical significance）所花的時間，比思考科學重要性（scientific significance）來得多，現在實驗設備及支援條件比以前好太多，應可多花時間來追求科學重要性。

（二）應該建立出基本觀點，如有人走低階路線有人走高階路線，由於性格及經驗，我很早就開始採取互動觀點，但先從低階出發。這種觀點，讓我在做知覺與決策行為的理論研究及參與公共事務時，不會有不一致的感覺。互動觀點不見得是學術最好取向，但讓我得以在不同時代不同領域維持前後一致觀點。每個人經驗及因緣各有不同，但不管怎樣，都要儘快建立一個看待人類心智表現的總體觀點。

（三）要有特殊性。以前與學生一起研討文字知覺及物體辨識、精神分裂症（思覺失調症）透過觸覺矯正視覺扭曲、視覺觸覺化後之黏合機制、網膜配對與立體視覺基本定理之測試、錯覺輪廓及盲點填補之低階與高階互動、無意識力量及意識力量混合造成的空間及時間扭曲、決策及選擇行為中理性與情緒如何交互作用等項問題時，都是在互動觀點下，嘗試利用具有特色的實驗來解決它們。但這些問題的探討很多是新觀點下首發之作，有些仍未能完整揭露其相關機制，或未完成測試建立模式，還須繼續努力。

我從三十歲左右開始於台大心理系任教，五十三歲辭職去做九二一重建及全國教育工作，之後去大學當校長及進入考試院，都在過一種雙軌人生。在心理學軌道時，關心大學校園與公共事務；在公共領域及擔任機關首長時，從沒忘過心理學。在公共及災害防治場域，處處都有心理學原理可介入的空間，我已在二〇二二年六月科技部（國科會）心理學門成果發表研討會邀請演講「心理學的踐行」與其他論文中，做了歸納性評論。就這樣已經撐到七十五歲。台灣心理學會於六十周年時，頒我終身成就貢獻獎，大概是要督促我撐得更久，謝謝大家。

回看我的出身地台大心理系，現在不只規模與教研成就遙遙領先，更是學生心目中的首選，也可報考心理師法中臨床心理師與諮商心理師的國考證照。至於在低中高階視覺（視知覺）與人類意識研究上，有葉素玲、陳建中及謝伯讓等人，當年的學生現在的領頭人，穩穩建立起台大心理系在這方面的聲名，心中真是高興。

公共領域與學術工作大不相同

從學界進入政府，真有不同，體會到在救災與重建人道志業中，不能有黨派之私與藍綠之分，而且深刻學到不能什麼事都要衡平考量，否則終將一事無成，須找出癥結後勇敢分而治之等等。有人說，唱高調吧，其實不是，你有機會做做看就知道了。

兩者真的大有不同。以我多年主持公共事務經驗，第一流領導人應讓制度及組織做事，第二流讓次級主管及同仁工作，第三流自己通包或由自己人主導；但研究工作假若遵循這個順序，那大概做不出什麼具有原創性的重要研究。另外，做研究常是化約論者（reductionist），把握住重要參數後再從小看大；但參與公共政策顯有不同，常須反過來做，要直接切入動態變化中的整個系統，或做危機處理，不可能讓你好好研究後再作反應。

同理，「相信」這件事在為人處事及學術研究上大有不同，對人老是懷疑，沒人會再理你；但學術上若老相信別人或舊說，學術界也不缺你一位。

有人會說這不是換位置就換腦袋嗎？其實不是。位置腦袋說是在強調人的一致性，以及誠信廉正的人品（integrity），或者對民主自由、公平正義、無私利他等類基本信念，應該有所堅持，但並非要一個人繼續冬烘腦袋，鐵板一塊，不知審時度勢，反而因此傷害到國家與人民的福祉！

心理學的應用實踐

讀博士後期及專任教職初期，因學姊王明玉邀約，當過民航局航醫中心統計學與心理動作技能測驗顧問，歷經鄭文思、戴榮鈐、何邦立三位主任，與林憲、洪祖培、莊仲仁幾位前輩，一起協助民航局與航醫學界，定期甄選及評估各類飛航人員（以飛行員、飛航機械員、領航員與塔台管制員為主），開發可用之視聽覺、注意力及動作技巧、計算能力、智力、性向與性格測驗，並建立相關判準＊。

＊黃榮村、林憲、陳美智、侯樂華（一九七六）。《心理與神經生理測驗專輯——航空醫學研究報告》。台北市：交通部民航局航醫中心。
黃榮村、林憲、陳美智、楊光立（一九七九）。〈心理測驗在航醫應用上的敏感度、殊異性與常態性：七年的回顧〉。《中華民國航醫學會六十八年學術演講集》，頁九～一一二。

環境聲學、環境抗議與災害防治

一九八二年到美國進修前，邀吳英璋一起加入環境影響評估的先導示範計畫（在衛生署環保局莊進源局長支持下，由台大張長義主持，參與空氣與水研究的另有蔡清彥、陳泰然、彭旭明、牟中原、於幼華），負責開發台灣航空噪音測量與繪製大範圍噪音輪廓線的技術，並與SRI（Stanford Research Institute）緊密合作，落實INM（Integrated Noise Model）在台灣的首次應用（一九八八年前後），經由多點音源輸入，模擬出桃園國際機場的音量分布輪廓線。

在此同時，也建立起公共工程噪音評估預測公式，以供日後準備環境影響評估書之用。這整個示範計畫，是台灣建立及推動環境影響評估（EIA）制度之首發基礎。之後，我們也做了一些心理聲學在環境中的應用（後來還因此當過台灣聲學學會理事長，其前身為音響學會），另並透過配對比較法（method of paired comparison）與德菲法（Delphi Method），建立台灣第一套德菲法自動化中文系統，用到重大工程計畫的EIA之中。

這段期間剛好是台灣環境運動開始勃興之時，我因此轉而關心台灣社會，究竟是如何捲入這一連串環境抗議的。

一九八七年解嚴前後，台灣環境汙染嚴重，在環保經費（不到〇・五%GDP）與規範法規嚴重不足及執法不力下，出現多起自力救濟及大型集體抗議，一年多達百餘件，可說是台灣環境覺醒及爭議關鍵期，學界也找到一些新觀念，用來協助詮釋這些需要正視的集體行為，如習得無助、風險偏移（risky shift）、模擬性利他行為、抗議行為之面向及觸發條件、策略運用下的環境談判行為等項。我剛好有機會在此場域中參與觀察，得以研議其發生機制，並探討系統的動態解。

上述幾個看起來有點陌生的技術性用語，當年都是琅琅上口的名詞。在環境爭議事件中，有一種特殊的集體行為特色，認為大家會一起分擔責任，因此降低了對失敗的恐懼，而形成「風險偏移」，亦即個人在群體之中，會比個人自己單獨做決定時，變得願意去冒更大風險，眾多的自力救濟案件大概就這樣發生了。

在自力救濟與環保運動的壓力下，政黨政府為政治利益會促成體制面改革，廠商也會為了經濟利益極大化，來改善汙染排放，這類行為改變泰半為自身利益考量，但外表上看起來就像利他行為，稱之為「模擬性利他」（simulated altruism）。

諾貝爾經濟學獎得主蓋瑞・貝克（Gary Becker），曾提出「壞小孩定理」（rotten-kid theorem）予以解釋，大意是說本性自私自利的不肖子，害怕若是做出傷害兄弟姊妹致使其利益受損的舉動，將會使有分配權的大家長，將原本應該給他的財貨改分給他人，因此這位不肖子在理性考量下，會儘量兄友弟恭，表現出模擬性利他行為出來。

台灣環保在解嚴前，發現再怎麼努力或抗議，也無法獲得改善，因此產生了長期性的「習得無助」現象，解嚴之後才獲得紓解。到了九二一災後重建時，習得無助持續時間縮短很多，因為有各種政府及民間力量及時進入協助，使得正向心理力量很快出現，過渡之後取代了習得無助的負面情緒。這是一種習得無助與正向心理前後階段的互動轉換，看起來也可適用認知互動觀點的解釋。

這類環保場域與九二一震災重建一樣，都有很多值得觀測驗證，以及參與環境運動、環境影響評估工作、政策法令修訂的機會，當為一位心理學者與社會關懷者，我責無旁貸加入了這些可以身體力行的場合。

很多努力都產生了具體成果，汙染管制及防治經費在一九九〇年代躍升四、五倍，跳到二％ＧＤＰ，且外部成本（或稱外部不經濟）開始有效內部化，讓製造汙染的行為者，承受本由第三者負擔的社會成本，以促其減降汙染排放。一九九四年頒布「環境影響評估法」，規定開發行為對環境有不良影響之虞者，應實施環境影響評估，「環境基本法」則延後於二〇〇二年十二月頒布。這段時間，我就順便做些與風險知覺、防災及全球氣候變遷有關的研究＊。

台灣的環保運動

台灣環保運動在一九八〇～一九八六年間，已可看出即將來臨的大面貌。但真正發生的時間都集中在解嚴前一年（一九八六）到一九九四年之間：反杜邦設廠（一九八六～一九八七）、宜蘭反六輕（一九八六～一九九一）、李長榮化工事件（一九八六～一九八七）、環保署與台灣環保聯盟成立（一九八七）、後勁反五輕（一九八七年開始，一九九四年五輕完工）、高雄林園石化事件（一九八八）、大規模反核運動（一九九一年，包括反核四；惟一九八五年即已有反核行動）。

這段時間前後，也是消基會環境委員會最活躍之時。因多氯聯苯與假酒事件，消基

＊汪曼穎、葉怡玉、黃榮村（二〇一三）。〈台灣認知心理學的應用：從認知研究到科技脈絡裡的人性化設計〉。《中華心理學刊》，五五卷三期，三八一～四〇四。（包括對航空心理學之應用、台灣聲音環境測量、災害經驗調查等項，做一綜合評估。）

黃榮村（二〇一九）。《九二一震後二十年紀事：以及核電爭議與全球氣候變遷》。新北市：印刻。（最後一章「災害與污染下，如何預測群體的動態行為」，概述對環保自力救濟與集體抗議之動態行為，所做的研究與解析。）

會於一九八〇年成立，我以董事身分在一九八四到一九八七年底，擔任過消費者報導雜誌社社長。消基會設置有環境委員會，該委員會在於幼華擔任台大環工所所長期間（一九八一～一九八五）以及之後，結合社會菁英，以環工所為基地，發動大台北地區水源保護，並主張禁止在翡翠水庫區養豬、排放汙水入庫、開拓產業道路、開放觀光、建社區、在水源地設置文化與實踐分校校區等項，甚至進入立法院攻防，引發很大社會效應。我也經常參加該一系列活動，一直持續到一九九四年前後，楊憲宏、方儉、趙少康、丁庭宇、台大環工所的駱尚廉與蔣本基，以及成大環工所溫清光等人，都積極參與過*。現在聽起來都是理所當然之事，但當年可是要費盡心力才能做出大模樣來。

可以這樣講，一九八五～一九九四年這段時間（尤其是解嚴前後兩年），應該是環境／環保學者專業形象及公信力最高之時。現在的環保學者已經離開當年的風雲時代太遠，不過他／她們還是有能力與機會再創巔峰的。

不少人在該一關鍵時刻，全面與長期投入，應該是群聚效應吧，以前有心人很多，周圍學界與專業界朋友大都一本初衷，努力多做點事。

每想起這一段熱血中壯年的日子，就覺得好像真有替國家社會做過一些正面的事情！

譯注與寫作

我們到現在不懂的重要心智問題還是太多，如感動、同理心、私密經驗（第一人稱經驗的了解）、自我意識的產生、情緒與後續行動的關係等類問題，沒一樣是心理學與神經科學可以宣稱已做出決定性了解的。

肯德爾（Eric Kandel）在《啟示的年代》（*The Age of Insight*）書序中，講了一句話：「腦部的掃描可能發現了憂鬱的神經訊號，但貝多芬交響樂則展現了對該一憂鬱狀態的真正感覺」，與我數十年來的想法相近，深獲我心。

究竟還要多久，這些難題才能解密？

難題何時解密？

以過去認知心理學的標準教科書為例，原先並未放入極為重要的「情緒」課題，因

＊於幼華（二〇一五）。《環境保護在台灣：個人四十年來見聞選輯》。台北市：致知學術出版社。

為到了一九八〇年，人類心智與腦部神經機制才算真正連上關係，到了二〇〇〇年才對人類情緒課題開始有較深入的科學了解。依照肯德爾的樂觀估計，他認為科學界花了五十年，才比較完整的將視覺課題解密，所以要搞定更困難的心智課題，應該至少還要五十年吧。

過去心理學一直想利用科學方法（包括佛洛伊德的臨床思考），釐清人在個體與集體中，如何表現出人性（human nature），一百多年來確實累積出不少科學成果與影響機制，但莎士比亞則在四百多年前，已將人性本身的內容與動態歷程，尤其是人性的黑暗面及無可奈何的命運，刻劃得入木三分，在哈姆雷、奧賽羅、李爾王、馬克白四大悲劇中，處處可見針對人性的銳利觀察與深入剖析，再加上對人類命運的重磅感嘆。心理學既然是一門科學，就要想辦法弄清楚，為什麼一直進不到人性裡面去？

針對這些相關問題的宏觀性探討，非常需要透過重要學術著作的譯注與專書撰寫，在歷史脈絡上多做剖析。所以我花了一些時間來做底下的事情，也算是一種心理學的踐行吧。

學術經典譯注

我在七十歲以後，譯注了兩本經典大書：

1《啟示的年代：在藝術、心智、大腦中探尋潛意識的奧祕》

前文提過在台大念書的一九六八年前後、台灣經驗及黨外黃金十年、中國特色社會主義市場經濟轉型、一九二〇年代台灣的文化啟蒙，還有更厲害的「維也納一九〇〇」，讓人覺得這幾個斷代好像都有點八方風雨會中州的味道。

這些類似情節，在諾貝爾生醫獎得主肯德爾於二〇一二年所寫《啟示的年代》一書中，做了不少敘述。作者因其特殊的維也納回憶及精神科醫師經歷，將現代主義及表現主義藝術，與精神分析、視覺及情緒神經科學關聯在一起，評論情緒反應、同理心、視覺歷程機制，藉此解析人類藝術經驗，並談論維也納大學、佛洛伊德、還有科學如何與藝術對話等有趣話題。

二〇一五年十月我到維也納，去瞭解書中所提的重要地景及畫作，順道去格拉茲醫學大學（Medical University of Graz，二〇〇四年後改名，原為格拉茲大學醫學院及醫院）看大體解剖，共有三百多具，每年啟用上百具大體（台灣幾間主要大學醫學院，每年啟用大體各約二十具上下），具特殊處理技術且通風狀況良好。這間解剖學研究機構世界知名，由安德休伯（Friedrich Anderhuber）教授負責，他拿了一張紋路脈絡清楚的臉皮標本，翻過來，眼眶一清二楚；還有製作精良的腦部立體血管標本，與胎兒、嬰兒、到成年完整系列的實體骨骼標本，匪夷所思，放在今日絕無可能。維也納醫學大學（二〇〇四年前為維也納大學醫學院及維也納總醫院）則保存有逾三千具大體。

兩校部分標本據研判是來自過去集中營，維也納與國際醫學界曾為這類活體解剖來源，以及依此撰寫的解剖學教科書，做過很重要辯論，並得出確定結論，真是時代悲劇。

因為這些理由，我譯注了這本圖文並茂專書（中文約六百頁），當為心理學學術踐行的一個選擇，已由聯經出版*，居然成為小小暢銷書，兩年內紙本五刷。

2《心智時間與人類意識》

這一本專書譯注，係來自舊金山加州大學生理系教授李貝（Benjamin Libet, 1916-2007），在二〇〇四年出版的《心智時間與人類意識》（*Mind Time: The Temporal Factor in*

Consciousness），採用意識研究史上首次獲得的特殊神經活動實驗數據，系統性說明意識性覺知及無意識心智功能的產生機制✣。

作者針對幾個困難問題提出看法，如身心一元論與二元論孰是孰非、是否有自由意志、主觀心智如何影響自主性行動。更特殊的，是他直接進入病人腦內施予各種不同刺激，記錄到不少有趣的行為表現，並在顱外測量出具有行為關聯性的腦波，之後作者就這些實驗結果，做出類因果性（quasi-causal）詮釋，與一般心智研究（包括實驗及神經影像研究），泰半只能做到關聯性（correlational）的解釋方式，大有不同。

以前佛洛伊德主張存在有黑色精神力量（潛意識），他結合臨床現象及個案行為觀察，嘗試建立具有因果性的精神決定論（psychic determinism，意指黑色精神力量是驅動人類行為之充分條件），但並未成功，由此更可看出李貝研究的重要性。

＊黃榮村譯注（二〇二二）。《啟示的年代：在藝術、心智、大腦中探尋潛意識的奧祕》。新北市：聯經。（原著：Eric R. Kandel (2012). *The Age of Insight: The Quest to Understand the Unconscious in Art, Mind, and Brain from Vienna 1900 to the Present*. New York: Random House.）

✣黃榮村譯注（二〇二四／二〇二五）。《心智時間與人類意識》。新北市：聯經。（原著：Benjamin Libet (2004). *Mind Time: The Temporal Factor in Consciousness*. Cambridge, MA.: Harvard University Press.）

本書提出很多令人驚訝的實驗結果，顛覆了神經生理與心智功能不少基本看法，引起學界廣泛重視及不停的爭議。本書特色包括：(1)首次以實驗證實特殊人類意識現象。(2)人不是活在當下，總是晚了五百毫秒。(3)刺激皮膚比直接刺激大腦皮質部，更快獲得覺知。(4)無意識下的意念，也會實質影響到外顯行為。(5)在意識到自己做出決定之前，大腦已經在無意識中先替你做好準備，人類自由意志其實不自由，因為不自主的神經活動，已在意識出現之前決定了一切。(6)探討精神（心智）力量能否介入影響大腦當下的神經運作。

由此可知本書不能只是翻譯，還要好好就各項要點與爭議之處，做好注釋工作。另並趁譯注本書的機會，在李貝的理論框架下，重新說明假象運動（apparent motion）與似曾相識（déjà vu）的產生機制。

假象運動知覺可視為時間介入空間的範例（下條信輔〔Shinsuki Shimojo〕等人所提主張），意指因時間介入，使得後來空間不再是原來空間，透過時間變化帶動了空間扭曲，如霓虹燈效應；似曾相似現象則是空間涉入時間（我的看法，下條認為是一個有意義的比較），碰到主觀經驗上熟悉的局部空間，因此勾起了過去時間往事之回憶，如《魂斷藍橋》的電影情節。

在假象運動及似曾相識知覺歷程中，可以更清楚觀察到局部與整體互相干涉之時空扭曲現象；相似的低階運算及高階調控互動機制，也發生在立體視覺這類非常難被認知穿透的感覺歷程中。這些都是人類知覺研究上的困難問題，譯注李貝這本書時，就想辦法藉著這個平台，將這些有趣的問題選擇性寫入。

下條信輔是加州理工學院生物及生物工程學系的知覺與認知科學家，跟我說這輩子只想翻譯一本書，他選擇將李貝這本書譯成日文。

二十多年前我曾與台大心理系同事梁庚辰（記憶神經生理學）、張欣戊（語言認知）合作，分別開授過國內首次「心靈與意識」、「意識與認知」課程，在該類課程中採用本書，教過其中二、三、四章。我的學生葉素玲教授及陽明大學心智哲學研究所的洪裕宏教授，二〇〇五年在台大心理學系開授「意識與知覺」，補足了上述課程內容。幾年前以玉山年輕學者身分回來任教的謝伯讓教授，當年在植物系讀書時，就來修習過這類最早期課程，現在由他來重新啟動講授「心靈與意識」課程，確實是最恰當人選。

上述這兩本譯注書籍都很大本，雖然並非全時投入，也花了六年時間譯注。第一本書作者仍健在，所加入導讀及注釋篇幅較少；第二本書作者已逝，加入的導讀及注釋幾乎佔了全書一半，請原諒，我不是故意的。

再來是專書寫作部分，包括底下正在著手撰述的心理學專書：

專書寫作

1 《決策與選擇行為——心理學觀點》

我一生花不少時間在做各類公共決策，算是一位決策行為的踐行者，台灣又沒有一本從心理學觀點立論的決策專書，因此很想寫一本《決策與選擇行為——心理學觀點》的學術性專書，以協助年輕人快速認識理性決策及選擇模式發展歷史，簡述賽局理論中幾個革命性發展，如馮紐曼（John von Neumann）大中取小定理（Minimax Theorem）、納許均衡（Nash equilibrium）與理性選擇理論（Rational Choice Theory）。另在此基礎上，討論理性計算難以極大化的範例，如囚犯兩難（prisoner's dilemma），一個在結構上有最佳選擇或存在巴雷托最適（Pareto optimal）決定，但由於納許均衡之故，雙方都做出次佳選項的穩定選擇，縱使重做幾次仍然一樣。

在囚犯困境賽局中，雙方理性「應該」是有缺陷，但卻是「實際在運作」的理性，不同於古典理性主張應能採極大值計算的說法。亦即納許均衡穩定但不有效，巴雷托最適有效但不穩定，該結果不利規範性模式所主張，理性應能做極大化選擇的原則。後來學者想出一些方法，以探討是否可以改善這類困境。

這是一個從理性選擇理論過渡到認知評估之範例。心理學界在基礎訓練時，通常不很重視這整套理論及其違反的學習，最好有所強化。

接著須處理當認知及情緒因素介入後，如何在規範性與描述性（normative vs. descriptive）之對抗走向中，發展出新模式新結果，讓行為決策理論（或行為經濟學）得以與古典理論分庭抗禮，有大落差或大遷移（great divide or great shift）這兩種不同看法。「大落差」觀點主張理論與行為之間確有落差，但仍可用其他理性模式補正，如「有界理性」（bounded rationality）的主張；「大遷移」則主張這種差距，與一般理性在本質上有所不同（如做決策時，有既定成見及認知偏誤介入），在決策過程中認知偏誤一開始就強勢運作，使得計算及極大化理性難以出面主導，這不是因為理性出現落差而造成的，所以研究上應該有大遷移之思考方式，另闢蹊徑，如「展望理論」（Prospect Theory）的主張。

以上都是當認知因素介入決策行為時所發生之事，必須想辦法來修飾理性的角色（如有界理性），甚至另闢蹊徑（如展望理論）。但當情緒因素介入時，決策方式又大有不同，這是一種截然不同的局面。

依此，本書內容目次大體如表2所列：

表2　決策與選擇行為——心理學觀點（目次）

機率與統計思考介入決策選擇的研究歷史
Minimax定理、Nash均衡與理性選擇理論
古典理性的規範性模式及其違反
決策選擇行為研究的認知大偏移
有界理性（bounded rationality）及理性選擇
認知偏誤與展望理論（Prospect Theory）
理性與情緒的功能及互動
最後通牒實驗（Ultimatum Game）與利他性懲罰
軀體標記假說（Somatic Marker Hypothesis）及愛荷華賭局作業（IGT）
個人理性、集體理性與不可能定理
衝突、合作、利他及演化
公共與政治決策

以風險偏移（risky shift）現象為例，很適合說明本書涵蓋面。一個本質上保守謹慎之人，在群體之中所做出的行為，會變得冒險大膽，不符理性一致性原則，主要是群體

成員之間有情感連接（affective bond），認為出事後會共同承擔責任，以致出現類似冒險偏移的決策選擇行為。本書以心理學觀點為基礎，來探討這些違反理性原則、理性與非線性情緒之互動、個人在群體下所出現之行為改變、與集體決策等類問題。

上述兩本學術譯注，加上預計四年後出版的《決策與選擇行為》專書，至少花上十年時間，都在國科會（科技部）經典譯注及專書寫作計畫支助下進行，得有機會從大學退休後，以十年時間完成一生想做的事情。

2《心理學十五講》

有一些極為有趣但仍未解密的心理學及認知科學問題，可視之為未完成或待完成工作，在此先舉幾個例子。

如病人出現幻覺時，如何驗證幻覺具有外界實存性？直覺答案是沒有，因為幻覺是與外界影像無關之自發性異常大腦活動所造成，但病人幻覺講起來頭頭是道，好像真的存在外界（幻視及幻聽），此時若在病人眼睛及幻視物體之間插入一張白紙，以阻斷視覺，設若病人仍有幻視，則幻覺應只是來自異常但與外界無關的大腦表徵。

我曾與胡海國及楊庸一兩位精神科老友討論過，楊醫師依此方法，在少數幾位出現幻覺的病人身上試過，發現病人很快轉頭他視，好像剛剛還在外界的幻覺已經不再存在，胡醫師則認為這種行為改變，也可能是來自操弄（插上白紙）之後，注意力轉移到別處之故。亦即若插入白紙後幻視消失了，並不表示幻覺真有外界實存性，所以這仍是一個很難回答的問題，需要再想一些聰明的實驗，來做出進一步的解密。

錯覺輪廓（IC）在適當安排下會被誘發出來，當真實輪廓確有神經表徵實存性時，被真實輪廓誘發的二級輪廓（如錯覺三角形），是否也有神經生理實存性*？

依上述邏輯，也可進而探討囚犯兩難賽局的神經生理實存性。在一般狀況下雙方會在賽局中選擇非最佳（sub-optimal）決定，此時激發的應是理性中樞；但若賽局雙方為母子或情人，則因為互相信任，說不定能從不利的均衡狀態中跳出來，做出最適選擇，此時的大腦激發應以情緒中樞為主。這類研究也許有利於從另一個角度，觀察決策與選擇行為中理性及情緒之互動，以及探討是否能從不理想的均衡狀態中跳出，以找到最佳之理性結局。

諸如此類課題的考量及驗證，可採用一種「心理學十五講」形式來探討，試擬如表3。

趁此機會留下針對這些基本問題的觀察，大部分內容都已在不同場合做過演講，若能儘快整理出版，我的學生們及其他年輕同行，也許有興趣幫忙解決其中一些困難課題，不過就不在這裡設定出版時間了。

表3　心理學十五講（目次）

新格式塔心理學與生態知覺
立體視覺基本定理與結構回復
語言與音樂的心理聲學
台灣的地景錯覺
觸覺化呈現如何矯正視覺扭曲
盲點及知覺填補
幻覺與錯覺輪廓實存性
囚犯兩難賽局中的情緒作用與神經生理實存性
認知可穿透性及視覺訊息處理
認知科學研究十大基本問題
心理重力造成心理時間及空間扭曲
最後疆界：心靈與意識的奧祕
何時會冒出「找」來，我是誰？
心智問題時代特性：以科學與藝術對話為例
人類心智科學性了解：理性、情緒與行為決策

*參看本書附錄之二。

附篇

別具風格的國際友人

我因雙軌人生之故，經常要參與國際會議與赴外洽公，碰到不少有意思的人與事，在這裡還可再多講幾個特殊的國際友朋往來錄。

英國兩位大衛與美法教育部長

各國處理高等教育事務方式頗為多元，日本有清楚界定之文部科學省，英國設了一個高等教育部，但高教撥款又依區域，另設向國會負責的撥款委員會（Funding Council）。有的國家州邦省自治力量大，如美德及加拿大，高教事務絕非中央教育主管部門一句話就可搞定。

歐盟（EU）則更複雜，高教體制不一，在EC時代就建立跨國流動及互相承認的伊拉斯謨計畫（Erasmus Programme），之後更提出波隆那宣言（Bologna Declaration），以及擴大參與之波隆那歷程（Bologna Process），推動歐洲高等教育區的整合。如比利時境內並存分立之荷語、法語與德語區，最能從高教整合過程中獲益，老友高承恕曾在綜合研究型的魯汶大學讀書也教過書，他說大學部雖以荷語為主，但研究所則為英語教研（荷蘭的大學更有這種特色）為主，是一個成功的高教整合範例。

我因習慣台灣一條鞭教育，與高教不必管之美式作風（其實美國透過核撥學生貸款，管了不少高教QA過程），所以對歐洲的整合方式，剛開始可說霧煞煞，慢慢看出其中端倪後，真的佩服歐盟在整合高教區域上之特色及努力。

歐美與內閣制國家，不像台灣，很多教育首長並非來自教授或校長圈。難得在法國碰到部長呂克．費希（Luc Ferry），是巴黎第一大學哲學教授，看他桌上沒什麼公文要批，他說最多時間花在與工會聊天搏感情，但見面後沒一個月，就慘遭教師工會全國大罷工。

二〇〇四年四月參加APEC在智利舉辦教育部長會議，路過華盛頓特區，承駐美代表程建人大使安排，拜會美國教育部長佩吉（Robert Page），他是小布希政治任命人選，並非學界人士。另外約幾位校長見面，先到College Park馬里蘭大學校長莫特（Daniel Mote）的宅邸餐敘（他後來出任美國工程科學院院長），順便看看他珍藏的古董車。

再與特區內兩位校長見面，莫滕（Alan G. Merten）是喬治梅森大學（George Mason

University）校長，兩三年前才從亞利桑那大學把弗農・史密斯（Vernon Smith）挖過來，隔年二〇〇二就與丹尼爾・康納曼（Daniel Kahneman）同獲諾貝爾經濟學獎，我開玩笑警告他短期內不要再到亞利桑那去。特拉亨伯格（Stephen Joel Trachtenberg）是喬治華盛頓大學校長，差一點當了教育部長，送我一本他二〇〇二年寫的*Reflections on Higher Education*（反思高等教育），日後還引用過他書中一些觀點。

我與李振清到倫敦洽公時，就請在英國文化協會（British Council）工作的戈登・斯拉文（Gordon Slaven），安排與舊識大衛・古林（Gregory David Green）見面，一位業餘畫家及詩人。大衛為英國文化協會倫敦總部主管，他人緣極好，約了好幾位Russell Group（英國最有聲望之研究型大學聯盟）的VC（Vice-Chancellor，就是通稱的校長）一起餐敘，因此比較了解台英在高教合作上的問題。我跟大衛說哪天出詩集，一定想辦法弄首詩翻成英文給他，沒想日後真出了一本，就請仍在台北的戈登幫忙弄一首寄出。

至於與時任英國貿工部下科技部長大衛・森寶利（David Sainsbury）再度見面，係請駐英科技組老友胡昌智教授安排。此公來頭不小，是英國有名家族及大企業代表人，工黨大號捐款人，二〇一一年十月經由選舉出任劍橋大學Chancellor（相當於理事會主席），其前任為愛丁堡公爵菲利浦親王。後來幾位劍橋教授向我提起選舉時，他獲得大部分支持之盛況。我在二〇二三年九月到英國參訪，在上議院與內閣辦公室，見到幾位勳爵、女爵，都提到上議院議員森寶利男爵，在保守黨執政下，支持創辦全國性的智庫Institute for Government，為工黨政治影響力的延續與復出做出貢獻。

與波科尼夫婦湖邊談藝

二〇一五年六月，安排以前碩士生孫慶文在芝加哥大學的博士指導教授喬爾．波科尼（Joel Pokorny）與薇薇安．史密斯（Vivian Smith）夫婦，到日月潭遊湖。喬爾曾是ICVS（國際色彩視覺學會）二〇〇三～二〇〇九年主席，過幾天要轉到仙台開年會，就跟他談起日本喜歡神祕境界及聲光感官經驗的幾件事。

幕府小說常會這樣描寫，當一位將軍戰敗，在冬天仍飄著雪時切腹，紅色血濺撒到白茫茫雪地上，將軍深深注視遠方，向人生告別，然後嘆一口氣緩緩倒下。三島由紀夫寫《金閣寺》，讓年輕僧人一把火燒掉金閣寺，在熊熊火光中獲得美感與毀滅的無上滿足。至於川端康成，則過著野鶴式的淒美人生。這兩位大文人分別以不同自殺方式結束一生，真是不可解的神祕。

一九九五年神戶大地震後，神戶自殺率卻明顯下降，非常不合理，事後分析，大概是大震之後，高樓傾倒多，以前有一部分自殺者喜歡晚間城市一片燈海時，往下一跳向世界說再見，現在大樓普遍倒塌，也許就不跳了。

日本歷史上喜好神祕、追求感官經驗的傳統，說不定能解釋為什麼日本心理學界，對視覺及心理病理研究有廣泛偏好，而且在學術及應用上取得相當成就。我跟喬爾說，希望有人寫一篇「日本視覺研究與日本歷史之關聯性分析」，喬爾說除了雪地自殺那一段有點可怕外，其他的他都同意。

我提出兩個例子聽聽喬爾意見。我曾請中央大學天文所黃崇源教授，在二〇一二年五月來校演講，他從天文學角度分析梵谷如何在一八八八年九月法國亞爾（Arles），畫出《隆河上的星夜》（Starry Night over the Rhone），畫面上大熊星座北斗七星清楚可見，亞爾的隆河是北緯四三．六度，北極星亦離地面四三．六度，未在畫中。

梵谷在亞爾畫《隆河上的星夜》時間，推測約在一八八八年九月二十日左右，利用天文學判斷他作畫時間，約晚上八、九點。黃教授說從北斗七星變形樣子與實際差別，估計畫完這些星點約兩個小時，反映了梵谷作畫快速的特色。

另外在國美館亞洲藝術雙年展活動中，我看到幾位日本藝術家將偵測器貼到臉上不同部位，取得臉部表情電流訊號，利用類比－數位轉換（analog-digital conversion）存到電腦。之後將同樣偵測器貼到同一個人同樣臉部位置，再讓已儲存訊號經由數位－類比轉換（D-A conversion），送回臉上，形成拉扯力量，可約略看出原來的表情再現，這就是「反向工程」。若能將甲方拿到之A－D資料，D－A到乙方時，也得到同樣表情，那就是最好的科學結果，也就是找到不變量（invariants）了。

很困難，但我們都認為縱使靠這方法做到了，也僅為科學或技術，而非藝術！

上述兩個例子都是將科學應用到藝術分析或創作上，也就是「科學與藝術對話」，通常是「講得通」就差強人意了。至於藝術家則更需要「相干性」（relevance），希望科學能夠協助藝術家分析他／她們真正關心的內容及本質，這就是更難之「藝術與科學對話」。

素玲同年七月六日來一封信：「喬爾與薇薇安來台灣，有您陪伴在湖光山色的日月潭聊天，不禁想起一九九七年羅素與凱倫來台灣時，您開車帶著去北海岸，以及去年和安妮與丹尼在少帥禪園聊天的情景。」葉素玲教授是我以前碩士生與助理，信中所提羅素．德瓦洛伊斯（Russell L. De Valois）與凱倫．德瓦洛伊斯（Karen K. De Valois）夫婦，以及安妮．崔斯曼（Anne Treisman），都是她在柏克萊加州大學念書時的指導老師。丹尼爾．康納曼是安妮的先生（後來都到普林斯頓大學），二〇〇二年諾貝爾經濟學獎得主。

他／她們都是視覺研究及心理學界的傳奇人物。

洛塔與他帶來的因緣

洛塔．斯皮爾曼（Lothar Spillmann）曾與維爾納（John Werner）於一九八九年主編過專書《視知覺：神經生理基礎》（*Visual Perception: Neurophysiological Foundations*），幾乎把當代最有創意最聰明的視知覺科學家一網打盡，是我在研究所上課主要教本。之後他推動創立於歐洲各國輪流舉辦之知名視知覺會議（ECVP），我曾在牛津大學輪值舉辦的會議中，發表過有關盲點填補的視覺問題。許儷絹在一次會議中碰到他，就遊說他到CMU當幾年客座教授，之後還繼續到台大客座，多年來與大家成為熟朋友。

二〇〇九年時，他幫忙找了兩位很有意思的人，分別前來參加CMU研討會，一位是呂迪格．馮．德．海特（Rüdiger von der Heydt），另一位是艾倫．吉爾克里斯特（Alan Gilchrist）。

呂迪格在約翰霍普金斯大學，一九八四年於*Science*上發表在視皮質部第二區（V2），可以找到對錯覺輪廓做特殊反應細胞，我指導研究生操弄雙眼像差，讓錯覺輪廓能在三度立體知覺空間「浮沉」，其理論基礎就來自對他發現所做之引申。沒想過這麼久以後，居然能與他夫婦在台中見面，真是有緣分。

艾倫在羅格斯大學（Rutgers University），他說馬爾（David Marr）一九八〇年過世後出版的名著《視覺》中，有提到他，因為他也做了一些合作算則（cooperative algorithm）研究，但馬爾卻在書中說不能複驗艾倫的研究。他語氣中不無悵然之意，因為永遠沒有辯論機會了。

艾倫於二〇〇六年出版《觀看黑與白》（*Seeing Black and White*）一書，這本書應該是過去十年間最好的知覺專書，與馬爾《視覺》及羅克（Irvin Rock）《知覺邏輯》二書，係屬於同級名著。加州大學聖地牙哥分校的拉馬錢德蘭（V. S. Ramachandran）為這本書寫了長序，一開始就引用舊約創世記講法「上帝說要有吉爾克里斯特，然後遍地就有了光」，他認為艾倫是當代最聰明最有創意者之一，並將其歸類為新格式塔學派陣營。在哈佛的卡瓦納夫（Pat Cavanagh）稱許艾倫的書，與尤列茲（Bela Julesz）《Cyclopean知覺》、康士維（T. N. Cornsweet）《視知覺》、馬爾《視覺》同級，我完全同意。

洛塔來信說，MIT的赫爾德（迪克）（Richard Held (Dick)）將過九十歲生日（二〇一二年十月十日），希望我共襄盛舉。洛塔在MIT當博士後時，學校師生在迪克設計下，戴上稜鏡遊走於上下顛倒的校園中，獲得不少樂趣。迪克於二〇〇九年曾應洛塔要求，寄來一篇有關莫利紐茲問題（Molyneux's Problem）之古問今答的論文。三百多年前，莫利紐茲問了洛克（John Locke）一個問題：天生盲人復明之後，能夠指認周圍事物嗎？在復明之後能透過以前觸覺所獲得之立方體與正方體經驗，立即指認出何為立方體何為球體嗎？洛克是經驗論者，主張概念之間的連結（如觸覺與視覺共同概念之間的連結）是後天得來的，所以洛克的回答當然是不能。

我應洛塔的建議，於迪克生日前，寫了一封信過去，大意如下：

首先要祝你九十歲生日快樂。以前透過洛塔協助，了解你們（與Pawan Sinha）在印度所做的眼科治療及實驗。洛克一定很高興知道莫利紐茲問題的實驗驗證，正面肯定了洛克三百多年來，主張人天生如一張空白模板，需要靠後天學習才能填補內容的人性基本理論，感謝你們對這項經典問題充滿啟發性的回答。

當我於一九八二～八三年到哈佛研修時，有一次到MIT時恰巧碰到學生主辦系演講會，那天主題就是你的經典實驗，小貓咪戴著特製項圈對移置視覺（displaced vision）適應狀況的研究，與像差之使用對小嬰兒立體敏銳度的影響，那天，波吉歐（Thomas Poggio）也在。我那時還算年輕，平克（Steve Pinker）仍然在MIT認知科學論壇中，遭受嚴厲批評，大部分來自福多（Jerry Fodor）。那個年代剛好是馬爾過世後出版經典作品《視覺》一書的時候。

洛塔是新格式塔學派代表人物，不知老之將至，還繼續參與ECVP之類會議，最近還建議找他剛退休老朋友洛戈塞蒂斯（Nikos K. Logothetis）（以前在Max Planck研究所的知名神經影像專家），到台灣來參與研究工作。洛戈塞蒂斯是建立神經影像及腦內神經活動有直接關聯性的第一人。一八八〇年代就已有十九世紀版本的腦部造影系統，嘗試測量腦部血流以了解心智活動，到一九八〇年代才建立PET量測，在一九九〇年代發展出功能性核磁共振（fMRI）及血氧程度相關（BOLD）訊號，但神經影像與神經元激發量之間具有線性關聯的直接證據，卻一直到二〇〇〇年才建立起來*，這一大圈共走了一百二十年。

*Logothetis et al., 2001, *Nature*, 412, 150-157.

兩岸學術會議朋友

台大心理系在一九七〇及一九八〇年代後期，分別舉辦過第一次「中國語文認知研討會」、第一屆「中國人的心理與行為學術研討會」，後來擴大成為國際性學術活動，延續至今。中文與漢語認知研究會議主題，已擴展到其他東亞語文（如日韓）；本土心理學用語亦已從中國人及中國化範疇，擴展成華人及本土化。兩者皆已是具知名度的國際學術活動，這與主催的劉英茂與楊國樞老師，具有濃厚國際學術性格有關。我曾在擔任系主任時，輪辦過這兩類會議（尤其是中文認知會議），認識了不少中國大陸的重要研究者。

我們全員出動參加中國科學院心理所（所長匡培梓）主辦的第三屆「中國語文認知研討會」，第一次到北京，認識了荊其誠及魏景漢幾位教授，還有生物物理所及聲學所學者汪云九與張家駼等人。荊其誠教授當過IUPsyS（心理科學國際聯盟）副主席，他知道我曾在賀伯・賽蒙處待過，就說起賽蒙擔任美中文化交流協會主席來訪時，剛好碰上一九八九年六四天安門事件，時局混亂，在他下北京機場後，趕緊安排他就地搭機返美。魏景漢是研究CNV激發電位專家，他的博士生羅躍嘉後來擔任北師大腦造影中心主任。

因會議之故，認識了北師大兩位極受敬愛的教授大老彭聃齡及張厚粲。這些人不少是歷經對日抗戰、國共內戰及文革的知識分子，與他們談談這些事情，是不犯忌諱的。

至於生物物理所陳霖，是互動最多的長期朋友，他也是受到錢學森賞識的一位知覺科學家。一九八二年剛到哈佛大學時，雷霆送我一份陳霖從加州大學聖地牙哥分校發出的報告影本：What Are the Units of Figure Perceptual Representation（February 21, 1982），其中一部分內容發表於當年十一月十二日*Science*（218, 699-700）．Topological Structure in Visual Perception（視知覺中的拓樸結構），指出大範圍特質有時會比局部特性較易知覺，所以有可能是基本知覺單位，這是與視覺計算理論走向完全不同的觀點。他的學生們在三十年後，以中國科學院生物物理所名義替他慶賀，要我去講幾句話，我先送這保存了三十年的報告影本給陳霖當紀念，並從互動論觀點說明，局部及大範圍總體會互相干涉之現象。

二〇一〇年八月，我找了台灣心理學界與神經影像及哲學專業的教授二十來人，到北京參加由陳霖主辦的國際認知科學會議（International Conference on Cognitive Sciences, ICCS），並在正式會議進行中的場地，同時舉辦「兩岸認知科學會議」。在印製ＩＣＣＳ總議程手冊時，台灣共有三十八篇學術報告議程及摘要，碰到以前常發生之學校名稱問題（如加上國立及台灣之類），陳霖問如何處理，我說這是不應修改的，陳霖交涉後回告，承印的科學出版社說砍頭都不敢印，我們想出單獨印一冊，只給兩岸認知科學會議用，科學出版社就照印無誤了*。

二〇一七年於台北召開ICCS會議（由中正大學龔充文主辦），那段時間中國大陸幾乎沒人能正式前來，因對方不接受任何邀請到台灣出席以國際為名的會議，雖可自由行前來，但回去不能報帳。我與陳霖研究，仿二〇一〇年北京模式，商量出以我個人當召集人名義，替代機構或組織邀請，來了不少由陳霖、何生與我們邀請的專家，不只舉辦了ICCS會中會的「兩岸認知科學論壇」，也另外在台北合辦了「兩岸神經影像（腦造影）研究中心會議」。這讓人深深感覺到，在沒有共識時，真是事在人為。

我的日本友人

齋藤洋典（Hirofumi Saito）於二〇〇七年邀請陳烜之、陳霖與我，當為日本心理學會年會一個國際專題講者，碰到北海道大學的瀧川哲夫（Tetsuo Takigawa），我們是二十幾年前同在哈佛大學心理物理實驗室同事，說是特別過來相見，真是緣分。

後來傅立成與葉素玲促成台大及日本東北大學，輪值主辦雙邊會議「AI與人類科學」，二〇一八年時由東北大學塩入諭（Satoshi Shioiri）所長作東，我們都認為ＡＩ究竟會跑多快多遠，真的是「誰知道」？但是等到新一代ＡＩ開始擁有情感、意識與跨域創意時，大概就是人類該開始煩惱的時候吧。

會議後櫻井研三（Kenzo Sakurai）特別安排三一一海嘯及福島核災概況的導覽，我斟酌放入二〇一九年出版的《九二一震後二十年紀事》一書中。

大山正與齋藤洋典

真正來往多的日本同行，是二〇二一年離世的大山正（Tadasu Oyama）與二〇二三年底過世的齋藤洋典。大山是東京大學前輩，在我當台大心理系主任時，曾為了舉辦日本心理學會年會到台北來，之後就常於國際會議中見面。他有一陣子對台大在日治時期購買的數十件實驗心理學儀器（當時流行格式塔心理學，但買回這些儀器後，臺北帝大就配合轉向日本國南進政策研究，因此買進來的先進儀器就一直擱那邊變老）特別有興趣，梁庚辰於擔任

* Huang, J. T., Chen, L., & Yeh, S. L. (2012). Introduction to the special issue: Highlights from the 2010 Cross-Strait Forum on the Joint Development of Cognitive Science Studies. *Chinese Journal of Psychology*, 54 (1), 1-4.（與陳霖、葉素玲合著，簡述ＩＣＣＳ二〇一〇會議內容，並對後來刊登在專輯上的論文做一綜論。）

系主任期間協助他很多。我以前博士生櫻井正二郎與他有相同興趣，開始時相往來。洛塔．斯皮爾曼則從新格式塔學派觀點，在櫻井、葉素玲、陳建中協助下，整理分析台大舊儀器，過程中曾與大山正教授有諸多討論。

名古屋大學的齋藤與我同期，從漢字知覺研究開始就認識，他於二〇一二年十月二十五～二十八日在名古屋大學，負責舉辦第十四屆「東亞語言國際研討會暨腦與溝通大會」（ICPEAL），其前身就是一九七八年於台北開始的「中國語文認知研討會」（ICCACL），這個系列會議每隔兩三年，就在台北、香港、北京、首爾、澳洲新南威爾斯、東京等地輪流舉辦。

齋藤與我因為這些長期投入，於二〇一八年ICPEAL四十周年同時獲頒獎項，回顧過去在最初十五年間（一九七八～一九九三），花了不少時間研究中文訊息處理的知覺與辨識機制，同時利用中文結構及語意特性，來研究視知覺基礎問題，後來就全部轉往更具普遍性的視知覺機制與決策選擇行為研究。這段過程請參見附錄之二。

齋藤感性十足，會議閉幕時，信手拈來一首在日本很流行、唐朝于武陵〈勸酒〉詩：「勸君金屈卮，滿酌不須辭。花發多風雨，人生足別離。」開國際學術會議就像個家庭聚會，常有人與人間互動，將世界不同地方的人，深深綁在一起，外面風雨多人生常別離，就好好喝一杯，期待下次再相見。

性。

訪談田中耕一

田中耕一（Koichi Tanaka）不是我的個人朋友，放在這裡純係因為他的事跡很有參考性。

二〇〇三年初到日本，順道拜訪京都島津製作所的田中耕一，他剛獲二〇〇二年諾貝爾化學獎，時年四十三歲，是自有諾貝爾獎以來，第一位沒有碩士、博士或教授頭銜之獲獎人。野依良治（Ryoji Noyori）為二〇〇一年化學獎得主，二〇一〇年十一月應翁啟惠院長之邀到中研院，晚上餐敘時提起剛開始被問到這件事時，他脫口而出說「Koichi Tanaka？不認識。」

一九八〇年代前半，全球化學家即有一不成文共識「分子量超過一萬的人分子，不可能被雷射游離」，亦即研究人員還無法在不破壞蛋白質情況下，使蛋白質完整游離。一九八四年進入島津工作的田中，由於是電氣工程師而非化學家，所以並不知道有這項共識，田中於一九八五年（二十五歲）自稱有了一個「幸運的錯誤」，意外發現了新的添加輔助劑（基質），使他得以在不破壞蛋白質下，發展成功基質輔助雷射脫附游離法，讓蛋白質更有效地游離，並利用測量游離分子之飛行時間（TOF, time of flight），求出質量。

二〇〇四年他到台北，三光儀器公司邀宴，李遠哲院長也來了，這是他們第一次會面。席間我問他有沒有經常到大學及中小學演講，他說確實國內外邀約不斷，但都沒有前往，因為他不習慣作各種通俗演講，更擔心自己不知日本中小學如何教學生，而日本中小學都比較小型，教師、校園相當重視一致性，擔心若講的與學校教的不一樣，會帶來困擾。

他也擔心會有人問他，小時候有什麼志向或夢想，當他說學生時代並沒有什麼夢想時，很多人可能無法接受，因為人若無夢想怎麼會有成就？他的想法是人一生只要努力，隨時可在不同年紀獲得創意、得到成就，不必太執著於一定要在什麼時候就開始有夢想或立志。李院長認為有夢想當然很好，但沒有特別夢想時，努力專注仍可有大成就。

看起來這個結論，適用於很多在中小學時候沒能好好立志及描繪夢想的人，人生沒有機會在小時候開第一扇門，再走一小段充實自己以後，還有更大的門可以開，那裡一樣是亮眼的山海，等著你的下一步。

11 笑看人生

能看著家人成長，是了不得的福分，但要努力克服難關，來延長這個天賜福分，陪伴家人長大，笑看人生。

苦難、意外與生命的出路

一九七〇～二〇二三橫跨五十幾年間，我曾經歷過十來件黑色災難，在此只提四件比較特殊的。每次災難來臨時，總相信生命會找到出路，靠著這種信念，一路上與災難辯論，撐到現在。

中毒昏迷與瀕死經驗

一九七〇年在海軍總部服預官役，借住同班同學德伍麟家，一對新婚夫婦晚上來作麵，我看他們這麼好意就多吃一碗，沒想是誤食亞硝酸鈉（當鹽巴用），亞硝酸鈉（$NaNO_2$）會在血液中造成脫氧效應，導致組織缺氧，是一種弱鹼性毒物。

我等大家離開後進房休息，沒多久就起來摔倒昏迷，鐵鑄衣架挫到眼睛上方，流血不已，後來縫了十幾針。德出門上樓求救，風一吹就變成爬著上去。好在樓上有人，送台大醫院急救，前後昏迷近十小時，在內科加護病房中間醒來時，有隧道視覺（tunnel vision）及強光感（與一般所稱之瀕死經驗類似）。我日後解釋如下：因長久暗適應，醒來後一點小光就會覺得很強，這是眼睛網膜桿狀光接受器（圓柱細胞）的特殊反應；而且長久昏迷後醒來，一八〇度視野受損縮小，往前彎曲，形成隧道視野；兩者合併作用，就形成極亮的隧道視覺。

在醫院半夢半醒之間，聽到診間醫師向巡房教授說，人送來時已來不及，改用平衡體內酸鹼的中和滴定法治療。父親接到病危通知，凌晨趕來時人已清醒，笑笑說「沒事就好」。回到永和房子，地板滴血處全黑，臉部也黑了一個月。

四、五年後在民航局航醫中心，與黃妙珠醫師談起，她驚訝的說原來是你們，我問她何以知道，她說之前另有一批是三重工廠工人亞硝酸鈉中毒送來急救，都死了，所以記得很清楚。

雪夜劍橋事件

這裡的劍橋是哈佛大學所在地，一九八二年一天晚上忙到十一點多回去，將夾克豎起擋雪，走到普南路（Putnam Avenue）無人處，有人跳出來抱住我並遮住眼睛，另有一個聲音說「這是搶劫！」，開始有人掏兩邊口袋，忽然一聲愉快Bingo！他們很快結束這件事，警告不准轉身，他們要走了。我判斷腳步聲大約十幾秒後轉身，看到三位大漢在前面奔跑。一檢查，早上領的一百元新鈔被拿走了。

回到居住處報案，來了兩位警察，一白一黑，白的一直問那三個是不是黑人，我說沒看到不知道，心想你黑同事就在旁邊，有點白目吧。沒想他不死心，追問口音聽起來是不是黑人，回答一樣，不知道聽不出來。

麻醉下的神奇意識狀態

二〇一二年二月到南加州，搭郵輪到墨西哥開心理系同學會，回來後做體檢，高嘉鴻教授發現PET掃描左右代謝狀況不太一致，隔天一大早再做CT確定，左腎要馬上住院開刀。但我必須先請個半天假出外餐敘，作東宴請幾位難得相聚的友人，談談國家大事。醫院同仁看我心情還可以如此放鬆，也就准假了。

承吳錫金與鄭隆賓兩位老友醫師院長全力安排，片子經過幾位安德森癌症中心（MD Anderson Cancer Center）、台大、榮總、長庚專家看過，大體確認，但在全部拿掉或部分切除選項上，卻於醫療小組中引發辯論，讓我決定。鄭隆賓接著說，不要因為當校長，就一定得在自己醫院開刀。我說正因為是校長，所以跨院諮詢該做，但開刀還是要在自己醫院，謝謝大家幫忙。

開刀安排在生日前一天，凌晨進開刀房前半小時，大概已三十年沒見面的普渡大學傑瑞・瓦塞爾曼（Gerald (Jerry) Wasserman）來信說，老朋友舍內曼（Peter Schönemann）已經過世，我用手機迅速回了信，順便發一封信給洛塔，說已與傑瑞取得聯繫。大概很少人在這種時候，還有心情做這些事吧。

生醫所李繼源教授與我太太說，手術後送到恢復室，已可交談，惟因仍處於淺層意識狀態下，所以我後來又睡著醒來後，對前一段時間的對話完全沒有印象。依據他們說法，我在交談時都用英文說寫對話，令人大出意外。我推測是因上刀前剛用iPhone回完給傑瑞與洛塔的信後，仍停留在寫說英文的狀態，之後就全身麻醉，一直到送入恢復室，這個狀態仍在淺層意識下，並未被改變。

另有一次開刀是半身麻醉，也發生類似情事。當我手術後醒來，已有完整意識與正常對話，但麻醉未退，所以仍無法控制手腳活動。醒後一直覺得兩腳拱起，想放平又無法放平，其實從外面看雙腳已伸平。在這種感覺與現實不一致，又無法控制曲伸下，非常難過，再睡二十來分鐘才安定下來。麻醉部陳坤堡主任對該一現象很感興趣，我們判斷可能是因我仍停留在麻醉前兩腳拱起的印象，這是一種尚存在記憶中的體感覺，現在縱使看到腳已放平，仍無法改變這種拱起的感覺。陳主任還徵求我同意，寫了一篇可以發表的罕見現象之臨床觀察。

上述兩者可說是相容又具共通性的人類意識與記憶現象，值得進一步研究。

空中驚魂

二〇一五年四月三日晚上月全食，血月，開完會從芝加哥飛往舊金山，約一個半小時後，應是血壓心跳急速下降，進入腦部血流量減少，不舒服離座後，在走道上倒下昏迷。乘客中有醫生與專業緊急救護員過來協助，準備了簡易電擊器（AED）與打強心針（打不進去，漏針）。飛機決定中途降落到內布拉斯加的奧馬哈機場，江東亮陪同到克雷頓大學（Creighton University）醫學中心觀察，折磨了幾個小時後，醫院主治醫師研判應已沒事，可以再搭機返回，還說不會收你太貴！

返台後諮詢附醫專家蔡崇豪（神經內科）與徐武輝（胸腔內科）兩位教授及其他專業意見，綜合判斷為「血管迷走神經性暈厥」（vasovagal syncope）。迷走神經調節血壓心跳，是最常見的昏迷類別，大概只要躺平休息一下即可。

返台很快做完各項檢查沒事之後，大概身體尚未恢復正常之故，有幾天晚上睡覺時陷入「驚慌反應」（panic reaction）狀態，好在時間短暫，也很快回復。

講了半天，只有一個小小感想：自己生命自己顧，人該走時不必糾纏，但時間未到時，就別偷懶，要尊重自己，謙遜堅定活下去。

兒子的眼神

我們一家兩口，外加老貓一位；兒子一家三口，貓狗不少。太太是台大學妹，小時在延平北路長大的老台北人，到美國念過書，在台北市立療養院當過臨床心理學家，後來從台大離職。有趣的是，同班同學吳英璋教過阿扁，我太太則教過小英。

兒子少雍在美國讀過一年幼兒園，太太親人幾次問說要不要留美國讀書，但若留下就沒辦法與我們一起長大，而且弄不懂《三國演義》、《西遊記》及《水滸傳》，還有台灣的流行文化，以後更難有共通基礎對話。不過最好問問他意見，他像個小政客一般回答說都可以，那就讓他回台灣好好發揮啦。

尋找認同的軌跡

他小時曾到凡爾賽宮，一排排房子次序井然，就在那邊安安靜靜透過窗戶，畫所看到的，一看就有透視感。線性透視最早在文藝復興時期，由布魯內列斯基（Filippo Brunelleschi）首先發展出來，據說就是從佛羅倫斯城內窗戶上，描繪所看到的外面建築，因此找到靈感，不只看到消失點，也找出各種不同透視法，對西方建築及繪畫有根本性影響。我們就希望他跟著四處走走，有機會與這些那些文化傳統觸接，說不定對他的成長有些助益。

澄社曾在金華國中辦過幾場轟動的民主講堂，他一位小學生就在門口校內幫發傳單。到民族國中以後常到台大校園找流浪國中生，組打壘球棒球的「民族幼苗隊」，國二時到我辦公室拉舒伯特《鱒魚》，之後問說要準備考學測還是繼續練琴。國三與我台大學生他的好友，參加四一〇教改行動遊行，還掌大旗，哪一天逼他讀書，就會說教改是這樣改的嗎？開始問讀心理學或做視覺研究，對社會有什麼貢獻？

到了成功高中，當校刊社社長，自稱蠟燭兩頭燒，我還因此當了家長會長，兩位副會長都熱心教育，我說當教授錢少先捐十萬，你們都是大董事長就各捐百萬如何，他們不只捐了當為以後成立學校文教基金的起身砲，還為了學生健康及念書考試，出更多錢將全校飲水器與冷氣設備及管線全部更新。

少雍進台大後還修我的課，這是大班課，還須安排多盲改考卷！有一次抱怨大一化學課老師講話聽不懂，我說你就坐到第一排吧，他是好朋友，剛當院士啊，以後就坐到第一排，連續兩學期讀出第一名。

他到了台大當農化系學會會長、練樂團，考研究所前住在圖書館拚三個月，只有早上回家洗澡。台大醫學院生化與分子生物研究所畢業後，到中研院分生所及基因體中心服國防役，短暫進了中研院生物物理與生物化學國際博士生學程。

開始轉行

兒子決定不再當生化與病毒學家，確定轉行。兒子是有決斷力的人，他在中研院時到CMU兩次學術演講，第三次已是以音樂製作人身分前來，底下坐滿好奇的師生。他四十歲前開始花更多心力在編曲及混音，一路上從樂手、組樂團、編曲、混音錄音、配樂、後製，到成為製作人。

我們心中不安，前兩三年多次問他要不要跳船，趁還來得及，擔憂過去後，沒有發生悲劇，就支持他的選擇，不過也幫不上什麼忙。最後還是祝福他，期望不管哪一行業，都要將水準拉高規模弄大，而且要做到本行的一流國際連接。

二〇二〇年他與阿爆共同製作的《母親的舌頭》，同時得到二〇二〇年金曲獎及金音獎的年度最佳專輯大獎。他於二〇二一年十二月十七日臉書上說：「二〇一三年開始做電子音樂，先立下幾個目標：⑴做一張個人電子音樂專輯；⑵成為最厲害的電子製作人；⑶發行獨立音樂成為一個成功廠牌。八年過去，勉強完成。」這是個有針對性的明確立志，看起來第一個目標反而最晚完成，他在七年前以樂團名義獲頒金音獎最佳電子音樂專輯獎，但在二〇二二年才以個人專輯再獲同一獎項。

命運等待敲門聲

我曾在他轉變關頭問說，你對在台大與中研院做生化研究當病毒學家沒興趣嗎，他說當然有興趣啊，要不然也不會做這麼久，再問那音樂又如何，他說：喔，那興趣更大。我一聽，就放棄糾纏他了，因為人要有興趣才會有熱情，有熱情就專注持久，久了就會有累積成果、規模及品質。

少雍為了追求特色定位做出勇敢的轉行決定，要我們在過去，大概就是硬撐過去，或者斜槓一下吧，這應該有個源頭。記起老朋友小孩想學騎一般單輪腳踏車，但有點怕摔，我就跟少雍說你騎一下，叫你摔時就倒下來吧，他毫不猶疑騎出去，聽到摔時就倒下來，沒想他這麼乾脆，好像是一位有決斷力的小孩。

另有一次參加兒子在國小表演，小小個子專注的表情，好像有熊熊火光盯著指揮手勢，手轉到哪裡眼睛就跟到哪裡。第一次見識到兒子專注好奇的眼神，嚇了我一大跳，深刻影響了日後三十多年對他的看法。

過去十幾年，少雍從金音走向金曲，一步一腳印，諸苦備嘗。他合作十來年的同行朋友，水準很高，都一起浮出水面，互相扶持，將場面撐大，真不容易。

他於二〇二二年第三十三屆金曲獎入圍三項，獲最佳編曲人獎。其實他已得過多次金音獎與接著四年入圍金曲獎，但因為是偏向幕後技術型音樂人，我的教育學術及公務界朋友大部分不知道，以為這種父親的兒子，大概會在學術界發展吧，在媒體上看到消息與專訪後，紛紛來問*。

李黎說，她在華人圈看到的，多半是失望傷心的父母，或者一生從事自己不喜歡行業的不快樂子女，像你們這種結局真的很少。老同學張杏如用很多時間在子女及孫輩教養上，甚至藉著信誼基金會大力長期推動國內幼兒教育，她對我們能忍能撐，與孩子共同成長，自有一番感慨。

曾問少雍你不是音樂科班出身，走入這類競爭性高的行業，有利基嗎？他回說各有利弊，一起工作的好幾位出身茱莉亞及伯克利音樂學院，他自己也一直在修習伯克利網

*少雍的作品：www.jakuziyong.com。

上技術課程。既然如此，我們都同意轉行不是斜槓，要有決心，堅定而且有禮貌的與過去道別。

小時候讀過十九世紀霍桑（Nathaniel Hawthorne）小說《石雕人面》，大意是說，一位小孩整天看著山上偉人石雕人面長大，心中有無限嚮往，及長認真工作奉獻人群，老來兒孫成群，在旁人看來，這位老先生的臉與山上石雕人面愈來愈像，難以分辨。

我慢慢體會出，假如能先陪伴小孩一陣子，協助讓環境及選項變豐富，而非只依父母喜好強逼立志，小孩應該就很有機會像霍桑小說情節一樣，一步步勵志，走出自己的容顏。

孫女測試Santa Claus

兒子以前發展出一套測試Santa Claus的方法，幾十年過去，現在換他女兒半信半疑了，時間大約都在五歲前後。少雍的「懷疑聖誕老公公」三部曲如下：⑴第一年：聖誕老公公晚上來，要我請他簽名。我代簽，隔天早上給他，他不作聲。⑵第二年（半信半疑）：說聖誕老公公是小偷，因為有一件禮物前幾天還放在家裡。⑶第三年（六歲）絕口不提聖誕老公公。他從起心動念到完成懷疑，大約二～三年時間。

孫女詠晴生日在十二月，五歲聖誕節時說夢到聖誕老公公，描述得神靈活現，但看到聖誕樹下禮物時，跟她媽說是妳放的吧。媽媽說是聖誕老公公送的呀，她不作聲，打開包裹之後媽媽再問誰送的，她說妳啦。由錄影中看起來，想像與現實已清楚分開，到了六歲生日那個月聖誕節，仍然喜歡聖誕禮物，不過已不讓問聖誕老公公問題。我曾找江東亮合作，想從他固定的年度家戶調查中，加些問項，看看小孩大約幾歲會開始懷疑聖誕老公公的存在？

我與孫女詠晴曾有「過命交情」，她兩歲多來我們溫州街家玩，想到台大校園走走，就先將她放入幼兒推車綁好，出電梯後要下一個兩三階小梯道，忘了應該倒退用拖的，變成往前用推的下去，在沒注意下踩空，雙手又要抓住拖車，負擔大，因此小腿腿骨就當成小階梯煞車器，然後用撲身救球方式，以左側背部撲向左方通道。這時已用雙手將拖車反舉到上方，孫女與我上下面對面，然後說「爺爺，你摔倒了！」事後找黃鐙樂醫師花了半個多月時間，右腳小腿骨才得以清創復原。

前一陣子五歲多，喜歡環保車播放的音樂，少雍給她一個App自學，應該是純靠音感吧，很快就「自創」指法，彈完貝多芬《給愛麗絲》，更喜歡自彈自唱胡編一些自得

圖23　少雍與詠晴
（來源：黃建賓、親子天下，2023）

圖24　孫女七歲時

其樂歌曲，像家中的貓追來追去她開始罵小貓咪之類的劇情。來到二〇二三年已經滿六歲（圖23），進小學（圖24），大概已經在自行啟蒙了吧，後面時間還很長，就多陪她一陣子。

曾跟林曜松、薛人望談起自家小孩，人望與我同屆，動物系畢業，是史丹福大學生殖醫學教授；曜松老師是生命科學生態界前輩，有一位出色女兒林蔚昀是作家及波蘭文學翻譯家，當她獲選十大傑出青年時，曜松老師為她粉墨登場，代披紅彩帶在員林大演藝廳領獎。大家的共同結論是，我們不就為孩子而活嗎！

懷念與祝福

有一天晚上忽然想起在海軍總部人事署人力組當預官時，所認識的好同事。但已經是五十多年前往事，大概都過百或大部分不在了吧。想到這裡一下子就快睡不著，只好到夢中續演一段「訪舊半為鬼，驚呼熱衷腸！」後來託同事請退輔會協查，還記得神情面貌的幾位校級軍官，真的都已離世。

一生時間就這麼長，一晃許多人都不見了。所以，該做能做的事要快做啊。

有兩次請單國璽樞機到CMU演講，第一次講完後在中山招待所餐敘，聊聊國內醫學院辦學（因為他是輔仁大學董事長），談談天主教（因為單樞機認得的古偉瀛，是我歷史系同學，做了不少台灣與華人天主教史研究），他邊喝紅酒邊輕鬆說，罹患肺腺癌之後決定開始一系列走動演講，向人生告別，沒想到竟然告別這麼久。

回顧一生，從小沒機會經過立志提早啟蒙，之後因緣際會走出雙軌人生，將九二一重建時被封的征西大元帥，以及後來出任的五院院長，當成平民老百姓，一樂也。

現在寫出這本回憶錄，往回看看那段漫長的養成過程及學術生涯，好好說些社會山川與國事人情，希望大家由書中可以看出我的初心、碰到挫折時的等待及耐心，還有如何想辦法找到勵志向前的路徑。祝福大家。

附錄

一、條件化歷程與認知心理學的轉折

1 條件化歷程研究仍然盛行時

一九五〇與一九六〇年代，還是條件化歷程研究的天下。

操作式／工具性條件化，是整個行為主義的基礎。透過數以萬計的動物實驗，發現有機體會依照各種不同強化程序（schedules of reinforcement），如固定時距（FI）、固定比率（FR）、變動時距（VI）、變動比率（VR）或部分強化（partial reinforcement），做出不同強度的反應，亦即自主的行為（voluntary behavior）會被強化程序所調控，而做出行為改變。

正統條件化（或古典制約）則有最出名的巴夫洛夫式條件化（Pavlovian conditioning），如狗在進食時（UCS，食物是無條件刺激），會分泌唾液（UCR，無條件反應）來幫助消化，進食之前搖鈴（CS，條件刺激），經過多次配對（CS＋UCS）後，若再出現搖鈴（或只出現搖鈴；CS），則在端出食物之前（或最後沒給食物），會「不由自主」（involuntary）流出類似進食時候的口水（CR，條件反應，類似UCR）。

這兩大陣營互爭天下，劉英茂老師認為正統條件化與工具性學習之間，應有可連通之處，他首先將CS＋UCS這種古典制約式的刺激組合，修改為一般中性刺激，亦即光純音，要求受試者在聽到聲音時就馬上按鍵做反應，這是一種可以自主操作的動作。經過重複CS＋UCS（光＋純音）與按鍵反應做配對學習後，進入測試階段，此時若出現整個聲光刺激序列中的光及一部分聲音，則依其與CS＋UCS的知覺相似性，可誘發出不同速度的按鍵反應（就像一般的類化現象，generalization），當僅只出現CS，受試者也會按鍵做反應時，就表示自主行動被制約了。

劉先生依據該一想法提出數據，說明工具性或操作性自主行動（如按鍵行為），確能透過重複訓練產生古典制約，「自主」行動可被調控，轉成「不由自主」。

這樣一套有理論有實驗的大學說，在當年條件化與學習仍席捲全球心理學界時，劉先生一九六四年理論部分的研究，很快被納入金柏（Gregory Kimble）於一九六七年出版的經典著作《條件化與學習之基礎》（*Foundations of Conditioning and Learning*）之中，並與一九五六年赫布（D. O. Hebb）的論文並列討論。劉先生繼之在一九六八年提出相關實驗驗證，指出自主行動經由重複學習，確實可被制約，轉而變為難以自主掌控的行動。這幾篇論文，可說是他告別條件化研究的關門著作*，約在同時，則轉向投入與這套想法及結果不相容，甚至完全相反的認知心理學研究領域。

2 認知心理學現身

奈瑟（Ulric Neisser）於一九六七年出版經典專書《認知心理學》（*Cognitive Psychology*），特別強調主動性（active）及組織性（organizational）這兩種概念，並大量引進格式塔心理學主張，來當為認知心理學的起身砲。

二十世紀初開始盛行格式塔心理學（Gestalt Psychology，或稱完形心理學），意指透過主動知覺組織原理，如接近律、相似律、連續律、閉合律等，可組合建構出良好圖形，將本來隨意分布之點線或未完成圖形，加以重組。另外如藉由對霓虹燈之類假象運動的觀察，發現了「部分知覺的總和不等於總體的知覺」原則，可用來詮釋知覺辨識中部分

*另見本書附錄最後所附之網站資料。

與總體之間的動態關係，透過主動性與組織性的運作，建構出一種對外界的動態總體經驗。奈瑟認為具有這類主動性及組織性的觀點，才是心智運作最重要的特徵。

奈瑟寫認知心理學，剛開始並未放入情緒及ＡＩ，大概係因為研究成果仍未充分，且尚不符主動性及組織性要求之故。

同理，奈瑟早期也將生態視覺與直接知覺（direct perception）排除在外，因為生態視覺強烈主張知覺訊息的不變關鍵元素已經存在外界，你只須把它們撿拾起來（pick up）即可，該一主張聽起來有點行為主義味道，基本上不假設有內在的心理表徵（internal representation），而且未假設須做心智上的符號運算，所以與認知心理學所常引用之格式塔心理學相比，明顯缺乏心智運作上主動填補及主觀組織的完形原則，反而比較類似行為主義將心智運作視為一個大黑箱，不去管它內部處理方式，這些看起來都難以滿足認知心理學所強調之主動性及組織原理。

條件化歷程在時代潮流沖刷下逐漸淡退，主因之一就是欠缺主動性及組織性兩大概念，不管正統條件化或操作性條件化，都不認為主動性與組織性是有機體的行為特質。

這些觀點與認知心理學的基本看法相差太遠，對抗之下此消彼長，認知心理學最後贏了。

3 發展認知與知覺互動觀點

我剛好就在這段此消彼長期間，撰寫碩士及博士學位論文，研究主題一偏被動性，另一偏主動性，我又如何能自在的出入被動性及主動性，或低階與高階訊息處理之間？

本書在幾個地方討論到該一問題，基本上是發展出一種知覺與認知的互動觀點。

就單純的感官與心智功能實驗，宜優先考量由下往上的低階歷程，先看看實驗數據能被解釋掉多少再說。若實驗對象以計算及神經生理運作為主，則由下往上或低階為先的看法，應佔優勢。

但在一般線索豐富的生活情境、物體知覺或錯覺中，認知與知覺處理先由下往上一陣子之後，由上往下力量可能會開始介入，亦即開始互動。這兩個歷程也可能同時啟動，到一定程度後才開始互動。這些都是認知科學的老問題，也是序列或平行運作（serial vs. parallel processing）該一經典問題的變形。

我比較偏向這種知覺互動觀點（亦即考量高階及低階變項之間的交互作用），所以在研究具有主觀及認知成分的錯覺輪廓（illusory contour, IC）時，先採低階觀點，再看是否有高階因素介入。基於同樣考量，我與研究生們將此邏輯應用到盲點、假象運動、錯覺顏色等項研究上。

二、知覺與決策行為互動觀點的驗證

1 立體視覺基本假設與知覺互動測試

立體視覺基本假設之測試

我們（櫻井、袁之琦、黃淑麗、林麗明、唐大崙等人）在一九八三～二〇〇〇年期間，做了不少立體視覺研究，並測試馬爾在其一九八二年經典著作《視覺》書中，所彙總之計算視覺理論，以及可供電腦模擬用的「合作算則」。櫻井正二郎則修正合作算則，做出台灣第一例以線段為材料之隨機線圖（random line stereogram, RLS）的解構，偵測出其內部所深藏的結構及圖形。

早期的視覺計算理論提出「立體視覺基本假設」（Fundamental Assumption of Stereopsis），認為雙眼融合與立體視覺的產生，須遵循三項空間對應限制條件：(1)相容性（compatibility）：黑點祇配黑點（左眼影像中的黑點，不能配到右眼影像中的白點）；(2)唯一性（uniqueness）：一點配一點（左眼影像中一個黑點，不能同時配上右眼兩個黑點）；(3)連續性（continuity）：配對之像差幾乎在影像上任何地方，除了少數光強度有急遽變化邊界外，皆屬平滑地變化。

這應該是一種以機器視覺為基礎，而設定出來「類人的」立體視覺三大假設，該架構所發展出來之計算視覺模式，很難考量高階互動效應，而且忽略了人類立體視覺行為中，所應具有的知覺彈性。

我們利用不同波長雷射光、不同空間頻率組成、與不同深度偵測方式等項技術，來探討左右眼影像的網膜配對，大約發現「唯一性」與「連續性」該二限制條件，尚符人類知覺的運作方式，但「相容性」條件限制則過分嚴格，難以滿足人類知覺所應具有的彈性，須做進一步測試。

「相容性」限制條件的測試

如附錄圖1所示，將兩張不重疊且互補的漢字圖形，一張投射給左眼，另一張到右眼，在單眼難以辨識或無法辨識下，雙眼分離呈現後仍可成功融合出漢字。相對於控制組，漢字被辨識出來的機會均遠高於控制組。亦即，雙眼融合過程不僅靠由下而上的純

（b）　（a）

附錄圖1　將漢字分解為無重疊但互補的兩眼圖形

視覺神經歷程，也需要漢字知識等認知歷程之介入。

綜合而言，當兩眼影像不相容（左眼的影像點在右眼相對位置，找不到相同的對應點），確會造成處理速度變慢且降低辨認正確率，但並未阻斷雙眼融合後之正確辨認。當分解成兩半，無法做出單眼辨識時（如附錄圖1b「懿」的兩半，就像隨機點立體圖一樣），仍可在雙眼融合後成功辨識，依實驗字字頻不同，該一成功率為一七～四四％；若單眼辨識性較高（如附錄圖1a「窯」的兩半），融合後成功辨識率為六七～七八％。

另可將附錄圖1a、1b分別給予像差，讓1a或1b的兩眼圖，分處不同深度平面，發現亦可跨深度平面融合，成功辨識。這些結果都比採用二十四邊隨機圖形當控制組材料時，要好很多，顯見有高階影響因素在運作。由此看來，「相容性」配對的限制條件，難以涵蓋雙眼配對上所具有之知覺彈性，高階因素也可能介入互動。

該一結果與計算理論不一致的主因，應是立體視覺基本假設與合作算則，以成功做出機器辨認為目標，其重點是要依據三個假設，做出「物理上正確對應」的立體視覺，故並未將知覺彈性及高階效應考量在內。若只將合作算則視為一種有效率能解決機器辨認問題的模式，則與現代新ＡＩ與深度學習的目標並無二致，但早期剛發展出來的計算視覺理論，與早期ＡＩ研究者的想法類似，都強烈傾向於認定這些機制，應該也是人類視覺處理的基本原理。

正因如此，我們須從人類視覺觀點做一比較分析並做出修正。上述結果，明確指出在計算視覺的剛性運算過程中，並未能考量人類應有的知覺彈性，因此仍難當為解釋人類視覺的適當模式。

單眼線索與雙眼像差的競爭與高低階互動機制

從高階與低階互動角度，可再以唐大崙所製作的「立體雙檔圖形」，更強力說明在整個立體經驗中，單眼線索與雙眼像差互相競爭的過程。雙眼像差是立體視覺（stereopsis，需要兩隻眼睛的配對）中最原始最有效的成分，理論上就是產生立體經驗的決定性因素，但是日常生活中的深度知覺（depth perception），一般摻雜有單眼線索（如形狀或透視，一隻眼睛即可看到），並非僅受雙眼像差的規範。為求排除在立體經驗出現前，就受到日常生活環境線索的影響，因此只利用最簡單的材料，先給予像差產生立體經驗，在立體融合後才會出現不同的圖形單眼線索（亦即並非一開始，在像差驅動產生立體經驗之前，就可單眼看到），以觀察它們如何與雙眼像差所產生的效應，產生互動與競爭。

先在隨機點圖（RDS）上製作一種具有雙穩（bistable）圖形效果的立體對（附錄圖2），具有正像差的白色圓環，可被看出兩種知覺結果，一為浮出的平面圓盤，另一為可看成在立體空間一直連接到零像差平面之立體圓錐。在實驗中操弄單眼黑環內徑大小，並要求受試者判斷黑環內隨機點所在之深度平面。若深度感純依像差訊息運作而定，則當單眼黑環內徑愈大時，環內可明確配對點數愈多，受試者應傾向於判斷原本具零像差特性的黑環內隨機點，會停留在零像差平面，不管他看到的白環是平面圓盤或立體圓錐（雙眼融合後所產生的單眼線索）；反之，當黑環內徑愈小，環內可明確配對點數愈少，則會傾向於判斷環內隨機點，被攫取至與圓盤或立體圓錐一端相同之像差平面。

由此可看出，若深度判斷可受形狀（單眼線索）調節，則當白環被視為平面圓環時，對黑環內隨機點所在平面之深度判斷，可能與看成立體圓錐時有所不同。實驗結果

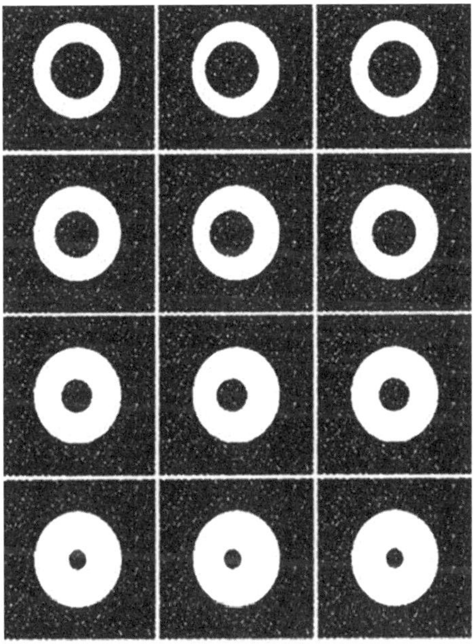

附錄圖2　立體雙穩圖形

（雙眼分別看左邊兩圖或右邊兩圖，雙眼圖融合後可產生有立體感的單眼形狀）

支持形狀感覺與像差訊息之間有交互作用。當黑環內徑趨大，且看成白色圓盤時，環內隨機點有時會被攫取到正像差平面或圓環上方；但當雙穩現象發生，白環被轉看成立體圓錐時，立體攫取便不易發生，黑環內隨機點（像差訊息仍與未發生雙穩現象前相同）很清楚都會停留在零像差平面。

反之當黑環內徑趨小時，環內隨機點能配對成功比率降低，不管看成圓盤或圓錐，環內隨機點皆被攫取到正像差平面。因此，立體融合後的單眼形狀之變化，與像差訊息明確度之間，確有交互作用存在。該結果表示，像差計算僅僅是深度判斷中，一種必要的前處理（preprocessing）而已。

2 文字與物體的知覺互動測試

前述證實立體視覺存在有知覺互動現象，底下將該一邏輯應用到文字與物體知覺上，這是一個涵蓋更大的研究領域，有很多未知且值得注意之議題。

中文部件知覺可分離性與漢字聯想依時性可分離假說

我在一九八四年清楚發現，中文閱讀者在念字時，很可能把一個合體字讀成其組成部件，這類知覺可分離現象（perceptual separability），比較會出現在文義脈絡（semantic context）低（文義脈絡：單字小於詞、詞小於句子），或字頻低的情況下。在錯覺組合及部件偵測實驗中，都會出現部件知覺分離現象。先看中文單字之各種不同拆解方式：

「好↓女＋子」、「時↓日＋寺↓土＋寸」、「精↓米＋青」。

若將這些容易分離的字，以單字呈現（好）、放在雙字詞中（好多）、放入句子（好多水果），實驗結果發現以單字呈現時，知覺分離現象約比放在雙字詞及短句多出四倍。若雙字詞文義脈絡品質不良或模糊，則有助於知覺分離，相對於正常呈現的文義脈絡，知覺分離率高出九倍之多。這些結果都反映了一種由下往上與由上往下的知覺互動過程。

同樣現象也發生在中文詞聯想上。以「教派」及「市場」為例，「教派」在一百萬個字詞統計中，只出現一次，但「教」出現一二二五次，「派」出現二二八次，所以若要求受試者對「教派」做聯想反應時，很快會將該雙字詞解離，而分別對「教」與「派」個別做聯想，若聯想時間夠長，雙字詞解離做個別單字聯想可能性愈高，而且先對第一個組成字做聯想，若還有時間就對第二個字再做聯想。但對「市場」做聯想則反是，因為該雙字詞是一個詞頻高整合性高的功能單位，比較不會被解離成單字再做聯想。

我將此稱為「中文詞聯想依時性可分離假設」，是一種與中文單字「知覺可分離性」相似之認知過程，將兩者合看，可發現在單字及雙字詞中，都有知覺與認知解離的現象。

視覺觸覺化後之黏合機制與觸覺模式下的字詞辨識

上面是談字詞如何從整字或雙字詞分解為部分，現在反過來看部分如何組合成整字。我在一九八六年做過一個實驗，將整個漢字依序拆解出難以辨識且無法發音的筆劃

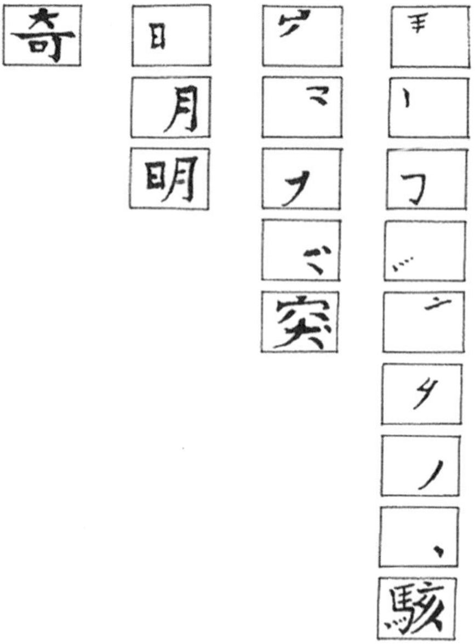

附錄圖3　漢字拆解成部件後的辨識

部件，以觀察受試者如何做視覺黏合，如附錄圖3。拆解後將各個部件依原字相對位置，黏貼在紙板上，亦即假若紙板是透明的，則疊起來放在一起可以看到原字。之後將每個黏有部件的紙板混合隨機呈現，讓受試者一張一張翻閱，並回答這是什麼字。

實驗結果在平均錯誤率與平均正確辨識時間上，都有符合常識認定的結果。亦即拆解後需要黏合的部件愈多，就愈難辨認出來；拆解後部件若依筆劃序呈現，會比隨機呈現更容易辨認出來。

這些都是將漢字觸覺化（分解成一系列部件）之後被動呈現，在此基礎上研究如何將部件組合出整字來。若將漢字做成點字版，研究受試者如何由主動的觸摸方式，先獲得部件訊息，並由此辨識出整字來，這是另一個有趣的比較研究。

卓淑玲以壓克力（或橡膠）雕出整個漢字，並黏貼在紙板上，就像點字版一般，明眼人不如後天失明者甚多，常常難以辨識出這是什麼漢字。當明眼人將摸到的結果描繪在紙上，旁觀者已認出是什麼字時，受試者可能因為不習慣用觸覺方式認字，不容易從觸覺部件的描繪中，整合出字的感覺或產生意識經驗，以致無法清楚意識到該字為何，有時透過用手模擬描繪部件在空中比劃，才猛然醒覺應為何字。若實驗者給予一個與該字相關的高聯想字，也可幫助受試者辨認出該字來。

黃明宏則利用將B－G（Bender-Gestalt）視覺圖形觸覺化的方式，發現可以讓思覺失調症患者原有的視覺扭曲，回歸正常，這也是一個視觸覺轉化的有趣實驗*。

那段前後幾年時間，我們做了不少這類視觸覺轉換研究，其中一個共同處，就是將視覺呈現改為觸覺（或模擬觸覺化）方式後，針對同一內容，由同時性處理的視覺，轉換為序列性處理的觸覺，因此剛開始都無法自在輕易地做出深入理解，亦即處理水準（level of processing）不足，以致正確性下降辨識時間延長。

視觸覺轉換中處理水準不足，也會讓受試者在短時間內，不易抓到整字意識經驗，

*參閱本書「任教台大」章，附篇「懷念大學時代已逝的師友學生」。

而難以從所獲得之部件訊息中，即時做出整字辨識。但是視觸覺轉換機制，也有一個特性，就是能讓視覺扭曲現象經過觸覺化而得以轉正。這些都是滿有意思的結果。

物體複雜度與U型曲線

畢德曼（Irvin Biederman）提出「利用物體成分做辨識」（recognition by components, RBC）理論，認為一般常見的自然物體（約有三萬餘件），皆可切割為不受觀測者不同觀點影響的共通幾何子（geons），這些基本幾何子數目在24～36個左右，人類物體辨識即奠基於對這些幾何子及其關係之辨認而得。

但RBC模式無法處理類似幾何子診斷性（geon diagnosticity，如兔子耳朵在組成兔子的幾何子中，具有較高之診斷性）與物體結構診斷性（structural diagnosticity）問題。RBC模式並不認為，不同幾何子會因具有不同診斷度，而獲致不同辨識結果。至於後者，則RBC模式認為幾何子愈多，物體愈具消息處理上的冗餘性獲得（redundancy gain），處理速度愈快，所以物體辨識速度或正確性，不會因幾何子數目之增加，而呈現U形變化，亦即不認為在物體辨識時存在有一最適的幾何子數目，若低於或高於該一最適水準，則處理速度都會因之變慢。但我們在一系列汪曼穎及劉世南的論文中，皆證實確有上述U型曲線的變化，這些都是RBC模式所無法解釋的。

我曾將以上這整個複雜度效應的結果，說明給劉英茂老師聽，他聽完後馬上說這是一個新的結果，大概是因為他所關心的中文複雜度效應，可以在這個框架上做出新解釋之故。

中文結構複雜度與U型曲線

現在回到文字辨識情境。每個字有不同筆劃數（因之有不同複雜度），在複雜度與認知容量限制條件下，會以不同方式尋找足以辨識整體之特徵成分。當字的筆劃數少時，不容易一下子找到足夠多可供辨識整字的特徵成分，所以每多一個筆劃訊息，就能增加冗餘性，有助於產生辨識所需的總體特徵屬性，這是一種拉拔的力量；但若字的筆劃數變多（複雜度增加），過度增加的筆劃，反而對尋找具有辨識力之特徵成分造成阻礙，而干擾到字的辨識速度。

依此，若橫坐標為整字的筆劃數，縱座標為辨識時間，筆劃數少時每多一個就多一個推動力量，但在整字的筆劃數超過有效範圍時，反而多一個就多一個往下拉的力量。在這兩種推拉力量互動之下，可從數學理論推演（一種簡單的，會產生二次成分的一階微分方程式），得出一條U型曲線。

雖然中文字基本結構成分，不像以幾何子當為物體基本結構成分這麼清楚，但物體結構複雜度的U型效應曲線，應可用在中文結構複雜度（依筆劃多少定義）的了解上。

若將物體辨識實驗結果的U型曲線，改用到不同筆劃數的中文實驗上，並將最低點（辨識時間最短或表現最好）設在筆劃數七左右（大約是U形曲線的底部），則文獻上若干看起來矛盾的中文筆劃實驗結果，可以穩定的分別安置在U型曲線兩端，或可算解決了一件中文筆劃數效應的公案。

上述1與2這些首發性研究，部分摘錄自我們兩篇總結性的評論文章*。

3 錯覺輪廓立體表現與知覺互動觀點驗證

錯覺輪廓（illusory contour, IC）是一種並非客觀存在，但在主觀上會產生出非常明亮的輪廓，如附錄圖4所示的錯覺三角形。

剛開始研究這類具有主觀及認知成分的錯覺輪廓時，我們先採低階想法，再看是否有高階因素介入，也就是探討知覺互動的觀點可以走到多遠。在指導研究生（袁之琦、陳瑞雲與蔡秋月等人）系統性操弄雙眼像差時，發現錯覺輪廓可能係因有神經生理基礎，

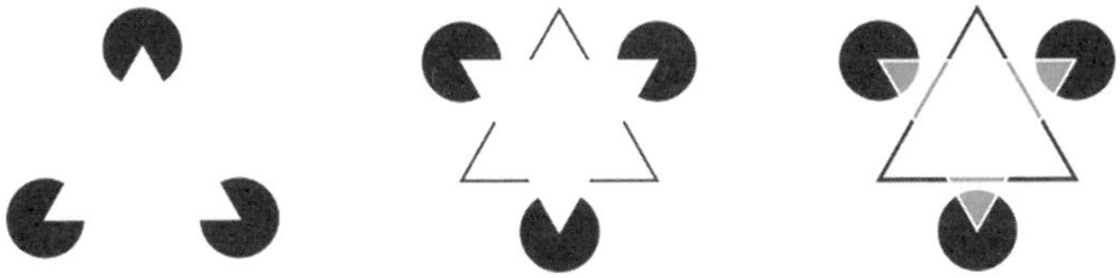

附錄圖4　錯覺輪廓（IC）圖具有的幾個特性

（IC的產生需要誘發元素、 IC會比背景亮、IC好像壓在背景上形成單眼重疊的深度線索）

所以在直接給予像差並做雙眼融合後，與真實輪廓一樣，會產生三度立體知覺空間上的「浮沉」行為✣，但不能排除有高階因素介入的影響。

這系列實驗部分係參考自呂迪格・馮・德・海特（Rüdiger von der Heydt），於一九八四年*Science*上首先發表，在視皮質部第二區（V2），可以找到對錯覺輪廓做特殊反應細胞的電

*Huang, J. T., & Wang, M.Y. (1992). From unit to gestalt: Perceptual dynamics in recognizing Chinese characters. In H. C. Chen & O. J. L. Tzeng (Eds.), *Language processing in Chinese*, pp. 3-35. Amsterdam: North-Holland. (Also appeared in Advances in Psychology, 90 (C), pp. 3-35.)（與汪曼穎合著，綜論以前我與研究生們在漢字知覺研究上的一系列結果。）

黃榮村、唐大崙、袁之琦、黃淑麗、櫻井正二郎（二〇一一）。〈立體視覺之低階運算與高階調控〉。《中華心理學刊》，五三卷一期，一～二〇。（綜論立體視覺研究上低階與高階互動的，系列實驗驗證。）

另見最後所附之網站資料。

✣參見本書「心理學的探索與踐行」章，附篇「別具風格的國際友人」之「洛塔與他帶來的因緣」一節。

神經生理發現，我們想辦法讓錯覺輪廓能獨立的在三度立體知覺空間「浮沉」，其理論基礎就是來自對他的發現所做之引申。

2D不能獨立存在的IC，可獨立浮沉於3D

物理上IC並非獨立存在，但透過主觀建構後，能發展出一種獨立神經表徵。既然IC與真實輪廓同樣具有神經生理實存性，若想辦法直接在錯覺輪廓上（而非誘發IC的周邊真實輪廓線索）動手腳，給予雙眼像差，把它當成像真實輪廓一般處理，應會有同樣浮沉結果才對，縱使雙眼融合立體空間形成後，誘發主觀輪廓的真實輪廓及物體，已經與浮出的IC分處不同空間。也就是說，浮出的IC就像獨立存在一樣，不再受到誘發元素所處空間的限制。

亦即，雖然2D錯覺輪廓並無明確物理邊界，但它在單眼觀看時，即可能已啟動獨立的神經表徵（透過呂迪格所提出的V2錯覺輪廓偵測器，產生可供獨立運作的心理表徵），據此可當為立體視覺運作時的配對元素，而不須等到誘發元素在立體視覺下形成之後，才依照錯覺輪廓形成法則（依照定義，有誘發元素才可能產生錯覺輪廓），讓錯覺三角形浮現出來。

想到哪裡事情就會發生到哪裡，實驗結果原則上是跟著走的。

何以ＩＣ在立體視覺中很難下沉

既然ＩＣ是一種錯覺，從知覺互動論立場，就有受主觀及高階影響的機會，所以可試著在幾何圖形及中文字上製作ＩＣ並做比較，以釐清具有意義的圖形與文字是否會特別對ＩＣ的浮沉，產生由上而下之約束作用，並藉此討論高階與低階的互動。實驗結果發現在正像差時，ＩＣ會於雙眼融合後很快上浮；但給予負像差時，若立體視覺只受雙眼線索（像差）影響，則ＩＣ應於雙眼融合後所形成之立體空間中下沉，惟事實上很難下沉。但若將ＩＣ改繪製成真實輪廓（real contour, RC；不須經過誘發，本身即有實際輪廓的三角形或圓形），則施予雙眼像差後，都很容易上升及下沉。

所以ＩＣ所具有的主觀單眼重疊線索（平面上或用單眼觀看時，ＩＣ有一種壓在背景上的主觀感覺，參見附錄圖4），應係難以下沉的主因，因為它與物理及生理上的雙眼像差線索互相衝突；惟若改用實際輪廓，則無單眼重疊線索，因此不會與雙眼像差衝突，浮沉皆受低階的雙眼像差所掌控。

過去的大量研究已指出，像差的操弄係最直接影響立體視覺的因素，在有意義圖形與中文字上鏤刻ＩＣ之後，難以下沉，很大可能係來自單眼重疊線索（ＩＣ看起來壓在背景圖形或中文字上）這種高階因素，干涉到像差運作之故，不見得與圖形或中文字有何關係*。

4 知覺研究的系統性擴展

我們從立體知覺的網膜配對測試開始，擴及到單眼線索與雙眼像差之競爭拮抗與高低階互動機制，接著探討IC的3D行為與立體雙穩圖形，如何呈現出知覺互動現象，並在文字與物體知覺實驗中，觀察這類有趣的互動現象。

我們的研究主要包括兩大項，一為中文字詞辨識，另一為立體視覺與視覺系統的知覺互動機制，皆已在前文做了非常選擇性的簡要描述。

我在五十三歲辭台大教職以前，與研究生們分別將這些結果發表在台北、香港、北京、新南威爾斯、名古屋等地舉辦的中國語文認知研討會與ICPEAL（東亞語言國際研討會），以及國際認知科學會議（ICCS）。還有在美國舉辦的視覺會議（IOVS）、在牛津大學等地舉辦的歐洲視知覺會議（ECVP）、在比利時由國際心理學聯盟（IUPsyS）舉辦之國際心理學大會（ICP）等場所。另外有多篇跨域發表在由台大電機系、電腦視覺學會與中研院統計所舉辦的會議中，好幾位研究生都參與了這些盛會。

過去沒來得及將系列性的研究好好整理出英文論文發表，所以後來寫了幾篇總結性評論論文，以彌補過去之不足。由於這些實驗很多是首發性研究，裡面仍有未能完整揭露其相關機制，或未完成測試建立模式之處，仍有待進一步處理。

5 決策行為的短視與遠見以及認知互動觀點

人類決策過去一向以理性計算為依歸，因為可在不同選項中尋找最大利益與最小損失，至於情緒一般被視為與理性極大化計算無關，或甚至成為負面黑暗力量，如一九三〇年代大蕭條與二〇〇八年世界金融危機。但達瑪席歐（Antonio Damasio）反其道而行，提出顛覆性看法，主張「軀體標記假說」（Somatic Marker Hypothesis, SMH），其團隊接著設計愛荷華賭局作業（Iowa Gambling Task, IGT），當為檢驗SMH之關鍵工具，認為具有正常情緒功能的受試者，在模糊不確定的選擇與決策情境中，能利用與情緒有關之軀體標記（如膚電反應），在無意識中引導趨吉避凶，慢慢在此過程中獲得直覺（hunch），累積計算，找到有正期望值的好牌組。

*參閱本書附錄最後所附網站。

提出不同主張與測試

「軀體標記假說」以及ＩＧＴ測試結果，其實與行為決策學之預期不符，而且ＩＧＴ有其內在實驗結構的問題，難以當為支持ＳＭＨ之骨幹實驗，因此邱耀初與林錦宏設計了另外一種ＳＧＴ作業（Soochow Gambling Task，這是一種相對於ＩＧＴ，有不同賭局結構的作業，以當為測試及比較之用），以區分出正常受試者究竟是否真能依平均值大小找出好牌組。結果發現甚至連正常人，都只能依據短期輸贏頻率選牌，無法採取極大化策略而做出具有遠見的理性決策，該一結果顯示ＳＭＨ理論所預測，認為正常人因有良好軀體標記，能夠協助趨吉避凶，而做出理性計算與選擇之說法，離事實太遠。

我們綜合評論過去ＩＧＴ實驗，在牌組選擇實驗結果上所出現的計算問題，並另行計算彙總文獻上所呈現出來之「奇異Ｂ牌效應」（prominent deck-B effect，指正常人在模糊不確定情境下，仍然會偏好選擇壞牌Ｂ），來說明ＳＭＨ及ＩＧＴ在不確定決策選擇行為上，若干預測錯誤與無法解釋之處。

邱耀初與林錦宏強烈認為在模糊不確定情境下玩賭局，難以意識到並擷取出賭局內部知識結構，不易就實際選擇結果累計做計算，因此根本難以好好算出平均值，也不可能利用軀體標記的偵測來自動趨吉避凶。我們的基本想法是，人在這種不確定情境下做選擇與決策時，基本上會被輸贏當下情緒所左右，嚴重受到賭局結構中輸贏頻率的影響。

這些想法及論文終於引起國際同行注意*，並將我們所提之模式，當為可否證（falsifiable）的對立模式，進行密集測試。我們也因此花了幾年時間在期刊上當客座主編，之後結集出版兩本專書，第三輯論文亦已完成發表，另在編撰專書中。

綜上，我已在本書正文中簡略說明，何以對心智問題研究採取互動觀點，並在附錄中，就人類知覺與決策選擇行為，做非常選擇性的摘要概述，惟尚無法涵蓋以前與研究生一起努力工作之課題及成果。希望有志之士能在這條路或其他新開拓路上，找出更多更有趣之重要發現，讓過去研究與我們曾經的努力，都可以成為他／她們重要論述中的註腳，固所願也。

讀者若擬進一步了解附錄中所提更完整的敘述，以及相關的研究與論文概況，另請參閱底下所附網站：www.jongtsun.com。

*參見本書「心理學的探索與踐行」章，「決策與選擇行為的認知互動觀點」一節。

補記

二版增修說明

台大孫震前校長並未讀過員林實驗中學

本書第一版三三頁將孫震（台大校長、國防部長）列為員林實驗中學畢業生，中研院歐美所單德興教授來信，指出李瞻教授是抗戰時期那一批山東流亡學生，並不是後來到澎湖的山東流亡學生。孫震校長則係就讀台中市裝甲兵子弟學校，也就是後來的宜寧中學，並非澎湖的山東流亡學生，也未讀過員林實中。

單教授剛為父母親編修增訂出版《山東過台灣——流亡學生夫妻自傳合集》，並與張玉法院士確認過，他父母親是山東流亡學生中唯一的夫妻檔，也是流亡學生中唯一出現的四代同堂。他歐美所過去的所長孫同勛教授，則是孫校長的叔叔。

因此我就與孫校長聯絡說明這件事，孫校長回信說，他幾位好友劉一忠、孫英善、楊實、朱炎、王曾才，都從員林實驗中學畢業，被說成自員林實中畢業，甚以為榮，不過這不是第一次，國史館館長曾認錯他是來自澎湖的山東流亡學生，也有一些人認為他是員林實中畢業的。他提及單教授能夠陪同父母親度過晚年，是他們那一代人少有的幸福，也說單教授家鄉嶧縣為魯南勝地，古有孟嘗君封地在薛，荀子為蘭陵令，西鄰微山湖有殷商宋微子墓，其西沛縣是劉邦家鄉，近有抗日戰爭大捷在台兒莊，不勝嚮往。

基於上述理由，本書第二版三三頁將孫震（台大校長、國防部長）列為員林實驗中學畢業生部分予以刪除，以符事實。至於李瞻教授雖是抗戰時期那一批山東流亡學生，並不是後來到澎湖的山東流亡學生，但並不影響他曾就讀員林實驗中學的事實，如書中所另提的陳肇敏、黃營杉等人，都是早期台灣本地生，所以這部分仍予保留。

經典譯注小兵立大功

至於我在國科會人文處任內所提出的經典譯注計畫，先送全國人文社會科學會議確定後，據同仁魏念怡的回憶，說是趕在我離開人文處的最後一天（一九九九年一月底），與聯經出版公司簽妥合約，到現在已出版以多國語言撰寫的經典譯注一百多本，花小錢做大事，可說小兵立大功，但我的寫作方式不好，分散在不同書中談論，沒有好好在回憶錄中寫好寫滿，單德興教授因此說我在回憶錄一四七～一四八頁，只寫了短短幾行。之後他訪談國科會魏念怡、藍文君、張斯翔等人，我也提供了一些資料，單德興教授在事隔二十多年後，不只全面理出頭緒，還讓很多事情得以找到意義，並放回脈絡之中，在二〇二四年十一月到台北大學做了五十分鐘演講，讓台灣的經典譯注又端上枱面，而且活得更有力！

不過余伯泉教授仍在抱怨說經費少，抵不上當年國立編譯館，而國立編譯館則是被行政院教改會及國科會經典譯注弄掉的。當年教改會有人提議想廢編譯館的事，我沒參與，但教改會顯然動不了編譯館，因為過幾年後（二〇〇二）我到教育部，編譯館仍在（館長是藍順德，十三職等文官），一直到二〇一一年立法院通過設立國家教育研究院後才併入。

少子女化與大學急速擴增之後的困境

問題

一、江東亮當過台大公衛學院院長，是協助規劃台灣健保制度的推手之一，他說本書二四八頁開始討論「大學變多的究責問題」，在二五一頁提到「一九九九、二〇〇〇年時很多專科提出升格申請，那時是大選年，無人曾以有充分數據的模式明確示警（包括經建會、內政部、教育部、人口學家及教育學者，以及後來一直想要究責的人），指出中小學與大專預期會出現的招生風險」這一段，他認為「無人曾以有充分數據……的說法，可能強烈了點。事實上，經建會之前已經提出民國七十九～一一五年的台灣人口推計，當年我也用過」。他還提及這個推估報告，當時最常被引用的是：台灣即將於一九九〇年代進入人口老化的世界。不過人口老化的動力，最主要是生育率下降，所以追根究底，是出生人口減少之故，也就是說會因此帶動生源減少，小學生源不足的現象應該會比大學更早被發現到。

二、我的高中與台大同屆同學，曾擔任經建會人力規劃處處長的劉玉蘭，也在二〇二五年二月來信，對本書二五一頁認為經建會等單位沒有提前示警一節，表示一些不同看法：

（1）經建會約每兩年進行一次人口推計，完成後一定提報經建會委員會議報告，會議也會邀請教育部代表列席。約民國八十年初期，經建會已透過人口推計結果對高教提出預警。

（2）經建會副主委是教育部大學（專）增班設校委員會委員。民國八十一年起，我擔任副處長，都代表蔡勳雄副主委去參加會議，每次會議中都向部長提出人口推計對高教影響的預警。民國八十五年我接任處長，也是每年都參加類似會議繼續提出預警，那時陳德華任高教司科長、林騰蛟任技職司科長，他們應該都還記得。在行政院相關會議中，我也常提出類似意見。

（3）教育部對外界要設校增班有很多不同考量，尤其是政治面，可是說經建會沒有預警實在是對我們很不公平，我卸下人力規劃處長轉調參事後，人力處同仁轉來消息說，監察院要糾正教育部廣設大學一事，教育部也跟您書上寫的一樣，說經建會沒有具體建議。我覺得不是經建會沒建議，經建會早就透過多種管道提出預警了，而是我人微言輕，在會議上的發言，教育部不當一回事。

另外她也商調出原經建會的三份文件來做佐證，我依此做一簡要歸納：

（1）民國八十八年（一九九九）的「台灣未來人口推計及其政策意涵」，以民國八十七～一四〇年這段期間採中推估方式，指出十八～二十一歲大學階段青年人數，將減少四分之一。預期民國九十年後，十八～二十一歲人口將會大幅下降，政策上建議短期內學生容量之增加，宜以增班、增系方式調整，且應宣導「未來學齡人口縮減」之訊息。

（2）民八十九年經建會委員會提出「高等教育擴增問題」報告，建議高教擴增業已足夠，未來籌設新校應從嚴評估，高教量業已飽和，宜將私人興學資源導入現有學校。

（3）民九十三年經建會辦理研討會，建議實施大學校院總量管制、評鑑及建立進退場機制。

（4）民一〇〇年六月監委主動立案查訪，提出高教政策如何因應少子女化與國際化問題，並要求行政院督促國科會及教育部，應更積極與經建會、勞委會等部會密切合作，就現行高階人力之人才培育政策進行檢討，務求國家資源之有效配置及應用。

（5）民一〇一年五月經建會人力規劃處提呈主委，對「有關教育部長官提及早期系所核定由經建會決定」作補充說明，指出經建會組織職掌中，並未賦予該項權利。

三、之後我找曾擔任教育部高教司長與政務次長，代理過部長的陳德華給點意見，他也被稱為是台灣高教小百科。底下是他的回覆：

「劉玉蘭是經建會典型的技術型高階文官，認真負責，過去在公務上跟她有一些接觸。在民國七十五年到八十六年之間，台灣每年出生人口數都還維持在三十二萬以上，八十七年（虎年）降至二十七萬人，八十九年又回升到三十萬人，之後即持續下降。教育部在這個時候，開始對大學的擴充踩剎車。我在教研會的時候針對少子女化的問題，曾和全國教師會合作召開研討會，探討對教育的影響以及相關的因應（那時您應該也在教育部）。

我相信經建會，對於整個人口的變化都會定期提出書面報告，但在我印象中，並未對此提出一個國家的整體政策。」

回應與說明

朋友同事同學關心本書相關論點，所提出的針對性看法，已臚列要點如上，這其實也可算是在替讀者問作者，衷心感謝，底下的簡短回應，不在辯解，只是做點說明，以讓書中原來的論點更清楚呈現出來。

一、我同意經建會的常年人口推估，確實已在民國八十年前後，就一般人口下降趨勢提出警告，但那時社會上對大學容量不足的急切需求，尚亟待紓解，因此對沒有就短期性或特定年份，以模型與數據對大學數量做出具體推估的一般性警告，並不在意。我在本書二四八～二五五頁「台灣教改的多元面向」一節中，已做了仔細說明。

二、台大薛承泰教授在一九九四年教改行動勃興之時，曾以一般性出生人口減少的推估結果，說過高教容量不宜擴增的觀點，結果在當時社會仍熱切要求擴增大學（含學院）容量的氛圍下，被罵成是教改路上的石頭！他也提及我在二〇〇三～二〇〇四年期間，請他到教育部演講，談少子女化與高教發展問題，雖然那時就趨勢與現況而言仍未明顯。之後在二〇〇五年左右，小學生源不足問題，因為空教室與教師明顯增多，可說已被發現，離部後我到台師大與其他大學演講，首度提出民一〇五年（二〇一六）以後，要開始小心招生問題，當時很多人還不以為然，國立大學更沒放在心上，不過也很快都弄懂了。

所以這件事並非經建會的責任，經建會已認真做好應盡的本分，因為當時要用一般人口推估，去說服大家相信大學少子女化效應會在短期內出現，本來就是一件很困難的事。書中整節指出，真正該負責的不是經建會或其他機構，而是教育部違反了SOP，在一九九九～二〇〇〇年的關鍵期間，未能遵循每年專科最多六間升格學院的慣例，反而在大選的政治壓力下，一年就升格幾十所，因此在民國八十九年，不當的高教擴增已成定局。若當時能不受大選的政治影響，遵循行政慣例慢慢讓專科升格，再做滾動修正，應該就有可能嚴肅看待找出跡象，儘速將少子女化問題真正納入考量。另外，經濟部在立委壓力下，又同意讓專科租用申請升格需用的國營事業土地，以致各界都沒有機會好好靜下心來，一起分析少子女化下所面臨的高教容量困境。

三、少子女化問題確實嚴重，約二十幾年前每年出生人口從穩定的三十二萬人左右，開始在民八十七年後的十二年之間降到十九萬人以下，人口在十二年間減少了約四成。這些出生人口，再過六年就是可以上大學的年紀，所以大學招生在民一〇五年（二〇一六）開始，會真正面對少子女化問題，私立學校處境更屬艱困，應有協助它們轉型或退場之有效機制。以目前大學淨在學率超過七〇％，大約是世界前三名的狀況下，不太可能再擴增大學招生容量，反而是二〇一六～二〇二八年間，若其他條件不變，應該會有等比例的大學校院被逼轉型或退場，不過在台灣變因很多，無法純從理論或市場需求去做推估，目前轉型或退場速度雖已加快，但離原先的預估還有一段距離。

台灣的人口問題其實還有遠比大學所面對更嚴重之處，多年前我請老友人口學家陳寬政教授，幫我畫了一張台灣近年來十八歲以下與六十五歲以上人口，在什麼時候會死亡交叉，原先依資料推估的定年是二〇二一年，但已提前來臨，也就是年輕人可念大學的越來越少，但可介入對高齡者提供終身學習教育的機會，倒是越來越多。

四、我對上述問題，大致已在本書二四八～二六七頁，做了全盤分析，也做了多項認定，讀者若全面仔細看看，應該就知道我所做論斷的依據與分寸，最重要的，在提供分析的背景資料時，並非在怪別的政府部門或專家，而是在說明出事的主因，出在教育部於一九九九～二〇〇〇年間，未能遵循行政慣例，因此無法明確抓到變因，以致不當撐大了高教容量之故。

中國醫藥大學的校歌與校訓都有中醫色彩

本書三〇八頁寫道，中醫大校歌中有「上醫醫國，其次醫人」歌詞，中醫色彩濃厚，其實不只如此，校訓也是。中醫大的校訓「仁慎勤廉」，也是中醫味道濃厚的字眼，我常在授袍典禮上，考問要開始出去實習的學生，本校的校訓是什麼，這也是一種毋忘初衷的提醒。這樣的學生不容易忘記校訓，我曾考問過不少其他大學的在校生與畢業生，包括台大在內，真的有不少答不出校訓為何的狀況。

第十四屆考試院人事案終於通過

本書三七一～三七二頁提到考試院第十三屆於八月底任期屆滿，第十四屆新人事案已送入立法院，惟因立法院內政黨攻防，同意權行使因之延宕，致使考試院陷入長達三個多月的空窗困境，最後終於在二〇二四年十二月十七日，經立法院院會表決，通過正副院長與六位考試委員的新人事案。

何以未點評其他國家領導人？

有些人看了本書三七三～三七九頁「點評國家領導人」的附篇後，覺得有趣，順口問說何以未評馬英九？大概是希望也能納入一起「秉公處理」吧。其實我與前總統李登輝與馬英九都有點來往，只是交淺不言深，而且他們畢竟不是我的直屬長官，互動性質大有不同，放在這個回憶錄脈絡談論，可說格格不入，還是在其他場合說幾句，比較合適。

與人互動，時間寶貴，都是在想如何能與對方共同做出良好治理，國政治理更是如此，互相推敲將事情做好的關鍵所在，所以與人交往的過程中，大部分無料可爆，若在特殊狀況下有料，也不會想爆，想的無非是如何去扭轉局勢走往正道。

當然也有極少數是非得爆出來，才能有大幅改進的，那就爆吧，而且是大大的爆，過去的政黨政治就是因為透過黨外運動，在體制上與街頭上大爆料大翻動，才得以建立起來的。但是履現了民主政治的良好目的與國家大利益後，就不應一再以爆料當為工具，來謀取自身或政黨的小利益。

以前裴偉在辦出名的爆料刊物《壹周刊》時，我曾在周天瑞女兒的婚禮上，問過他的辦刊哲學，他清楚的講說：醜聞是社會進步的原動力！聽起來不是沒道理，他們心中所認同所相信的，應該是有良好目的在，只是久了在不自覺下，可能會慢慢將爆料當工具，最後當為本業。

人生有限，我可不想耗費時間在這種事情上，一件也不想。

索引

人名索引

中文

二畫

三畫

四畫

五畫

六畫

七畫

八畫

九畫

十畫

十一畫

十二畫

十四畫

十五畫

十三畫

十六畫

十七畫

James, William 威廉・詹姆士 68
John, Elton 艾爾頓・強 59
Kahneman, Daniel 丹尼爾・康納曼 388, 416, 419
Kandel, Eric 肯德爾 401-403
Kohlberg, Lawrence 柯伯 95
Langer, Ellen 蘭格 95
Libet, Benjamin 李貝 67, 404-407
Livingstone, Margaret 李明史東 386
Logothetis, Nikos K. 洛戈塞蒂斯 423
Luce, Duncan 鄧肯・魯斯 91, 92, 94, 98, 99
Marr, David 馬爾 93, 385, 421, 423, 452
Merten, Alan G. 莫滕 415
Mote, Daniel 莫特 415
Page, Robert 佩吉 415
Pinker, Steve 平克 422
Poggio, Thomas 波吉歐 385, 422
Pokorny, Joel 喬爾・波科尼 417-419
Ramachandran, V. S. 拉馬錢德蘭 421
Rock, Irvin 羅克 421
Bitar, Sergio 塞爾吉奧・畢塔爾 269, 270
Cavanagh, Pat 卡瓦納夫 421
Crick, Francis 克里克 45, 46, 66, 386
Damasio, Antonio 達瑪席歐 469
De Valois, Russell L. 羅素・德瓦洛伊斯 419
Dylan, Bob 巴布・狄倫 59
Estes, William K. 艾斯鐵斯 92
Ferry, Luc 呂克・費希 415
Fodor, Jerry 福多 423
Freud, Sigmund 佛洛伊德 41, 44, 45, 50, 51, 68, 128, 133-135, 402, 403, 405
Gilchrist, Alan 艾倫・吉爾克里斯特 420, 421
Gray, Charles 葛雷 386
Green, David M. 格林 92
Green, Gregory David 大衛・古林 416
Held, Richard (Dick) 赫爾德（迪克） 421, 422
Heydt, Rüdiger von der 呂迪格・馮・德・海特 420, 465, 466
Hubel, David 休伯 92, 386

主題索引

一畫

二畫

三畫

四畫

六畫

五畫

八畫

九畫

七畫

十一畫

十畫

十三畫

十四畫

十二畫

十七畫

十八畫

十五畫

十六畫

十九畫

二十畫

國家圖書館出版品預行編目（CIP）資料

時代與往事：我的學習與奉獻之路 / 黃榮村著. -- 初版. --
臺北市：遠流出版事業股份有限公司, 2024.11
面；　公分
ISBN 978-626-361-975-3（平裝）

1. CST: 黃榮村 2. CST: 傳記 3. CST: 言論集 4. CST: 心理學

783.3886　　113014812

時代與往事
——我的學習與奉獻之路

作　　者——黃榮村
主　　編——曾淑正
美術編輯——陳春惠
封面設計——萬勝安
企　　劃——葉玫玉

發行人——王榮文
出版發行——遠流出版事業股份有限公司
地址——台北市中山北路一段11號13樓
電話——(02) 25710297　傳真——(02) 25710197
劃撥帳號——0189456-1

著作權顧問：蕭雄淋律師
2024年11月1日　初版一刷
2025年 4 月 1 日　二版一刷
售價：新台幣600元
缺頁或破損的書，請寄回更換

ISBN 978-626-361-975-3（平裝）

遠流博識網 http://www.ylib.com　E-mail: ylib@ylib.com

封面圖片：2020年11月21日攝於草嶺古道，取其「在草叢中尋路」之意。
圖片提供｜薛荷玉

書名書法字出處｜數位發展部
CNS11643中文標準交換碼全字庫網站，https://www.cns11643.gov.tw